中国书籍文库

China Books Library

中国书籍文库
China Books Library
汇集优秀原创学术论著
推动科研成果转化交流

当代新闻编辑二十五讲

DangDai XinWen BianJi ErShiWuJiang

阎瑜 胡航 章妮 著

图书在版编目(CIP)数据

当代新闻编辑二十五讲/阎瑜,胡航,章妮著.—北京:
中国书籍出版社,2012.9

ISBN 978-7-5068-3157-4

Ⅰ.①当… Ⅱ.①阎… ②胡… ③章… Ⅲ.①新闻编辑 Ⅳ.①G213

中国版本图书馆 CIP 数据核字(2012)第 211579 号

责任编辑/ 庞 元

责任印制/ 孙马飞 张智勇

封面设计/ 中联学林

出版发行/ 中国书籍出版社

地 址:北京市丰台区三路居路 97 号(邮编:100073)

电 话:(010)52257143(总编室) (010)52257153(发行部)

电子邮箱:chinabp@ vip. sina. com

经 销/ 全国新华书店

印 刷/ 北京天正元印务有限公司

开 本/ 710 毫米×1000 毫米 1/16

印 张/ 17

字 数/ 306 千字

版 次/ 2013 年 1 月第 1 版 2013 年 1 月第 1 次印刷

书 号/ ISBN 978-7-5068-3157-4

定 价/ 49.00 元

前　言

新闻传播学的发展已比较成熟，新闻编辑实践活动也已有很长的历史，自17世纪中叶世界上出现第一份报纸以来，经过400多年的发展，报纸编辑积累了丰富经验。但是，对新闻编辑实践规律总结和概括的学术活动的开展，还是近20年间的事，在此基础上建立的新闻编辑学，实际上只是报纸新闻编辑学。传播手段进步下催生的新兴媒体新闻编辑技巧，逐渐进入研究者视野，并充实到新闻编辑学中。本书的写作和编排集合了报纸编辑与其他媒体编辑，力图寻找不同媒体新闻编辑的共同特性，同时，又专讲了不同传媒新闻编辑的鲜明特点和技术应用。注重系统性，兼顾不同媒体新闻编辑的共性与个性，是本书最显著的特性之一。

二是强调时代特点和国际视野。本书立足于当代的新闻编辑特点，尤其以目前国际通行，被我国媒体广泛采用的“编辑中心制”视角编写，内容涵盖了编辑中心制之下新闻编辑应掌握的技能，如策划组织报道和媒体报道方向的定位（办报宗旨、办报方针和编辑方针）。本书剔除了过时的、淘汰的内容，如手工排版照片的放大与缩小、画板等；增加了“现代版面设计流行趋势”、“现代版面编辑软件与工作原理”等。我国的新闻媒体除了应对本国的新闻媒体竞争外，已经开始面对国际媒体的竞争，而且今后这种竞争将日益激烈。因此，本书在案例的使用上甄选了大量国际知名媒体的案例，特别是图片编辑和版面设计方面的内容，还增加了“受众与受众分析”的专讲，介绍媒体市场运作的原理。

三是坚持应用为主、理论为辅原则。正如本书的名称“实务”的含义，本书的编写完全注重于内容的实用性，所有的章节内容都强调操作指导性。例如压缩了前人教材中一些不太实用的内容，包括过于繁琐的编辑知识素养、能力素养等，着重于操作性比较强的报道策划组织、新闻稿件的处理、新闻标题的制作、新闻图片编辑和版面编辑的内容。本书按“讲”来编排的方式也体现了这个特点，这是长期教学活动中逐渐形成的模式，比较清晰地梳理了新闻编辑应掌握的技能，每讲之前设置要点，每讲之后设置了可据操作的练习，还选取了许多借鉴意义很强的实例，以附录的形式设于章节末尾。

四是追求案例的丰富性和新颖性。本书大量吸收了目前的研究成果及典型事例，使教材具有了前瞻性，资料尽可能采用2000年以后的新鲜素材，甚至在教材编写末期发生的“西藏事件”和“汶川大地震”也被我们及时分析、采纳，真正地体现出我国新闻界出现的新形势和新变化。同时，我们还通过大量的图片、表格以延伸、丰富教材的内容，增强了教材的现实指导意义。

五是在注重承继性的基础上，坚持独立思考。本书沿用了约定俗成的概念、术语等，力求在承继已有成果的基础上，理顺理论构架。如配置是所有新闻编辑活动中不可缺少的活动，通行的教程都把依稿件内容所作的编辑置于“同题集中”之下，认为联合、连续、对比、参照、相关等都是“同题集中”的表现形式。事实上，不仅“同题集中”的稿件之间存在如此关系，专栏组合、集纳配置等稿件的组合中也存在这样的关系。因此，本书对“稿件的组合”从稿件关系、表现形式两方面入手，澄清了不同的认识角度。而且，从配置稿件的疏密关系出发，从平行与纵深角度，将稿件的配置发展为“联合配置”和“延展配置”，从而有利于更清楚地认识所谓“稿件的组合”、“稿件的配合”这两个概念。同时也提出了“交互配置”概念。版面编辑是纸质新闻编辑的独有艺术形式，具有几种基本的形式，即版式，但很多新闻编辑学教材都易忽视、轻视版面与广告内容、风格等的关系。而在新闻实践活动中，版面大小、内容指向、表现形式都需考虑广告部分，本书提出了两者的关系，希望能引起一定的关注。本书还对一些教材中出现的概念不清，概念间关系模糊的现象，进行了重新定义和厘清。

本书由阎瑜先生提出写作思路及写作原则，拟订写作提纲，并对全书进行把关；胡航女士和章妮女士对部分章节进行了审查与修改；全书由多年从事新闻编辑学以及相关课程教学与研究的教师分别独立写作：

第二、三、四、七、十一、十二、十七、十八、十九、二十讲由阎瑜先生编写；

导论、第一、五、六讲由胡航女士编写；

第十三、十四、十五、十六讲由章妮女士编写；

第八、九、十讲由杨先起先生编写；

第二十二、二十三、二十四讲由王延鹏先生编写；

第二十一讲由郭清先生编写。

本书主要适用于新闻传播学和编辑学专业的教学需要，也可以作为新闻从业人员的参考书籍。

在本书的编写过程中，我们吸收了大量国内外同行研究成果的精华内容，主要部分已在参考文献中列出，还有一些未列出的参考文章，对此，我们一并表示衷心的感谢。

本书的编写经过了多次讨论与修改，并查阅了大量的资料，但仍然存在许多不尽如人意的地方，错误、漏洞在所难免，恳请专家、学者和各位读者批评指正。

作 者

目 录
CONTENTS

第一讲

新闻编辑概述

本讲要点

●编辑活动是大众传播过程中具有专业性、创造性的活动，编辑活动力求传播效果的优化。

●编辑学以编辑活动为研究对象，与社会学、文化学、心理学等诸多学科有非常密切的关系，是一门综合性边缘学科。新闻编辑学是新闻学的分支学科，研究各类媒体的新闻编辑方法、技巧和规律。

●新闻采编部门构成媒体的生产系统，编辑部门是生产系统的核心。在不同的采编管理方式下，新闻编辑工作的范围和重点各不相同。

●新闻编辑工作类型有多种，但具有共同的目的——媒体最优化。

一、编辑

（一）编辑的含义和历史沿革

编辑是用特定的手段，组织、采录、收集、整理、纂修、审定各种精神产品，使之传播于社会公众的工作。《说文解字》说“编，次简也，辑，车舆也”。编辑的古义，是顺其次第，编列简策而成书。编辑二字，即从收集编连简策而来，至今沿用。

中国的编辑工作出现很早。商代已有文字记录的典册，说明已经有人从事编辑整理简策的工作。司马迁《史记》中的十表八书，是编辑工作的结晶。善于叙事且具有很强的艺术感染力的《战国策》，是刘向根据《国策》、《国事》、《短长》、《事语》、《长书》、《修书》等流行的不同本子，整理校订、精选汇集、确定书名而后编成的。他写的《战国策书录》，就是一份著名的编辑报告。南朝梁昭明太子萧统和他周围的文学之士，编辑了《文选》，写了《文选序》，说明编选的原则和方法，对后世文学的发展很有影响。其后，李阳冰为李白编《草堂集》，李汉为韩愈编《昌黎先生集》，刘禹锡编《柳宗元文集》，元稹编《白香山集》，杜牧编《李贺集》，都是出于倾慕和纪念而进行编辑的。司马光精研历史，编成《资治通鉴》，他用了19年的精力，领导一个小而精的编辑队伍，是可谓专职的编辑。南宋而后及至明代，雕版印刷盛行，商品经济发达，手工业城镇中书市坊铺兴起，出现了受聘于书铺的编辑，明末苏州冯梦龙、吴兴凌蒙初等即是代表。真正的近代职业编辑，在清末戊戌维新运动及其后，才活跃于学术文化界，成为一种自由职业者。他们中间著名的人物有梁启超、谭嗣同、唐才常、樊锥、章太炎、蔡元培、张元济等。

随着文化活动和科学技术的发展，除书籍、报纸、期刊、图画等出版物外，还利用声频、视频、符号、图像等提供知识，传播信息，积累文化，交流思想。因此，编辑工作的内涵扩大了。通常编辑又可分为图书编辑、期刊编辑、报纸编辑、广播编辑、电视编辑、网络编辑及电子出版物编辑等。

编辑一词在现代已发展为多义词。一般指专业性的工作，如媒体的选题、组稿、审读、加工整理等；非媒体机构中，文献资料的整理，编撰工作通报、专业刊物等，也是编辑的工作。根据1986年3月30日颁布的中国《出版专业人员职务试行条例》的规定，编辑职称设编审、副编审、编辑、助理编辑4种，新闻机构职称分为高级编辑、主任编辑、编辑、助理编辑。

对“编辑”这一基本概念，20年来争议最大，研究者提出的界定不下百种，从《编辑学概览》（朱美士主编）和《编辑学概览（续编）》（向新阳主编）两书中就可见一斑。

如戴文葆：“使用物质文明设施和手段，从事组织，采录、收集、整理、纂修、审定各式精神产品及其他文献资料等，使之传播展示于社会公众。”

刘光裕：“利用传播工具的传播活动中，处于作者和读者之间进行的种种出版前期工作。”

王振铎：“根据社会文化需要，按照指导方针，使用物质载体和技术手段，对精神产品进行组织、采集、鉴审、选择和编序加工，并缔构成一定的文化符号模式作为社会传播媒介的活动。”

叶向荣：“组织、审阅、编选、加工原创作品以在整体上构成作品（编辑作品）的再创性著作活动。”

张觉明（台湾）：“搜集材料（文章、故事或草稿）将之汇集在一起，加以鉴别、选择、分类、整理、排列和组织等处理过程。”“从工作实情说，是先辑后编。”

任定华：“编辑是信息，知识有序化，载体化与社会化的业务活动。”

邵益文：“根据一定的思想原则，以相应的信息或著述材料的基础，进行优选、创意和优化、组合，使精神成果适于制作传贮载体的智力劳动。”

……

以上定义的不同点只是对编辑的涵盖面的不同而不同，如有的只针对书刊编辑，有的包含了报纸、电视等后起媒体的编辑，同时还有理解的角度的不同而已。

（二）编辑活动的特点

为了更好地研究编辑学，我们还有必要研讨一下编辑活动的特点：

首先，编辑活动是大众传播过程中的一种活动。

我们只要看一看编辑活动的最终成果——精神产品（包括书籍、报纸、杂志、广播电视节目）就可以明白，编辑活动是利用大众传播媒介进行的大众传播活动的一部分，编辑活动不能游离于传播活动之外。

第二，编辑活动是一种专业性、创造性的社会传播活动，主要包括策划、组织、审读、编选、加工整理稿件等多方面的创造性、专业性的工作。编辑工作的创造性体现在很多方面，例如协助作者“出点子”、找选题、对原稿提出有建设性的修改意见，在文稿的出版形式上作独具匠心的安排（制作标题、设计版面等），都体现出编辑工作的创造性。

第三，编辑活动的最终目的不外乎有两个方面：一是使作者的精神文化产品（稿件）从内容、形式诸方面达到最满意的效果，使其缔构成为整体的、有序的供交流传播的文化产品；二是最大限度地满足并便利被传授者。

第四，编辑活动是精神文化信息传播的中介。

人类精神文化的成果，只有通过一定的渠道和方式进行交流，成为全社会共同的精神财富，才能更好地发挥作用，实现价值。而编辑工作正是具体组织和实际推进以信息交流为中心的精神生产协作的中间环节，以促成精神文化产品实现其价值。

第五，编辑活动具有劳动的隐匿性。

与人类其他一些社会活动相比，编辑活动更具有劳动的隐匿性。也就是说，编辑活动在很多情况下是一种幕后的活动。主要表现为：编辑劳动是围绕他人的劳动成果展开的，是“为他人作嫁衣”的劳动。编辑活动与著作活动的根本区别，就是著作活动是表达作者自己的思维成果，编辑活动则是传播别人的思维成果。编辑活动有很大一部分是非显性活动，例如编辑组稿、退稿等方面的劳动就是一种非显性的活动。

综合上述，我们可以将编辑的本质含义作如下解释：

编辑是在大众传播活动中，为满足受众需要，对他人的精神文化产品进行的组织、编选、加工整理等创造性的优化处理工作，目的是使这些精神文化产品成为整体、有序的传播形式。

二、编辑学

（一）编辑学的提出

编辑学是近些年来诞生的一门新学科。1990 年以前出版的字典辞书，没有“编辑学”条目。《当代新科学手册》录入和介绍第二次世界大战以来国内外社会科学的新学科，社会科学与自然科学相互渗透而产生的综合学科、边缘学科及分支学科共 253 门，其中综合学科有传播学，但没有编辑学。中美合印的《简明不列颠百科全书》甚至没有收入“编辑”一词。1965 年香港出版了《杂志编辑学》一书，成了我国第一部以“编辑学”命名的著作。实际上，这也是世界上首次出现的编辑学著作。编辑学研究者林穗芳曾在《关于编辑学的性质和研究对象》一书中提出，编辑学这一术语，在国际范围内很可能是我国首先使用的。1980 年陈仲雍在《科学的编辑与编辑的科学》一文中，重提“编辑学”的命题，引起编辑出版界的反响。1990 年 2 月出版的《中国大百科全书》首次列入了“编辑学”的条目。在这之后不久，1990 年 8 月 26 日美国《克利夫兰旗帜日报》在一篇报道中，向西方国家读者作介绍：“我想向西方读者介绍中国新近发展起来的一门科学——编辑学。在全世界一直对编辑出版工作进行研究，但把编辑工作作为一门严整的学问加以深入研究是很少见的。最近几年中国编辑界开始研究编辑学，因而创造了 redactology 这个术语。自这门新学科在 1983 年开始兴起到现在，已有一些编辑学刊和十几种编辑学书籍问世。”1993 年，编辑学专业正式列入国家教委制定的高等学校专业目录，标志着它堂堂正正地列入了学科之林。

（二）编辑学的性质

那么，什么是编辑学？目前不少研究者从不同的观点和视角，对编辑学作了科学的界定，众说纷纭，表述各异。但比较一致的看法是：编辑学的研究对象是编辑劳动以及由此而产生的编辑思想、编辑观念等。因此，编辑学是研究编辑活动的性质、作用和发展规律的科学，或者说是研究编辑活动的原理和方法的科学，是一种综合性多科性的边缘学科。

从这里我们可以看出，编辑学研究的对象是编辑劳动，是一种人类的社会文化的活动，一种与设计、生产、传播积累精神文化产品密切相关的脑力劳动，这些都属于社会现象。所以，编辑学属于社会科学范畴。但是，我们对编辑学所涉及的全部研究对象和内容进行多侧面、全方位的观察之后，就会发现编辑学与社会学、文化学、心理学、人才学、经营管理学、美学、出版印刷学以及其他一些学科，如领导管理学、信息科学、行为科学等，都有着非常密切的关系，其研究内容相互渗透，因此我们说，编辑学是一门综合性的边缘学科。

还有一点应该说明，编辑学和其他许多学科一样，具有理论性和实践性两个方面。编辑学既要研究编辑劳动的性质、作用、规律，也要研究编辑劳动的运作过程和形式。也就是说，我们对编辑学既要进行抽象的理论思辨，也要进行具体的总结和概括。

三、新闻编辑学

新闻编辑学是新闻学的一个分支，属于新闻业务研究，是研究新闻编辑工作的规律和方法的科学。我国的新闻编辑研究起源于 20 世纪初，1919 年徐宝璜在我国第一本新闻学著作《新闻学》中对编辑业务的研究，被认为是我国研究报纸编辑业务的起步。1919 年 2 月，徐宝璜为北大新闻学研究会二期学员开设的“报纸编辑”课则是我国最早开设的新闻编辑业务课程。徐宝璜的新闻编辑思想分散于《新闻学》中，对新闻编辑的工作要求、能力和技巧都有论述，也搭建了我国新闻编辑学的大体研究框架。

具体而言，新闻编辑学的研究范围应该包括传统意义上的报纸新闻编辑、电视新闻编辑、广播新闻编辑以及网络新闻编辑工作的技巧、方法、规律。各类媒体的新闻编辑工作因为媒体的不同特点体现出各自的专业特色，但是它们具有新闻编辑相通的地方，例如各类媒体的新闻编辑所担负的都是大众传播把关人的角色，工作的对象都为新闻“半成品”或者新闻素材，工作的目的是优化新闻传播效果。其中，报纸是最早的大众媒体，已发展成熟，关于新闻编辑已经形成一整套可供操作的方法、技巧，其他媒体的新闻编辑在报纸编辑的基础之上逐步形成自己的编辑形式，因此本书将侧重于报纸新闻编辑研究。

四、新闻编辑工作

（一）编辑部门在媒体中的地位

在计划经济时期，我国报纸组织内部，“编辑部”与“报社”地位相等，采编和经营合一，编报和经营都由编辑部负责，表现为“大编辑部小经营部”。改革开放以后，报纸逐步走向市场，报社这种内部结构表现出明显的弊端。

1995 年《羊城晚报》进行报纸的管理体制革新，随后，我国大部分的新闻媒体逐渐采用采编与经营分离的管理机制。一方面从管理上有效限制了采编人员参与经营活动，有效地制止有偿报道等不良行为，能使编辑部门专注于内容生产；另一方面经营活动空间得到有效开拓，媒体真正地走向了市场。

在采编与经营分离的机制下，媒体的生产系统和经营系统分开，生产系统相对独立地运作。以报纸为例，其生产包括报纸设计、信息采集、编辑和制版印刷等多个环节，参与这部分运作的主要有记者、编辑、排版录入人员、制版印刷工人等。承担新闻采编任务的编辑部门构成了这些媒体的生产系统的核心，编辑部门负责媒体的内容生产和发布（报纸的编辑部门负责报纸的编辑出版工作，广播电视的编辑部门负责节目的制作播出），在整个生产流程中起决定性作用。其中，新闻编辑工作内容主要包括：整个媒体生产系统的设计和决策；指挥和调度各类报道；对新闻产品进行制作、加工、组合；协调媒体生产系统和经营管理系统的关系。

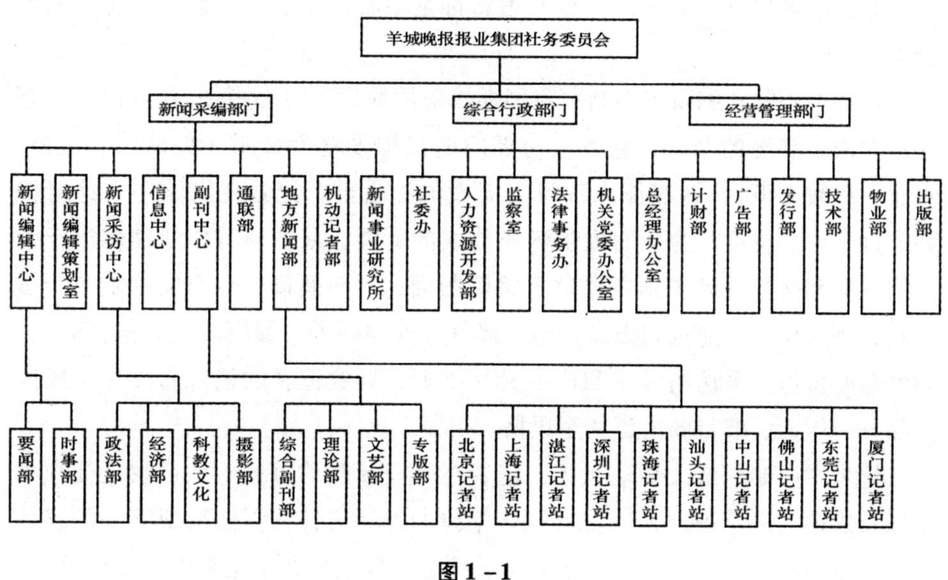

图 1－1

（二）编辑工作在采编系统中的地位

1. 新闻编辑在采编系统中的作用

采编系统内部，新闻编辑起到把关人和组织者的重要作用。编辑可以掌握记者稿件的生杀大权，他们依据自己的判断决定记者的工作有没有价值，可不可以发表；编辑们用删减稿件、给稿件编写标题、改写稿件等诸多修改方式表达着自己对新闻稿的意见；编辑们决定哪一条新闻放在头版头条，哪一条新闻应成为新闻节目的头条，哪些新闻要放在新闻主页上做重点推荐；有时，编辑们用自己的方式策划、组织对重大事件的报道，甚至直接“制造”某些新闻。不同于记者只能客观报道事实的工作，很多情况下，编辑们直接用社论、编辑部评论、编者按、编后、述评指点江山，表达自己的观点和看法。如果说记者决定了一个事件如何以新闻的形式呈现给受众，那么编辑就决定了众多的新闻如何以媒体的形式展现在受众面前。因此，我们才看到了中央电视台的四平八稳、湖南卫视的青春活泼、东方卫视的现代时尚。

2. 我国目前的采编管理机制

采编管理机制直接决定新闻编辑的工作性质、重点以及工作方法，不同采编管理机制下新闻编辑的工作方式区别很大。采编管理机制实际上围绕两个核心问题来建立：其一，记者和编辑谁是中心；其二，采编合一还是采编分离。

记者中心制和编辑中心制。我国媒体采用的记者中心制是50年代学习苏联新闻采编制度的结果，它以政府部门的机构设置为参照（如政法、经济、农业、科教文卫），在媒体内部设立庞大的记者部。记者在媒体中占绝对优势，处于中心位置，为版面提供各条战线的新闻，采访与写作活动多出于个人的兴趣和优势；编辑则主要负责编辑版面，对新闻稿件进行文字加工，做标题，划版样，不能策划报道、组织稿件。换句话说，编辑对记者选择新闻、判断新闻价值、采访的深度和广度无从把握，导致记者的稿件直接决定新闻产品——版面、节目的内容甚至风格。

记者中心制的最大缺陷在于，记者在采写新闻的过程中往往缺乏受众意识以及媒体大局意识，无法贯彻媒体整体的编辑方针，无法形成统一的媒体风格。目前我国的大部分媒体从采编系统的管理上摈弃了记者中心制的做法，但是在部分特殊的栏目或节目中依然采取记者中心制。例如中央电视台的深度报道栏目《新闻调查》就在节目内部使用记者中心制，围绕三个出镜记者安排编导和摄录，出镜记者直接掌握选题的生杀大权。

编辑中心制是国际上媒体通用的运作方式。这种采编机制下虽然记者在数量上占多数，但编辑却拥有很大的权力。编辑指挥记者，记者在编辑的领导下进行采访和写作，记者的选题需要告知编辑并获得编辑的同意，编辑管理记者并对报道进行组织策划和把关，可以直接分派记者采访任务，派遣记者补充采访，甚至分配记者的奖金。当然，并非所有的编辑都有这样的地位，国外的编辑中心制中，只有少数编辑具有这种特殊地位，有资格的编辑被称为 Editor。在我国，一般具备这样地位的是部门主任、版面主编、责任编辑。还有一些编辑仅仅作为编辑中的“技术员”，不具有安排版面、调遣记者的权力，而仅仅进行文字加工、做标题等，他们被称为 Copyeditor。

编辑中心制的好处在于，编辑依据整体报道思想与记者共同参与新闻策划，记者的报道活动在一定的编辑思想指导下进行，有效避免了版面风格和版面思想紊乱等弊病。另外，编辑中心制改变了记者采访报道的随意性。同时，能较好地满足受众的需求，增加对记者队伍的管理监督，减少有偿新闻、关系稿等新闻腐败现象。目前，编辑中心制已为我国大部分媒体采用。

采编合一与采编分离。采编合一和采编分离属于采编管理操作层面的事情，各有特点，各有利弊，不同的报纸不同的市场环境会有不同的选择。

采编合一：采访与编辑工作不作严格区分，从业人员身兼记者编辑两职。这种采编机制有利于稿件处理保持原稿的风格和特点，可以避免重稿。但是容易造成个人包版制，造成编辑（记者）发稿的个人随意性，不利于媒体整体风格的塑造，也容易使编辑水平下降。这种采编管理方式在新闻竞争不激烈的时代经常采用，另外出版周期长、时效慢、人力资源不足的报纸也多采用采编合一的方式。今天新闻机构竞争激烈的情况下，讲求时效、注重个性塑造的媒体一般都不采用采编合一。

采编分离：采访与编辑工作严格分开，从业人员只任其一职。目前大多数媒体都采用采编分离的采编管理方式，但是具体运作不尽相同。以《京华时报》、《北京青年报》、《北京晚报》为代表的报纸，学习《纽约时报》的采编设置，将采访和编辑从机构上彻底分开，设立相对独立的采访部门和编辑部门，采写人员的稿件提交稿库，由编辑部门分稿、修改、组版。采编人员都处于相同的竞争环境下，面对整个统一的编辑部门，各采访部门处在相同的竞争环境中，一切以稿件质量为上版依据，杜绝了人情稿、关系稿，不存在对记者的照顾。编辑为了不被淘汰，或不招非议，也必须严格按照编辑大纲，选择优秀的稿件放到所辖的版面上来。

以《南方都市报》为代表的报纸则实行部门内部的采编分离。例如《南方都市报》出报以叠为单元，即 A、B、C、D 四叠平均 98 个版，一叠由一个部门全面主管，形成相对独立的工作机构，将所有的版面下放到部门。组织、策划、评价、建议，部门主任均集权管理。各个部门采编一体，但在部门内部实行部门主任——责任编辑——记者的三级业务管理体制，采编分离。这种方式能够在部门内部实现编辑和记者的及时沟通；同时，因为具体的采编部门的主任比较详尽地了解具体稿件的生成过程，可以尽量避免记者的采写成果被埋没，从而最大限度地激发记者和编辑的积极性；另外，部门内部采编分离，也能有效地控制有偿新闻现象。

（三）报纸编辑工作流程

报纸编辑工作由多道工序组成，各工序安排的程序就是报纸编辑工作流程。从广义上来看，报纸编辑工作流程首先是以总编辑为首的编辑委员会根据办报方针确立报纸的编辑方针，并设计出报纸方案。报纸设计方案对报纸的规模如共出多少版面、报纸结构如各类型版面的分工组合以及报纸的风格特色作出详细规划。然后，各专业编辑部门的负责人或版面主编对当前阶段的重大报道进行策划，包括确定报道选题、设计报道范围与重点、确定报道规模与进程、拟定发稿计划、设计报道方式与表现形式、确定报道力量的配置和报道运行机制等。在这些决策性工作程序之后，要将策划方案具体落实到人，编辑工作就进入了微观操作阶段，从分析和选择稿件、修改稿件、制作标题、配置版面的内容、设计版面到校对和签发清样。此外，接受信息反馈和处理各类信息是这一流程中贯穿始终的一项工作，报纸编辑在任何一道工作程序中都要有意识地接受来自记者、作者、读者等各方面的意见和建议，并据此对正在进行的工序作出必要的修正。①

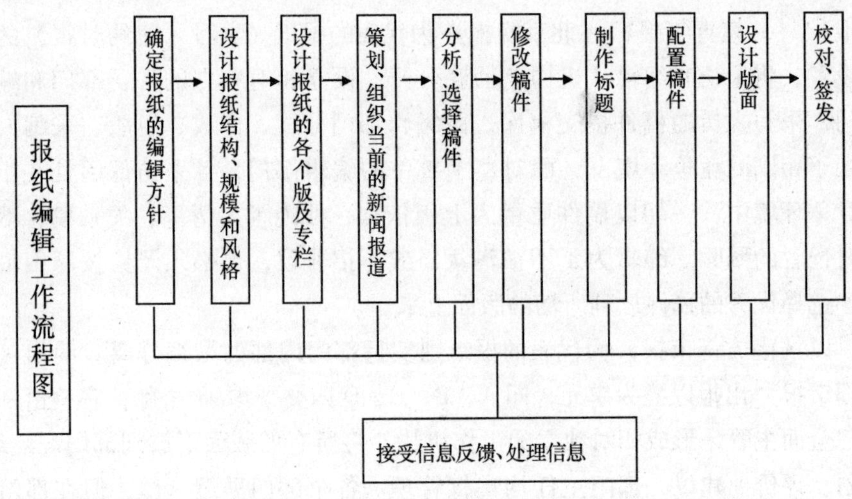

图 1－2　据《报纸编辑》（郑兴东主编，武汉大学出版社 2008 年出版）

（四）报纸编辑工作的类型

不同的媒体有不同的组织架构，采用的编辑类型不同，设置的编辑岗位不同，给予的名称也不同，我们在这里只是根据最普遍的方式对报纸编辑工作进行分类。

① 郑兴东：《报纸编辑》，武汉大学出版社 2000 年版。

1. 按照编辑的对象来划分

文字编辑是以文字为编辑对象的编辑。文字编辑的主要职能为：策划和组织报道，对记者采写的稿件进行后期文字编辑，确定稿件的重要性顺序，配置稿件，配发评论。大部分报社中，文字编辑具有主导地位。

美术编辑是以报纸的各类视觉要素为编辑对象的编辑。报社美术编辑要负责整张报纸的视觉工作（包括色彩、字体、版式、栏数等），对一份报纸的视觉效果进行整体把握，确保报纸版面的整体统一和美观。在报纸视觉效果越来越得到读者关注的今天，美术编辑越来越受到重视，在一些报纸中还设立有视觉总监、美术总监的职位。

图片编辑是以图片（尤其照片）为编辑对象的编辑。组织、策划、指导摄影报道（工作重点为图片专版），为版面选择新闻图片，对报纸的全部图片进行把关。图片编辑现在还未在我国的报社广泛使用，但国外很多媒体都有这类岗位。

三种编辑的编辑对象不同，但无论文字编辑、美术编辑还是图片编辑都首先是新闻编辑，应具有良好的新闻业务素质。文字编辑、美编、图片编辑三者的编辑角色不同，最终目的相同——通过三者合作呈现出内容版式俱佳的报纸。

2. 按管辖范围和责任大小划分①

总编辑是编辑部门总负责人。其主要职能：拟订编辑方针，设计报纸方案；随时指导编辑部人员（包括编辑、记者、评论员、资料员等）的工作；对编辑部工作中出现的问题进行裁决；对重要的或有疑问的稿件、主要的标题、报纸的大样清样进行审读、签发。

部门主任（中心主任）是编辑部下属各具体业务部门的负责人。其主要职能：拟订本部门报道规划并组织和调控报道；审读、挑选、修改、签发本部门记者和通讯员的稿件，并分类提供给有关版面主编，有些报社的部门主任还有稿件评议、分配奖金的任务。

版面主编是负责设计、组拼报纸版面的编辑。其主要职能：设计版面的报道内容与形式，审读、选择和修改稿件，修改标题，配置版的内容，设计版面，校对样张。

---

① 蔡雯：《现代新闻编辑学》，四川人民出版社 1995 年版。

编辑协助部门主任和版面主编工作，担负一定范围的稿件编辑任务。其主要职能是：审读、初选和修改稿件，制作标题。

校对是从事新闻出版过程中校对工作的专职人员。其主要职能：根据文字原稿或定本核对校样，订正差错，保证出版物的质量。

3. 新闻编辑工作按业务程序划分

日班编辑是编辑部组织日常宣传报道的人员。其主要工作包括策划报道，布置采访，联系作者，处理、修改和提供稿件等。

夜班编辑是负责每天报纸最后发排工作的编辑，因上夜班故名。其主要职能是处理日班编辑送来的稿件，确定当天报纸的内容，对版面的内容进行配置，修改标题、设计版面等，并必须在规定的付印时间之前完成。通常只有日报才有夜班编辑。

内务编辑又称“编务”，是负责编辑部内部业务事宜的工作人员。其主要工作是搜集、研究和整理内部情况，汇集和编写各种资料。出版内部新闻业务交流刊物，培训通讯员骨干等。

练习

1. 快速地翻阅一本书和一份报纸，思考这两份出版物的编辑工作性质有何异同。

2. 到图书馆通读一份日报，找出版面上可以发现的编辑署名，指出他们的主要职责。

3. 实地考察当地的报社和电视台，记录报社与电视台的组织结构，分析组织结构的优点和缺点。

4. 给一名新闻编辑打电话，向他（她）询问通常的日常工作、工作的内容、方式以及与记者的关系。

附 1

美国日报的编辑部管理（节选）[①]

辜晓进

一、编辑部日常运作

美国日报编辑部（指晨报）新闻方面的运作程序大体如下：

——回顾夜间新闻。早班新闻编辑早晨 6 时左右即到达办公室（是整个编辑部上班最早一族，人数屈指可数），随即阅读各通讯社、特稿社发来的本地、全国、全球夜间电讯稿，收看早间电视新闻节目，了解警察局及其他紧急救援机构夜间的重要活动（这些机构如遇重要活动通常会发传真给报社）。这些工作大约在 8 时结束，然后他们会列出当天需跟踪或重点采访的清单交给各部主编。

——选题初定。美国报纸的记者，特别是负责报道罪案、险情及其他突发事件的记者，基本是全天候工作。一名记者每天给警察局打五六次电话或多次造访是很普遍的。但早上仍是各记者一天内首次工作高峰。他们通常于上午 8 时至 10 时到达办公室，立即与警察局、消防局、法医、地区律师办公室、海岸警卫局、边防局、联邦调查局等单位联系，以获得上次接触以来的最新情况，然后将值得报道的事项写成提要，交给本部白班编辑。其他非突发新闻记者，如经济、教育、科技、政府其他部门、文化、宗教、城市管理等领域的跑线记者，一般也需在上午 10：30 之前将当天计划报道的简要内容提交有关编辑或主编（美国报纸和中国报纸一样，记者都有明确的分工报道

① 辜晓进：《近观美国报业（三）美国日报的编辑部管理》，载《新闻记者》，2002 年第 7 期。

范围，但也有综合记者，类似我们一些报社的机动记者，可超范围领受任何报道任务）。此后，记者们纷纷外出采访。

——编辑计划。各部白班主编或编辑审核记者的新闻提要和通讯社发来的电讯稿，与记者作必要的沟通，列出当天第一个菜单，同时将一些特别报道任务或某分工领域记者难以完成的部分任务分配给综合记者（综合记者也需要自己发现选题）。

——第一次编前会。美国的日报每天召开两次编前会，其中第一次是在上午，通常11时开始，为期半小时。参加者为总编辑、执行总编及各有关采编部门的负责人。会上，由本市新闻主编、经济主编、副刊主编、图片主编、电讯稿主编等报告当天各部的稿件安排和有可能上一版的稿件或新闻线索。会上将讨论有关稿件的安排和篇幅。由于这时大多数稿件还在采访中，会议也会就某些新闻的采写角度及可能衍生出的新闻提出建议，由有关主编会后转达给有关记者。

——第一次截稿。到了下午，编辑部就开始进入繁忙和紧张的工作阶段。这时候，采访归来的记者在忙着赶稿，并通过电话向被采访者了解更新的情况；编辑及时处理写好的稿件，拟写各版的菜单，确定头版推荐稿件。而副刊编辑就更忙了，必须在下午5时之前将所有专版和副刊定版（包括审改大样），以不误首批版面的开机印刷。对副刊部而言，一天的最后截稿期就在下午，具体时间各报略有差异，但通常必须赶在5时前完成所有编辑工作，送交印刷厂。

——第二次编前会。这是最重要的一次编前会，从形式到内容都与中国报纸相仿，通常在下午4时举行，也有报纸5时举行，与会者主要是正副总编、各部主编及当日要闻版面设计等。会上，除各部报告稿件安排外，还要听取驻外记者站，特别是驻华盛顿记者站当日的选题报告（通常有专门设备将电话接到编前会上，所有与会者都能听到驻外记者的声音并与之讨论）。会议的重点是确定次日报纸头版新闻及排序。有的报社会将各部拟推荐的头版新闻打印分发给与会者，并注明各条新闻的字数和段落数。图片主编推荐的新闻图片也在会上展示。这次编前会通常开半小时到50分钟。会后，一些报社的总编辑或执行总编还会和城市新闻主编、图片主编、版面设计等商量具体稿件在头版的安排。

——最后截稿期。一般情况下，总编辑无需上夜班，而由执行总编、副总编，或助理总编甚至本市新闻主编总负责晚间编辑部的工作。由于在下午的编前会之后还会有新情况发生，有时夜间总值班也会召集主要新闻部门的主编商量新的稿件安排，相当于又开了一次小型的编前会。美国报纸新闻版的截稿期比中国报纸早，一般要求晚上 11 时完成大多数新闻版编辑工作，仅留少数几个版等待突发事件和体育赛事的最后消息。如无重大突发事件，最后的编辑部工作一般也在 12：30 前结束。美国报纸要求编辑工作结束与印刷厂开机印刷之间的空隙，至少为 1 小时。

二、一次典型的编前会

2001 年 8 月 14 日下午 4 时，笔者参加了美国北部最大报纸《芝加哥论坛报》的编前会。这是一次较为典型的编前会，从中可以看出美国大型日报对头版的高度重视及在决定头版稿件时的基本操作方式。

编前会的与会者包括：主管新闻的第一副执行总编、负责综合新闻版编辑的助理执行总编、头版新闻主编、国际新闻主编、本市新闻副主编、体育新闻主编、负责版面设计的助理执行总编、版面设计副主编、广播主编（该报办有广播电视节目）、负责副刊的助理执行总编、写作顾问（Writing Coach）、财经新闻主编、互联网站主编、公共事务新闻主编、负责摄影的助理执行总编。

这次编前会的目的是决定次日头版的稿件。会议开始前，与会者收到本市新闻、国内新闻、国际新闻、财经新闻、体育新闻等部推荐次日头版的稿件摘要目录（打印稿），其中包括拟见报日期、稿件标题或主题词、作者（记者）、稿件行数、内容摘要和各部提议的排序。笔者数了一下，各部报来的稿件共 16 条。

会议由负责综合新闻版的助理执行总编主持，各部主编先后发言，介绍本部推荐上一版的新闻及推荐理由。其间，接通驻华盛顿办事处记者的电话，由该记者介绍当日美国国会、联邦最高法院、白宫政府等国家机关有何重要事项，与会者不时插话询问具体问题，记者也一一作答。摄影主编通过投影展示了七八幅新闻图片，有的是配新闻的，有的是独立图片。然后是讨论。这一天并无重大新闻或重大突发事件，这给上一版稿件的选择增加了难度，因此大家发言热烈，对一些稿件在一版的排序争执不下。讨论中，副总编乔治一言不发，只是仔细听着记着。在大家对上一版的稿件基本取得一致意见时，主持人要求每人报出自己建议的一版稿件次序。

报完后，大家的目光都集中在第一副执行总编身上。乔治这才胸有成竹地说："我建议明天一版的稿件依次为：不公平收入（UNFAIR PAY），油价回升（GASOLINE），主教离婚（BISHOP），破伤风（TETANUS）和爱尔兰生变（IRISH），共5条。自杀事件（SUICIDES）和住房抵押贷款上升（MORTGAGE）两稿备用，其余9条稿件各版酌用或暂时搁置。"这次会上，体育部推荐的6条稿件无一入选，这也说明一般情况下体育新闻较难上头版，与中国报纸相似。

这次会议大约用了40分钟。会后，大多数人离席，留下副执行总编、负责新闻的助理执行总编、一版主编以及摄影主编、版面设计主编等，继续商量次日头版的版面详细安排。

从这次编前会也可看出，美国大报对一版新闻的选择是相当重视的。笔者访问《纽约时报》时曾问该报总编辑豪厄尔·雷恩斯："您觉得日常编辑部管理中最操心的事是什么？"他回答说："最操心的是头版稿件，特别是头条稿件。因为我们的报纸影响大，人们都盯着我们甚至模仿我们的选择。"

第二讲

新闻编辑的知识素养与能力结构

本讲要点

●新闻素养是新闻编辑工作的基石，新闻编辑必须具备相当的新闻理论与业务知识。

●新闻编辑是新闻进入大众视野的最后把关人，因此必须具备相当的判断能力，这些判断能力来源于新闻编辑的政治理论修养和广博的知识背景。

●多媒体时代要求新闻编辑具备多媒体思维和能力以及网络背景下的高科技能力。

●新闻编辑承担策划管理的重要职能，这要求新闻编辑在日常工作中表现出较强的管理、沟通能力。

在今天，媒介产业已走入融合创新时代，媒体产业结构整合变化，媒体结构性再造，媒体间隔被突破，传播向方便快捷、互动、个性的全时空存在的方向发展。风云变幻的媒介领域，编辑人才成为媒体竞争的中心，我国现在的媒体大部分采用了西方盛行的编辑中心制，即“大编辑，小记者”的制度。西方新闻学认为，一支出色的记者队伍，缺乏有力的编辑队伍做后盾，只能编出一张凑凑合合的报纸；而一支平庸的记者队伍，配上一支能干的编辑队伍，却可能产生一张颇受人欢迎的报纸。因此，新闻编辑的素质修养对媒体具有极大的影响。那么，希望从事新闻编辑职业的人应该从哪些方面锻炼自己的能力，又应该如何优化自己的知识结构和能力结构呢？下面我们将分析这些问题。

一、新闻编辑应具备的知识素养

（一）政治知识

一提到政治知识，现在有些新闻专业和编辑专业的学生就表现得不屑一顾，嗤之以鼻。殊不知，政治知识是中外新闻编辑必须掌握的重要知识之一。在这里有必要对政治知识的重要性加以强调。

1. 政治知识的重要性

首先从内容上看，政治新闻是媒体新闻内容的重要组成部分。政治报道在各类新闻媒体中都属于重要的日常报道，中国媒体如此，西方媒体亦如此。例如在美国极具影响力的纽约时报、华盛顿邮报、今日美国、华尔街日报中，除华尔街日报由于自身强烈的经济色彩外，政治报道都占有举足轻重的地位，有关国家政府和总统的时政新闻经常出现在头版的重要位置。各大报纸以及报纸所属的网站直接将政治（politics）作为专门的板块加以运作，四年一次的美国总统大选的报道更是彰显媒体编辑实力的窗口。

其次，任何媒体都要坚持政治上的"正确性"。只不过何者为政治正确，不同的媒体有不同的看法。在西方的编辑学教材里，"政治正确"也同样被加以强调，政治正确包括不得使用性别和种族歧视语言等。另外，始终标榜采取客观、公正、独立原则的西方媒体也会把所谓的"国家利益"放在首位，也会倾向支持自己认可的党派，并由此而构筑其"政治正确性"原则的基本框架。自诩为"超党派"的《纽约时报》和《华盛顿邮报》实际却倾向于民主党，在多次总统竞选中通过对共和党的总统候选人负面报道、发表编辑言论等方法公开支持民主党。

对于我国的新闻编辑而言，政治正确更是安身立命的基础，因为我国的新闻媒体是党的舆论宣传工具，是党的喉舌和耳目。由于政治知识的欠缺，新闻编辑容易把关不严，在新闻报道中犯政治错误。2005 年 6 月 18 日，南昌晚报在一版刊发的导读标题"深圳罗湖区女公安局长受贿被判 15 年"中，错误地配发了公安部塑造的英模典型、河南登封市公安局女局长任长霞的照片。对这一重大政治性事故，江西省委、南昌市委领导高度重视，有关部门迅速对事故进行调查并作出严肃处理：给予该报一版责任编辑解聘处理，省内新闻出版系统三年内不得录用；撤销某总编室主任职务，予以解聘；撤销某副总编辑职务，予以解聘；给予南昌晚报总编辑行政记过处分，同时对南昌晚报实行停刊整顿。

另外，缺乏政治知识和敏感也有可能会使宣传报道不得要领，不能及时反映时代精神，在新闻价值判断上容易产生一些问题。

2. 我们应该掌握的政治知识

政治理论知识。对于我国的新闻编辑而言，掌握马克思主义关于唯物论和辩证法的理论以及一脉相承的其他理论，有利于认清纷繁复杂的社会现象，使新闻传播符合事物的本来面目，避免错误传播以及不良影响；有利于贴近实际，贴近生活，贴近群众，在新闻宣传上把体现党的意志和反映人民群众的心声结合起来。

党和国家的方针、政策。首先要理解和掌握现行的重大方针和政策，以便发挥新闻编辑作用，利用版面、标题、画面剪辑等新闻编辑语言，有效地帮助干部群众深入理解中央重大方针政策。其次要重点了解目前我国背景下的社会主义市场经济政策以及法律政策，这些政策知识可以帮助新闻编辑保证媒体的权威性与准确性。第三应该了解党的宣传与新闻政策、方针。详细把握少数民族报道、台海局势报道、卫生疫情报道、灾难报道等一系列题材中媒体能报道什么，不能报道什么，着重报道什么，一般报道什么，以及报道中应该注意些什么，做好把关人。

其他政治知识。主要指政治生活中经常接触到的政治知识，如国家首都、重大历史事件的发生年份、国家和媒体所处地方的重要领导人物的姓名、国际著名政治人物的姓名等以及有关的政治制度类知识，例如人民代表大会制度、政党制度、国家机构及相互关系等方面的知识等。

（二）专业知识

曾经有一位新闻专业的本科生和一位新闻专业的硕士研究生同时面试某杂志社的编辑职位，最后本科生获得职位。当时主编对参加面试的硕士研究生说："你修改时没有用标准的修改符号，只是以个人习惯在上面修改，这样的稿子，排版人员是无法看懂的。"那个研究生没说什么，只是点点头。从这个看似小问题的标准修改符号的使用中，我们可以看出要想成为一个新闻编辑，必须掌握本领域的专业知识。新闻编辑必须具备的专业知识如下：

新闻业务方面的专业知识。无论从事哪一类型的新闻编辑，都必须有良好的新闻业务素质，只有具备新闻业务知识才能将正确的新闻思想贯穿于新闻编辑的各环节。当下的新闻传播业界，一大批新闻编辑是从记者成长起来的，在从事新闻编辑前大多采访写作过有重大影响的优秀新闻。大部分较为成功的新闻编辑或者接受过系统的新闻专业知识教育，或者通过自己摸索掌握了新闻专业的业务知识。

作为一名合格的新闻编辑，应当掌握新闻基本体系的知识，包括新闻理论知识（新闻的本质属性、新闻价值的构成要素、新闻的生命所在等）、中外新闻事业史及采访、写作、摄影（摄像）、媒介管理等业务知识。

编辑业务方面的专业知识。目前编辑学已发展成为一门较系统、较完善的学科体系，是社会科学中的一个门类。其中的编辑法学、编辑伦理学、理论编辑学已构成了编辑学的主要理论框架，它们从不同的角度和视野对编辑工作的性质、任务、规律做了理论上的阐述和诠释。编辑理论是用以指导编辑工作实践的理论依据，没有科学的理论做指导，其实践肯定会出现这样或那样的偏差和失误。所以，新闻编辑对编辑学理论知识特别是对编辑伦理学等主要科目一定要进行深入的探讨和研究，掌握其理论精髓，用以指导自己的工作实践。

在实际工作当中，新闻编辑还要掌握出版的法规、政策和纪律，并在工作中认真贯彻落实和执行。目前，大多数的报刊编辑人员偏紧，如专职的编务人员、校对人员、发行人员都配不齐，往往是一人身兼数职，顾此还要及彼。因此，新闻编辑既要完成编校等本职工作，还要负责编务、印刷、发行等份外工作，这就要求编辑必须熟练地掌握编辑出版整个流程中的各个环节，不能出现任何差错和失误。

相关领域的专业知识。我们不要求新闻编辑成为某领域的学术权威，但是新闻编辑应该熟悉自己分管的领域的专业知识。对这些相关专业知识的掌握不必如专家那样深奥，但必须有足够的了解，才能够在面对复杂多样的领域内新闻时，做到成竹在胸。例如财经新闻编辑应对宏观经济、微观经济理论有比较系统的了解，必须熟悉金融、股票、期货、房地产等一系列与经济相关的行业问题。同样，军事新闻编辑必须熟悉世界战争史、军事理论、军队建制并具备基本的兵器知识和军事常识。拥有了相关的专业知识才能在新闻编辑工作中科学地策划选题，有序地组织稿件，对稿件进行准确、公允的鉴定、修改，慧眼识珠，确保稿件的新闻性和真实性。

（三）基础知识

主要指文学、史学、哲学、经济学、语言学、心理学、社会学、法学等学科知识。新闻编辑工作离不开写作、修改，因此文学、语言学、哲学等知识无疑是重要的；新闻编辑在组织策划报道过程中要与人打交道，只有掌握心理学、社会学等知识才能有效地开展活动。经济报道越来越多，经济现象越来越复杂，新闻编辑对经济理论不熟悉不行；史学则能使新闻编辑具有远见卓识，增强对事物的预见能力和判断力。此外，新闻编辑对天文、地理、数学、物理、化学、医学等方面的知识，也应有一定程度的了解和掌握。这些知识有助于新闻编辑策划以及成功地组织报道。例如第十届中国新闻奖评选中获一等奖的消息《"天体大十字"预言宣告破产》就是一篇由新闻编辑在天文学知识、历史知识基础上精心策划的具有广泛社会影响的报道。

当时临近世纪之末，在世界范围内出现了具蛊惑性、流传广的"天体大十字"会给地球带来毁灭性灾难之说。这一"末世论"谎言的出现，最早是在400多年前，法国的诺查丹玛斯在《大预言》一书中提出1999年地球将出现大劫难的预言。到20世纪70年代，日本人五岛勉对这本书进行了解释，说在1999年8月18日太阳、月亮和九大行星将组成一个十字架的形状，并称这种"恐怖大十字"将给地球带来毁灭性灾难。这一缺乏科学根据的所谓"预言"，一时间蒙蔽了一些缺乏科学知识的人。在1999年8月18日这个特定的日子里，新华社利用自身的优势，精心组织策划，在短短的一天里，组织记者采访了巴黎、东京、伦敦、华盛顿的许多国外著名天文学专家、学者和普通群众，以及北京、南京等地著名的天文学家和有关方面的权威人士，而后作者和编辑对全部材料进行分析研究，精心取舍，反复雕琢，最后形成了这篇950字的力作。

从传播学理论上讲，以事实为载体传播的理论、观点、认识、主张，最容易为受众所接受，最容易收到"润物细无声"的传播效果。因为这样的事实具有强大的逻辑力量，事实胜于雄辩。《"天体大十字"预言宣告破产》，在特定时刻，用事实揭穿谎言，对于破除迷信，弘扬科学精神，有潜移默化的巨大影响力。消息播发后，人民日报、中国青年报等中央报纸，以及北京日报等几乎所有省市报纸都在显著位置摘要或全文刊登，收到了良好的社会效果。①

二、新闻编辑的能力结构

掌握各方面的知识固然重要，但是如果缺乏实际的运用能力，可能只是一个学者，还不能算是合格的新闻编辑。新闻编辑的能力主要包括以下四项。

（一）专业技能

这里我们强调的专业技能包括采写编评能力。采写编评能力指的是新闻采访与写作、基础写作、策划安排版面（栏目）、评论的能力。较强的新闻采访与写作能力可以增加编辑的新闻敏感，拥有新闻敏感，编辑才能在众多的信息材料中及时发现有报道价值的新闻，才能及时从纷繁复杂的新闻现象中梳理出清晰的新闻线索。新闻采访与写作能力的获得，一般是以往经验的深厚累积，同时也是新闻编辑不间断地策划、组织新闻报道，判断记者稿件新闻价值的结果。新闻编辑还要具有较强的基础写作能力，这种能力有助于从整体上对稿件谋篇布局、润色修改。这里的编辑能力指的是狭义上的编辑能力，包括对所有表现形态的新闻作品的选择、修正和核查把关以及对报纸新闻版组或新闻版（含新闻性专版）的定位与设计、对广播电视新闻频道或新闻栏目的定位与设计、对网络媒介的新闻频道或新闻栏目的定位与设计等。评论能力，指的是新闻编辑能恰当地对新闻事件、现象进行评论的能力。这种能力离不开独到的眼光、开阔的视野、深入的研究。

（二）创新能力

江泽民同志指出："创新是一个民族进步的灵魂，是国家兴旺发达的不竭动力。""一个没有创新能力的民族，难以屹立于世界先进民族之林。"② 新闻编辑的创造能力指的是新闻编辑突破传统思维、创新编辑业务的能力。在媒体竞争激烈背景下，媒体经常面对新闻同源竞争，因此新闻编辑是否具有创

---

① 彭朝丞：《多向参与，让新闻资源得以充分利用：获奖消息〈"天体大十字"预言宣告破产〉析》，载《新闻战线》，2001 年第 8 期。

② 江泽民：《全面建设小康社会，开创中国特色社会主义事业新局面——江泽民在中国共产党第十六次全国代表大会上的报告》，载《理论与实践》，2002 年第 11 期。

新能力，是否具有较强的新闻策划能力显得尤为重要。媒介产品策划、报道策划到编稿、组版各个环节都需要新闻编辑的创新能力。

例如默多克新闻集团旗下的《今日美国》从发行到版面编辑都体现了很强的创新思维，首次组织了如今日报经常使用的天气预报版，最先提出平面媒体的视觉传播功能，使头版使用大幅图片成为常规编排方式。这些创新做法使《今日美国》成为全美发行量最大的全国性报纸。

（三）现代化操作能力

未来的新闻编辑部很可能会成为一个各种媒体融合的大本营，事实上，现在已经有许多媒体在朝这个方向前进，《纽约时报》、《华盛顿邮报》、《华尔街日报》都已经突破传统纸质传媒的形式，将纸质传媒的内容、新闻源以及影响力拓展到媒体网站上，并且在网站上发布独家视频内容。在突发性新闻爆发之后，新闻编辑既要会做报纸头版的版面，又能制作一个 5 分钟的电视新闻，同时还要作上网新闻。这就要求新闻编辑不仅会编辑文字、图片，还要会面对摄影机说话；不仅用语言建构新闻，还能用画面建构新闻；不仅给予受众新闻，还要给予受众需要的信息等等。面对这种趋势，新闻编辑不得不时刻提醒自己不断学习，更新掌握各种各样的现代化操作能力。

（四）组织管理能力

现在的新闻编辑通常也是报道的组织和策划者，报道的组织要求新闻编辑有较强的组织管理以及沟通能力，既要有效地部署报道任务，又能与记者进行良好的协调，共同寻找最合适的报道方式，组织调度整个报道。另外，新闻编辑作为一种职业当然也会在组稿、印刷、发行等环节与作者、承印者、读者或者外界人士产生联系，这显然需要较强的沟通能力。

新闻编辑同一般编辑不同，新闻的时效性以及对社会方方面面的反映要求编辑不能整天待在编辑部里，而是要经常深入到社会之中，同形形色色的对象打交道，密切关注各种社会现象，从中及时发现与捕捉有价值的新闻。新闻工作这种特殊性，要求新闻编辑具有较强的社会沟通能力，能够同各种人群和个人进行行之有效的交往，在交往过程中发现新闻或新闻线索，并获取大量的第一手资料。

（五）视觉能力

新闻编辑应该认识到我们这个时代信息获取的重要特征之一——文化传播越来越依赖于视觉，万花筒般的视觉符号构成了我们的生活空间，视觉传播日益成为人类传播中占主导地位的传播方式。正如美国哈佛大学学者丹尼尔·贝尔所指出的那样，“当代文化正在变成一种视觉文化，而不是一种印刷文化，这是千真万确的事实。”①

大众传媒也正在进行视觉化转型，媒体进入“读图时代”。第二次伊拉克战争期间，美国媒体和国际媒体早就开始报道有关美国军方调查伊拉克战俘被虐事件，但是都没有将它作为报道伊拉克局势的主要内容。由于官方做出了军方“正认真对待此事”并进行“非常职业”的调查的承诺，许多媒体也没有意识到这一事件的严重性。直到 2004 年 1 月 16 日，美国 CBS“60 分钟II”和《纽约客》杂志刊登了照片，虐俘事件的严重性和它所产生的国际影响才开始变得清楚起来。这一媒体事件真实地显示了图像的重要性。

“影像生存”是图像时代媒体的生存法则。无论报纸、杂志、网页还是电视，人们总能感受到一种强烈的视觉冲击力，图像作为一种主要的新闻手段受到了媒体空前的重视。因此新闻编辑必须了解视觉语言的规律，提高视觉能力，大量、适当、高效地运用图像。

练习

1. 思考新闻编辑需要的最基本的知识修养有哪些，自己应如何获取这些知识。

2. 指出当代新闻编辑的能力构成，考虑怎样加强这些能力。

3. 访问所在学校的校报编辑，请他（她）为你列出一份新闻编辑的必读书目，分析该书目涉及的知识领域。

---

① 丹尼尔·贝尔：《资本主义文化矛盾》，三联书店 1989 年版。

第三讲

受众与受众分析

本讲要点

●市场经济体制已深刻影响我国的传媒行业，受众注意力成为传媒出售的商品；传媒的发行市场极大地影响了传媒的广告市场，因此产生受众分析的需要。

●竞争激烈的传媒市场环境，媒介本身有限的承载量以及不断变化的受众需求都要求媒体关注受众分析。

●受众接触媒体的行为主要受文化、社会、个人以及心理因素的影响。

●受众分析的评价指标主要为受众选择概率，受众忠诚度和满意度，受众的消费行为。

上一讲，我们讨论了编辑人员应该具备什么样的知识和能力，才能做好传媒工作，这解决的是“知己”问题；但这还不够，我们还要解决“知彼”的问题，这就是了解媒体赖以生存的受众。只有“知己知彼”，方能“百战不殆”！

一、受众与媒体的关系

（一）受众商品的概念

受众商品这一概念是传播政治经济学派的代表人物之一斯迈思最先提出来的。他从马克思主义政治经济学出发，认为对资本主义大众传播的分析应该从商品开始。在他看来，大众媒介的内容——向受众传播的信息、娱乐以及教育都是主观的精神实体，本质则是“为了获得潜在的受众和保持其忠诚的注意力而使用的诱饵”，其目的是为了“吸引和保持受众观看节目、阅读报纸和杂志，并且培养一种对公开或隐含的广告信息做出有利反映的情绪”。

斯迈思认为，大众传播的商品就是受众。在垄断资本主义条件下的需求控制主要是通过广告来完成的，在这个过程中，卖主是大众媒介，买主是广告商。广告商购买的是“可预测数量的、具有可预测规格的、在特定时间关注特定媒介的受众的服务”。简单地说，他们的工作就是创造对广告商品的需求，这就是垄断资本主义广告商的目的。

斯迈思指出：“在垄断资本主义社会，所有的非睡眠时间都是劳动时间，受众的大部分闲暇时间被大众传播媒介卖给了广告商。”

我国的传媒与西方垄断资本主义性质的传媒有着本质的不同，但是新闻改革之后，二者在面向市场方面是相同的。只要是市场行为，追逐利润就是最基本的目标之一。以电视业为例，在市场经济条件下，电视台靠经营求得生存和发展，目前我国电视台的经营还比较单一，对广告的依赖度非常高，广告收入平均占总收入的84.8%（《中国广播电视年鉴》）。表面看，电视台靠出卖时段给广告商获取收益，实际上出卖的乃是节目凝聚的观众注意力，即收视率。没有观众的电视台就相当于没有商品的商场，当然就不会有买主。节目是电视台诱惑观众的饵料，让观众看广告才是其真正的目的；对广告商而言，节目是其对观众看广告的犒劳，这才是受众对于传媒业的意义。

（二）媒体市场特征

走入市场化的媒体需要同时在两个市场上经营，一是发行市场，争取尽可能多的观众和读者队伍；一是广告市场，争取尽可能多的广告投放。

先谈第一个市场——发行市场。媒体提供相适应的信息给受众，对这些信息收取费用，从而获得收入，如电视频道的收视费、网站的信息费用和报纸的发行收入。收视率、点击率和发行量，也就是受众量越大，收益越大。因此，发行市场的关键是尽可能多地提供受众感兴趣的信息——“优质产品”，获得尽可能多的受众——市场份额。但是，就我国目前的媒体经营而言，这个市场在整个媒体经营中所占的比例还很小，约占百分之十几，媒体主要的收益来源于第二个市场——广告市场。

广告价格和广告量取决于收视率、点击率和发行量，也就是说取决于受众的多少。凝结在媒体周围的受众量和媒体的质量成正比。中央电视台黄金时段的广告价格高得惊人，发行量大的报纸如《参考消息》的广告价格也比同类媒体高很多，一些知名网站的掌门人资产成几何级增长。

从上面的分析可以看出，这两个市场是相互联系的，其联系点是因媒体的质量而凝结的受众。以报纸为例，读者是一张报纸生存的关键，只有凝聚起足够多的读者，报纸才能在实现社会效益的同时，将传播效能通过广告变成实实在在的赢利能力。因此，就像商业市场上的规律一样，受众是媒体的衣食父母，受众在媒体经营中的地位怎么提也不为过。了解受众，分析受众成为媒体经营者的首要课题，这就是媒体受众的市场定位。

（三）媒体分析受众的理由

改革开放后，特别是加入世贸组织以后我国媒体市场发生了很大的变化，在市场经济条件下，媒体受众分析至少有以下理由：

第一，媒体市场竞争加剧。随着市场竞争的加剧，越来越多的市场化媒体在关注政策面（政策面具有稳定、长期的特征，变数不大）变化的同时，逐步加大对新兴媒体（电视、广播、互联网以及短信）以及同类媒体的研究，模仿竞争对手而采取的调整行为越来越多（包括价格方面的调整）。遗憾的是，很多媒体缺乏对受众的研究，以至于许多成功的媒体在成功的同时并不知道自己的读者需要怎样的信息，对媒体的态度如何。试想，一张完全不了解读者的报纸，一个完全不了解观众的电视台怎样参与市场化的竞争？所以必须研究市场，研究市场上受众需要什么样的信息，广告客户需要什么样的媒体、怎样的受众。只有从受众的意愿出发组织自己的媒体，并由此为受众带来超额价值的媒体才能吸引受众，也才能够有效地把凝结在媒体的受众注意力以及由此形成的媒体传播效能传达到广告客户，形成实实在在的赢利能力。

第二，媒体的承载量有限，不可能包含所有的信息。电视、广播一天最多播出 24 小时，报纸、杂志的版面是有限的，即使是网络（理论上是无限的）也无法做到无限。报纸无论办得有多厚，电视节目不管怎样算计安排，也不可能跟上信息扩张的步伐，也就是说，不可能为所有的受众提供所有的信息。因而，媒体必须选择一个适合自己的分众市场，在这一市场上充分研究受众的需求，尽量把信息的梳理工作做到极致，这样不但可以减少成本，而且可以增强这一部分受众的忠诚度，而受众的忠诚度对媒体来说是至关重要的。

如前所述，媒体只能在一个相对分众化的市场上生存，所以媒体在其创刊和创办的时候就应当做好正确的定位，解决媒体的面向问题。

第三，仅仅局限于创刊和创办之初正确定位是不够的，因为市场在变化，受众的需求在变化，媒体本身也在变化。最为明显的两点。一是人们对信息的需求（了解世界）呈现出不同的特点，人们对媒体的需求也有几个层面：除了信息需求，还有愉悦的需求（放松身心）、求知的需求（获得知识）以及成就感（满足精神）的需求。并且，人们对媒体需求的层次呈现递进的态势，媒体在做大做强的过程中必须充分注意到受众信息需求的变化，并根据这样的变化调整自己的战略选择。二是消费者正在由大众化向分众化的方向转移。消费者的身份、层次出现明显的差别，而且随着经济的进一步发展，这样的差别存在着进一步扩大的趋势。各社会阶层收入不同、文化程度不同，对信息的需求也就不同，媒体必须研究这些不同，确定目标消费群，满足目标消费群特殊的需求。

二、受众研究

（一）影响受众行为的主要因素

1. 文化因素

在影响媒体消费者使用行为的诸多因素中，文化因素无疑是最具广泛和深刻影响的因素。

文化作为一种内在的价值判断力量，影响并支配着消费者的生活方式，从而影响到人们对媒体的选择。不同的文化背景，不同的文化水平，能够导致人们不同的媒体使用心理和选择行为。能否正确认识不同群体、不同受众的文化差异，决定着媒体的成败。

亚文化是指存在于一个较大的社会群体中的一些较小社会群体所具有的特色文化，表现为语言、信念、价值观、风俗习惯等的不同，如种族亚文化、民族亚文化、地域亚文化等。亚文化群体的成员不仅具有与主文化共通的价值观念，还具有自己独特的生活方式和行为规范。就媒体消费者的选择与使用行为来讲，亚文化的影响更为重要，这种影响甚至是根深蒂固的。

另外，不同的社会阶层也决定人们不同的媒体选择行为，前文已提及，在此不再赘述。

2. 社会因素

媒体消费者的选择与使用行为也常常受到一系列社会因素的影响，这包括参照群体、家庭和社会成就等。

参照群体是指对个人的使用态度和行为具有直接或者间接影响的相关群体。它可能是组织的形式，也可能是某几个人；可能是正式的群体，也可能是非正式的群体，如学校、政党、朋友、家庭、邻居；政界名流、商界名人、影视明星、体育明星等。个人的习惯、爱好的形成过程中，群体的影响力起着很大的作用。参照群体对不同的报纸和品牌具有不同的影响力，这种影响取决于两个重要指标：媒体是以公共性消费品还是以个性消费品的形式出现、是以必需品的形式出现还是以奢侈品的形式出现。一般而言，参照群体对于以公共性消费品和奢侈品形式出现的媒体使用更具有影响力。这种情况下，媒体已经不是真正意义上的资讯解读和阅读享受，而是符号化的身份与地位象征。

大部分的媒体使用行为是以家庭为单位或背景进行的。因此，对个人使用者而言，家庭是最具影响力的参照群体。

社会成就主要通过媒体消费者的社会角色表现出来，媒体消费者所扮演的各类角色都在不同程度上影响着其对媒体的使用选择。不同角色的特征取决于媒体消费者所处的环境以及与之交往的人群。

3. 消费者的个人因素

媒体消费者的个人因素对其选择媒体也起到很大的影响作用，这些因素主要包括年龄和人生阶段、职业、经济状况、生活方式、个性和自我观念等等。

媒体消费者的年龄对其媒体使用习惯、偏好的养成具有十分重要的作用。不同年龄由于具有不同的价值观念、认知结构和媒体接触经验，对媒体内容的解读也见仁见智，有时候甚至截然相反。并且，随着年龄的增长，人们的媒体使用偏好会发生转移。

一个人的职业往往直接影响使用者的使用时间、地点以及解读方式。当职业生活在人们的生活中占据的比例越来越大时，与职业相关的媒体由于接近性因素会获得目标人群的优先选择。

个人的经济状况决定其购买力的大小，也决定其对于广告商的价值的大小。《经济观察报》能够在市场上迅速崛起与能够占有高收入的目标人群有很大关系。

在现代社会中，人们有更多的自由度来选择符合自己使用偏好的传媒。媒体消费者选择某一媒体而不是其他，这是由其特定的生活方式、特殊的个性，如兴趣、爱好、能力、气质、性格等决定的，并成为其归属某一群体的外在标志。

4. 心理因素

从本质来看，消费者的媒体选择与使用行为源于心理因素的影响。这些因素包括动机、知觉、学习、信念和态度等方面。

消费动机的最大特点就是其明确的目的性。每个人都有很多需要，但是需要只有强烈到一定程度才会转变为动机，媒体营销的重要使命之一就是发现目标使用者的需要并将之转化为强有力的使用动机。

媒体消费者学习是指个人用以获得运用于未来媒体选择与使用行为的相关知识及经验的过程。媒体在进行竞争的时候，要注意媒体消费者由于学习而产生的认知成熟度的变化，媒体资讯内容的组织和编排方式要与使用者保持“随动状态”，而不能盲目照搬其他媒体的相关经验。

态度和意见是指一个人对某一媒体积极的、中性的或者消极的感受。媒体营销的主要任务之一就是要培养使用者的良好态度。由于媒体的竞争日趋激烈，如果媒体消费者对某一媒体没有一种积极的态度，媒体一般很难获得成功。

（二）评价受众行为的几个重要指标

1. 读者选择的概率

如上所述，读者选择一种报纸受其文化因素、社会因素、个人因素以及心理因素的影响，报纸经营者必须了解目标消费者的欲望、偏好和使用习惯，并据此制定行之有效的营销策略。但是研究仅仅局限于此是不够的，还必须从方便读者购买、减轻读者价格负担的角度调查消费者的购买行为。传播研究集大成者威尔伯·施拉姆曾经提出一个传播使用者选择概率公式，即选择的概率等于报偿的保证除以费力的程度。也就是说，凡是能提供高报酬保证（高报酬 = 已经得到 - 已经付出）或者是低费力程度的传媒产品都会提高传媒使用者的选择概率。在内容基本相似的前提下，报纸的价格越低，也就越有可能为读者提供高报酬的保证，所以，报纸必须关注这两个影响消费者选择的指标，在此基础上努力提高传媒产品的价值、降低传媒消费者获得该产品的费力程度，以达到营销的最佳程度。

2. 读者满意度与忠诚度

喻国明教授曾提出，受众对于特定媒体的忠诚度大体可分为两类①：一是读者的行为忠诚度，指受众接触某种媒体的稳定程度，这种行为的忠诚度主要是由于特定媒体的传播营销之于读者的方便性造成的；二是读者情感忠诚度，指受众对于特定媒体的价值与情感认同程度，这种情感忠诚度主要是由于特定媒体的传播内容对于其目标受众的价值亲和力所造成的。二者比较，读者感情的忠诚度更为重要，它是消费行为核心价值观的体现，这样的读者群是稳定的。

具体分析报纸读者的忠诚度有如下指标②：

第一，读者平均每周阅读天数：指读者在一周中阅读某种报纸的天数。阅读的天数越多，说明读者接触该报纸的时间越长，表明读者对该报纸的忠诚度越高。

第二，读者实际接触报纸月平均次数：指某地区或某城市的读者在一月内实际接触报纸的平均次数。这个指标表明，读者每月接触该报纸的总次数在一月中的比重是多少。读者月平均接触报纸的次数越多，说明读者对该报纸的忠诚度越高。

第三，读者实际接触报纸日平均时长：某地区或城市读者在一天中实际接触报纸的平均时间长度。这个指标表明，读者每天花在该报纸上的平均时间是多少。读者日平均接触报纸的时间越长，说明读者对该报纸的忠诚度越高。

第四，读者实际接触频度：读者对某一张报纸的心理依赖程度，可以用读者实际接触频度指标来表示。心理依赖程度越高，说明读者对该报纸的稳

① 喻国明：《试论受众注意力资源的获得与维系》，载《当代传播》，2000 年第 3 期。
② 赵彦华：《报纸市场评价指标体系研究》，载《国际新闻界》，2004 年第 1 期。

定度和忠诚度越高，说明该报的影响力越大。

值得注意的是，在报纸的营销过程中，读者行为的忠诚度与情感忠诚度有时是统一的，有时是背离的。如果受众对于某报纸的行为忠诚度高于其情感忠诚度，表明该媒体对于受众的凝聚力主要是由于获得方便造成的，而这种行为的忠诚度如果缺乏情感忠诚度的有力支持，是不可靠、不长远的，一遇到强有力的竞争对手，读者很可能一夜之间转投别报。如果受众对于某张报纸的情感忠诚度高于其行为忠诚度，表明该报纸对于受众的凝聚力作为一种潜在的可能还没有得以充分发挥。在媒体竞争日益激烈的时代，“好酒也怕巷子深”，因此缺乏行为忠诚度的有力支撑，报纸的自身价值是不可能很好实现的。应该通过降低受众获得该报纸的代价来改善或扩大市场的份额。

3. 读者消费行为

消费行为是指读者为获取、使用、处理消费物品所采用的各种行动以及事先决定这些行动的决策过程。读者行为研究一般需要了解的信息有：

A. 哪些人构成了报纸目标消费群?

B. 读者购买或使用什么报纸?

C. 读者为什么购买或使用?

D. 在什么时候购买和使用?

E. 从哪里获得报纸的信息?

F. 在什么地方购买和使用?

G. 购买和使用的数量是多少?

H. 如何购买和使用的?

练习

1. 你平时最常接触的媒体是什么？分析影响你接触媒体行为的因素。

2. 考察你所在城市的日报竞争情况，判断它们的市场份额，结合报纸本身的特点分析形成这种竞争局面的原因。

3. 设计一份调查问卷，调查你们班上同学的媒介接触行为（最好是报纸的阅读行为），其中应包含评价受众行为的主要指标。

4. 思考评价受众上网行为的主要指标，找出其中与报纸读者行为评价的不同之处。

第四讲

办报宗旨与编辑方针

本讲要点

●办报宗旨是对媒体根本性问题的明确规定或者是对报纸的特点、特色和努力方向的概括，是指导报社一切工作的基本纲领。

●办报宗旨的拟定需要考虑到报纸的归属、办报的目的以及报纸的特点。

●在办报宗旨和办报方针基础上制定的编辑方针应包括以下基本内容：报纸读者对象的设定、报道内容的设定、报纸水准的设定、报纸风格的设定。

对受众进行分析目的之一是为了确定媒体的宗旨、方针，找准媒体的定位，本讲将以报纸为例对这些方面进行探讨。

一、办报宗旨

办报宗旨是对报纸的指导思想、性质和新闻传播的立场、原则这些根本性问题的明确规定，或者是对报纸的特点、特色和努力方向的概括，是指导报社一切工作的基本纲领。前者如《大公报》，它在 1926 年 9 月 1 日创办时，就提出了“不党，不卖，不私，不盲”的“四不”口号作为办报的指导思想。《光明日报》提出的“宣传中国共产党的理论、路线、方针、政策，传播新闻和其他信息，团结海内外广大知识分子，发挥党联系知识分子的桥梁纽带作用，促进社会经济文化发展”则从指导思想、报纸性质和新闻传播立场等方面规定自己的办报宗旨。后者如《南方周末》，它的办报宗旨是“深入成就深度”，强调报纸深度的特色；《新民晚报》的“飞入寻常百姓家”强调报纸的读者定位；《北京晚报》的“晚报，不晚报”强调该报纸的时效性等，这些办报宗旨如同产品的广告词，往往以最凝练的语言，强调报纸的特点与特色，简单易记，朗朗上口。

办报宗旨一般在报纸创刊时就已经制定，或者是在社会发生了巨大变化，报纸改版时重新确定。

（一）制定办报宗旨的依据

报纸的归属和立场，即报纸属于哪一个国家、哪一个阶级，由何部门或团体拥有，附属于何种党派或团体和势力。任何报纸都不可能做到完全客观公正。首先，报纸归属于某国家、地区、部门，因此势必会站在这些国家、地区、部门的立场上发表意见，代表它们的利益。比如美伊战争，西方的媒体、阿拉伯世界的媒体、其他国家的媒体报道角度、内容选择，观点就大大不同。其次，办报需要一定的经费，而接受了所归属机构的资金，报纸就不得不站在其立场上说话。第三，由于政治因素、经济情况、社会环境等原因，报纸也不可能做到真正的客观公正，至少它还受到诸如广告商的牵制，对广告商不利的报道往往被取消。

在我国，报纸是党和人民的耳目喉舌，是为人民大众服务的，同时，它又归属于不同的部门或团体。如《人民日报》是中国共产党中央委员会的机关报，《解放军报》是中共中央军委机关报，直属总政治部领导，《工人日报》是中华全国总工会的机关报，《中国法制报》是中国政法战线目前唯一的向国内外公开发行的报纸。因此各报在基本立场、方向上虽然是一致的，但在某些具体的办报目标上，各报又会有不同的侧重点和报道角度，导致办报宗旨也会各有差异。

（二）办报的目的

这里是指创办报纸的用意是什么，报纸要起到什么作用，达到什么要求，担负什么职能，这也是确定办报宗旨时必须考虑的问题。在社会主义市场经济条件下，报纸作为一种信息产业，要担负起传播信息、提供服务、传播知识、提供娱乐等多种功能，因此办报的目的也越来越多样化。报纸或者以传播信息为主，如“信息周报”、“信息时报”；或者以提供服务为主，如部分都市报；或者以传播知识为主，如科技类报纸；或者以提供娱乐为主等等。再往下细分，如传播知识的报纸，还有面向专业人士还是面向一般大众的问题，不同的定位，办报目的就不相同。

（三）特点和特色

在市场经济发展不断成熟的新时期，原来的信息垄断局面早已被打破。技术的发展导致新媒体不断出现，不同类媒体竞争（手机短信、网络等新兴媒体对传统媒体的冲击）以及同类媒体的竞争（如同城都市类报纸间的竞争）越来越激烈。在激烈的市场竞争条件下，媒体是否具有特点和特色就变得相当重要，地方党报区别于《人民日报》，此都市报区别于彼都市报。否则，这份报纸、这个电视台就没有办的必要，即使办了，没有特点和特色，也只能导致电视台、报纸的同质化，没有自己的忠实的受众群，发展不起来。

二、编辑方针

编辑方针是根据办报方针、办报宗旨以及实际情况对报纸的内容和形式所作的总体设计，是编辑工作所应遵循的基本准则。编辑方针规定了报纸的读者对象、传播内容、报纸水准与风格特色。

任何报纸都要根据自己的生存环境和自身所具有的条件，确定办报方针。办报方针对报纸的性质、办报宗旨和新闻传播的立场、原则等根本性的问题作出明确规定，是指导报社一切工作的基本纲领。办报宗旨是将办报方针凝练后形成的便于宣传的口号。将办报宗旨和办报方针具体落实到编辑工作中，进一步规定编辑工作中的传播对象、工作目标和操作方法等就是编辑方针。

报纸在创办之初或者改版之时，通常在版面上公开宣告办报方针、办报宗旨和编辑方针。表述方法多种多样，有详细的也有简略的，有时办报宗旨和编辑方针并不严格分开阐述。如《新民晚报》著名的十六字方针“宣传政策、传播知识、移风易俗、丰富生活”，就是一种高度凝练的编辑方针。这十六个字，既规定了《新民晚报》的传播内容和风格特色，也表明了这家报纸的办报宗旨和新闻传播的立场、原则，即作为一家市民报纸“飞入寻常百姓家”，参与社会生活，提高人民素质。

也有一些新闻媒介在办报方针的基础上，详细阐述编辑方针。1992 年《经济日报》改版策划时，编委会下达报社内部的《经济日报改版大思路》文件中，强调“改版要按照编委会提出的‘同中央精神贴得更近些，同实际工作贴得更近些，同群众脉搏贴得更近些’的‘三个贴近’和有利于增强新闻报道的宏观意识、理论意识、国际意识和批评报道有建设意识等‘四个意识’的原则来进行”。由此再进一步阐述编辑方针：“1. 紧紧围绕发展市场经济这个大课题，开展多层次、多功能、多角度、多形式的宣传报道，并按照市场要素与经济运行规律设置版面。2. 从多种经济成分并存的现实出发，扩展报道面。3. 进一步发挥新闻媒介的传播作用，充分考虑不同层次读者的要求，努力把《经济日报》办成消息总汇。4. 改版后的报纸应当突出三性，即权威性、实用性、可读性，使之具有浓浓的经济味儿。5. 继续发挥报纸在经济生活与社会生活中的舆论监督作用。”这样的编辑方针，对《经济日报》扩版的总体与局部设计具有指导意义。

编辑方针要有相对稳定性，稳定的编辑方针是报纸特色的重要保证。因此，编辑方针的确定要慎重，一经确定则不能轻易改动。在客观形势发生变化，或实践中证明编辑方针不可行时，对编辑方针作局部变更是必要的，但调整以后，仍要保持它的相对稳定性。

报纸编辑方针的内容主要包括四个方面：

（一）报纸读者对象的设定

读者是报纸编辑工作最终的服务对象，而且读者正逐渐成为现代传播活动的参与者，而不是被动的信息接受者。报纸的读者对象是根据报纸的性质、办报宗旨以及报业市场竞争的需要确定的。报纸的设计要针对具体的读者对象来操作，因此，制定编辑方针首先要规定报纸的目标读者。目标读者是报纸编辑希望其能够成为报纸受众的人群，报纸读者群的结构往往是多元组合。如“青年报”的读者总体上说是青年，但从结构上看，它又是由不同年龄、不同职业、不同地区、不同性别的年轻人组成的一个群体。编辑方针不仅要确定目标读者的总体范围，还要进一步规定读者群中的主体是哪类人，次要的读者又是哪类人。如《北京青年报》历史上曾经有过三种不同的读者定位：20 世纪 50 年代至 20 世纪 60 年代主要面向团的干部和团员，20 世纪 80 年代前期主要面向中学生，20 世纪 80 年代后期至今全面走向社会，以全市广大青年为主。

读者对象是编辑方针中最重要的内容，它对其他几项内容会产生制约作用。比如《北京青年报》历史上三种不同的读者定位，决定了这家报纸在各个时期的传播内容不同，报纸的水准和风格特色也不同。在报纸全面走向社会以后，主体读者的范围扩大了，新闻报道的内容便不再局限于青年的活动，只要是青年们关心的新闻，《北京青年报》都积极报道，而且报纸的水准提高了，更具有锐意创新的风格特色。

分析我国发行量最大的报纸《参考消息》的读者群，就会发现其读者定位的鲜明特征：

《参考消息》以男性阅读为主体，男性读者比例大大高于女性读者。男性占到读者总数的 70.3%，女性只有 29.7% 的比例。

《参考消息》读者多为成熟的人士，平均年龄为 36 岁，并且以分布在 25－44 岁年龄段的最多。55－64 岁占 9.6%，45－54 岁占 14.0%，35－44 岁占 22.4%，25－34 岁占 36.1%，15－24 岁占 17.9%。

《参考消息》读者的受教育水平比较高，学历在大专及以上的读者占读者总数的 56.2%，明显高于总体水平。没受过正规教育占 0.3%，小学占 1.1%，初中占 10.6%，高中占 21.0%，中专、技校占 10.4%，大专占 28.7%，大本或以上程度占 27.5%。

《参考消息》读者工作状况以全时性固定工作为主体，读者中全时性工作的比例达到 67.5%，失业占 3.7%，学生占 8.0%，退休占 6.5%，家庭主妇占 0.4%，临时性工作占 3.2%，非固定工作占 8.2%。

《参考消息》的读者中，64% 的人是经常阅读和比较经常阅读，偶尔阅读的占 35%。也就是说，《参考消息》的读者群中多数是忠实读者（忠实读者指经常阅读和比较经常阅读的读者）。

经常阅读是指连续出版四次，至少阅读三次以上，比较经常阅读是指连续出版四次阅读二次，偶尔阅读是指连续出版四次阅读一次或以下。经常阅读占 38.5%，比较经常阅读占 25.8%，偶尔阅读占 34.5%，其他占 0.3%。基本读者表明阅读的主动性，《参考消息》的基本读者达到 40%，有较高的阅读主动性。

（二）报道内容的设定

报纸传播的内容指的是报纸新闻传播的总的报道面有多大。具体说来，包括报道对象的分布有多广、报道的领域有多宽、报道的区域有多大等。报纸新闻传播的内容是由报纸的性质、办报宗旨和读者对象的需要决定的。比如《人民日报》作为中共中央机关报，作为全国最大的一家综合性日报，其报道范围要比地市级的党委机关报大得多，也比各类行业报大得多。中国和世界各地发生的新闻都在《人民日报》的报道范围之内，各行各业的变化都是其报道的对象。相比之下，地方综合性报纸虽然也报道国内外大事，但本地区的新闻才是报道的重点，构成报道内容的主体部分；行业报的报道内容则主要是行业范围之内的新闻。如1978年5月1日，《光明日报》在社论《为本报改版致读者》中说，"本报改版后，将作为一张以科学，教育为主要宣传内容的文化战线方面报纸"。上海《解放日报》的编辑方针则明确规定该报登载的是思想性强，新闻性强，富有上海地方特色的新闻报道。此外，报纸要设立何种副刊、专刊，也是编辑方针包括的内容。编辑方针对报纸传播内容的规定，将直接指导报纸总体规模和内部结构的设计，报纸版面的分工、栏目的设置都与此有关。

报道内容的设定还体现在报道角度的选择上，报纸媒体依据办报方针、宗旨和读者群来设定报道角度。对于同一新闻事件，有的报纸注重于客观事实的报道，有的偏重于"花絮"的报道，有的报纸侧重于深度和内幕报道，《南方周末》在办报宗旨中就强调"深入成就深度"的报道原则，这是由报纸的定位和读者群的不同而有所侧重，例如老年读者和青少年读者兴趣的不同，文化程度的不同也导致对同一新闻侧重点的不同，男性读者和女性读者关心的问题也会不同。

（三）报纸水准的设定

报纸的水准指报纸的思想水平、文化水平和专业技术水平所达到的高度。它具体通过报纸传播内容的深度、广度以及语言文字、版面设计、制版印刷等多方面因素综合表现。报纸的水准也是根据报纸的性质、办报宗旨和读者对象确定的。如面向知识分子阶层的综合性报纸，对思想水平、文化水平和专业技术水平一般都要确定较高的标准，报道应该达到一定的广度和深度。面向普通市民的晚报，传播内容侧重社会生活领域，报道讲求通俗易懂、平易近人，对语言文字的运用和版面设计与前者大不相同。至于面向某些专业读者的行业报，对行业内新闻传播的深度则有较高的专业要求。编辑方针中对报纸水准的规定也将具体指导报纸的设计。

（四）报纸风格特色的设定

报纸的风格特色指报纸的整体结构、传播内容、传播方式和版面形象等所综合表现出的格调和特点。它体现在新闻的时效、写作的风格上，体现在言论上，也可以体现在专栏设置或版式特点上。不同的报纸凭借其独特的风格特色为不同的读者所喜爱。这种风格特色可以是严肃的、活泼的、谐趣的、鲜明的、含蓄的。报纸的风格特色也是由报纸的性质、办报宗旨、读者对象决定的。如《人民日报》作为中共中央机关报，强调以权威性、指导性、理论性为主要特色。这种特色具体表现为重要言论多、对全国各行各业有指导意义的新闻多、报道稳健而有深度、版面庄重大方等。共青团中央机关报《中国青年报》，读者对象和《人民日报》不同，其风格特色也相应不同，以生动活泼、富有朝气受到年轻人的喜爱。编辑方针对报纸风格特色的规定，为报纸设计指明了努力方向。

练习

1. 到图书馆翻阅《中国青年报》以及相关的文献，指出《中国青年报》的归属、办报宗旨，从《中国青年报》的报道内容总结它的编辑方针。

2. 阅读两种本地日报，比较二者的办报宗旨和编辑方针。

3. 假设你将出版一份面向校园的报纸，请为这份报纸确定名称、办报宗旨，拟定编辑方针（包括读者、内容、水准、风格的设定）。

第五讲

报道计划的制订

本讲要点

●报道计划是编辑部根据媒体的编辑方针对每个时期和突发性重大新闻的报道内容、报道重点、报道角度、报道形式等所作的精心组织和安排，是编辑方针与当前实际相结合的产物。

●报道计划包括阶段性报道计划和专题性报道计划。

●制定报道计划必须重点突出同时兼顾全面。

一、制定报道计划的意义和作用

编辑方针是规定编辑工作的指导思想和原则，解决的是目的和方向性问题，是一个宏观的“蓝图”，并不能指导具体的编辑业务。报纸、广播、电视、网站等新闻传播媒体对每一个时期的新闻报道还要进行具体安排、制订计划，组织落实，才能有条不紊，创新性地完成报道任务，对于突发新闻进行研究，认清问题的实质和发展方向，确立正确的报道思路和报道重点，策划报道方法和方式，才能真正起到舆论导向作用。因此，传播媒体应该经常开展业务研讨，制定详细的报道计划。

报道计划是将编辑方针具体化、实践化的工作安排。在一个具体的时间内，到底应该报道些什么内容，怎样报道，报道的侧重点是什么，这需要根据当时形势的变化和读者的要求做出详细的思考。没有编辑方针，报道计划会失去依据；没有报道计划，编辑方针则难以落到实处。

报道计划是一段时间或一个重大新闻事件报道的整体安排。读者要求能通过报纸有限的报道，看到新闻事件的本质含义，预测新闻事件的发展方向，了解现实生活的全貌。这就有必要对报道的内容加以统筹安排，一是对报道的内容加以恰当地取舍，把握主流，而不是随意地、不加安排地提供一些支离破碎的东西，产生误导；二是可以有条有理地反映现实，使读者较为便利地阅读，更好地了解现实。

报道计划不同于具体的选稿、改稿、制作标题、设计版面等微观的编辑操作，它是从报道全局出发，对整个报道做出的统筹安排，也属于较宏观的编辑工作。微观操作要服从宏观的总体安排，总体安排的实现又离不开具体的编辑工作。因此，报道计划在整个编辑工作中起承上启下的作用，对编辑方针来说，它是具体落实者。对具体的选稿、组版工作来说，它又是指挥者。

报道计划是编辑部根据报纸的编辑方针对每个时期和突发性重大新闻的报道内容、报道重点、报道角度、报道形式等所作的精心组织和安排，是编辑方针与当前实际相结合的产物。

二、报道计划的制订

报道计划包括两种类型。一种是阶段性报道计划，即对一段时期报纸所报道的全部内容的统筹安排。一般来讲，各媒体都会定期按年度、季度、月度、周来制定报道计划，根据预测和事前得到的信息，或者按照惯例安排报道内容。春节、五一、国庆节等节日庆祝活动，按季节变化的农事报道和因此而产生的人民生活相关的事，还有定期的重大会议，重大政策的颁布等等，这些活动是相对稳定的，可能的变化只是因时代的不同，形势的变化，报道方式、方法、主题、侧重点的不同而已。由于阶段性报道可以预测、时间充足，并有相关的报道经验，对于长期工作在新闻战线上的人士来讲相对得心应手一些，制定报道计划时，可以做到详细、具体，甚至进行精心策划，以求做到报道的创新性。

当遇到像“9·11”事件、“非典”事件、“汶川大地震”等重大的突发性新闻事件发生，或有重要活动举办时，也要随时研究讨论，制定对突发性新闻事件的报道计划，这就是专题性报道计划。

突发性重大新闻具有“重大”和“突发”二个特点：这里的“重大”性是指在世界范围内人们普遍关心的事件，由于世界各国、各地区的文化、政治、利益的不同，对事件的认识就各有不同。因此，媒体就不能想当然地、第一反应地用自己的理念去曲解事件，而应该换换角度，尽可能全方位地去认识，寻找大家认识的共同点。这里的突发性是指事件发生得十分突然，让人措手不及，又由于时间紧，很难从容地研究讨论，分析事件的本质含义。因此，媒体就更应该慎重，不能以自己的政治观点和喜好去左右舆论、影响事件。在通讯条件十分发达的今天，某个媒体，甚至某几个媒体是不能左右舆论的，稍有不慎，就会出现方向性的报道错误，给国家、社会、媒体自身造成十分恶劣的影响。

应该指出的是：对于刚刚发生的突发性新闻，也不能等到认识清楚了再进行报道，延误时间。当我们还不了解事件实质的时候，为了报道的及时性，我们可以只客观地报道事实。开始的时候尽可能不流露自己的观点（除非事件本身的价值取向相当鲜明），等到事情明朗的时候或者我们认识明确的时候，再发表看法，因为，新闻就是用事实讲话，新闻的写作核心就是尽可能少议论。

“汶川大地震”中我国媒体的迅速及时的公开报道，既反映了大地震造成的残酷现实，又展现了党和政府处理危机事件的组织能力，展现了强大的国力，在世界范围内得到了一片赞誉之声，这和那种怕造成不良影响而遮遮掩掩，反而造成不良影响的做法形成鲜明的对比，无疑是一种进步，一种文明的体现。

且看一组国外媒体对中国媒体“汶川大地震”报道的看法：

中央社上海 5 月 15 日电：中国媒体深入灾区全天候地报道相关新闻，不仅发挥了媒体的功能，更提供政府第一手的救灾信息，表现可圈可点。

美联社北京 5 月 13 日电：一向不愿意报道负面新闻的官方媒体这次却大力报道了灾后场景，像血淋淋的死伤者以及亲属哭喊的照片……灾难专家说，中国的行动速度之快就更让人印象深刻。

美国《先驱论坛报》网站 5 月 13 日报道：电视台连续不断地播放救援工作的消息可谓不同寻常……中国网站和聊天室的评论充满对政府应灾措施的赞许。

美国《纽约时报》网站 5 月 13 日报道：信息铺天盖地，高级官员和救援人员快速做出反应，这与中国以前应对唐山大地震的方式形成鲜明对比，也使毗邻的缅甸军政府在强热带风暴之后的救灾工作相形见绌。

当然，也不可以为了抢新闻，把道听途说的东西当成是新闻，要对听到的东西进行确认。好新闻的标准首先是真实和全面，要让受众依据新闻事实自己去判断是非。“西藏骚乱”事件爆发之后，一些从思维定式出发的西方记者，只报道一些从藏独分子那里道听途说的被歪曲“事实”。一些仇华反华的西方记者觉得这可抓住了反华的事实依据，进行歪曲报道，甚至搞一些移花接木、制造新闻的违反新闻道德的报道，掩盖了事实的真相，混淆了人们的视听，把本质上藏独分子的骚乱行为，宣传成民族问题和中国的所谓“人权”问题。但是，当人们了解了事实的真相的时候，一些媒体的所作所为，让人们进一步了解他们所谓的人权的虚伪性，对自诩为报道自由、客观公正的西方媒体的公正性产生怀疑。事实上，他们非但没有达到抹黑中国、妖魔化中国的目的，相反还令世界华人感到愤怒，使中国人达到了空前的团结，演绎成了全体华人自觉保护奥运圣火的行动。

应说明的是，阶段性报道计划最终也要落实在专题性报道计划上，否则阶段性报道计划的操作性不够，会流于空泛。无论是定期还是不定期的报道，一般都有形成文字的设计方案。由于报纸工作本身的特点，决定了报道计划具有较大的变动性。计划制定后，在实施过程中，常常根据现实情况的变化作某些调整，甚至另作补充计划。

三、制定报道计划的原则

正如我们上面讲到的，阶段性报道计划最终要落实到专题性报道计划上。我们这里的讨论只局限于专题性报道计划。专题性报道计划应把握以下两个原则。

（一）重点突出

报道重点是报道计划首先要解决的问题。一项报道能提供的事实是多方面的，所体现的基本观点也可能不止一个，这就有一个确定报道基点的问题。报道的重点，是整个报道的中心，就像文章的主题，如果没有明确的重点，漫无边际，整个报道势必杂乱无章，无法形成一个有机整体，因此确定报道计划时就要规定各类报道主题的构成，哪一类占的比重最大，哪一类次之，哪一类更次之，哪一类最小。

报道的重点往往是报道中发稿数量最多、位置最显著的那一部分内容，是读者视线集中之点。报道重点有长期和短期之分。长期的报道重点是整个事件的报道重点，它是一个大型文章的主题，短期的报道重点是事件发展到某个阶段的报道重点，相当于文章的分论点。

从我国媒体对“西藏骚乱”事件的报道来看，报道具有明显的阶段性：事件发生初期，主要报道藏独分子的残暴行径；在西方媒体大量的不实报道出现以后，主要针对西方媒体的不实之词揭露事实的真相；第三阶段，奥运圣火在巴黎、伦敦受到藏独分子阻挠的时候，报道的核心主要集中在全球华人自觉保护奥运圣火传递活动。

报道阶段的侧重点和人们认识事物的过程和事件发展的阶段是相适应的。这点从理论上讲清楚似乎比较困难，在实践上却比较简单。长期工作在新闻战线上的媒体工作者一般都能明确地意识到，受众在某一时段内最关心的问题，就是报道应该关心的问题，因为，媒体工作者本身也是受众。当“汶川大地震”发生以后，人们的第一反应当然是，地震级数有多大，地域包括哪些、震中在哪里，然后是破坏有多大，伤亡程度如何；当人们了解到了震中地区交通、通讯中断，连周边地区的损失都是那样的惨重时，更是揪心震中地区；当情况慢慢变得清晰时，人们在震惊之余，伴随爆发了世界范围内的援助行动，全国人民的众志成城战胜灾害的决心，世界范围内的同情心和救援行动，等等。当然，还会因事件发展而必然出现的灾后防范、重建等工作。这都会构成新闻报道的一个个阶段内容。

要将报道的重点突出出来，就需要控制好报道的数量及质量，发稿数量的多少，应该与这种报道重点的分布相适应，使报道各个部分在数量上保持相应的比例。同时，稿件的质量也应保证，要把报道的精华部分展示出来，大而无当，数量虽多质量却不高的报道是不能引起读者兴趣的。这就需要组织者做精心的设计。事实上报道计划常常是围绕一个重大主题，从调查、研究到计划有一个较长的过程，这样报道思路的总体设计才会周全，报道形式和人员配备也能组合得较为得当。

（二）报道全面

全面就是指不以孤立的、片面的、静止的眼光看待事物，而是从事物总体、社会的总体联系中去考察事物、评判事物。

我们所报道的事物往往具有多样性和复杂性。如果我们不以全局的眼光看待事物，抓住问题的主流和实质，就会被枝节和支流遮住眼目，抓不住问题的本质，歪曲事实；如果我们缺乏开阔的视野、深邃的眼光，既不知道事物的来龙去脉，又不理解此事物与他事物的关系，自然也谈不上准确、真实地反映事实的本来面目，也会失之偏颇。同样，报纸所报道的对象往往处在不同发展阶段，也就是说它们是处在不同的发展层次上，如果报道忽视了这一点，把报道的主题都集中在反映处于某一个层次的事物上，这样的报道就会缺乏全面眼光和宏观意识。

常常有这样的情形，每一篇稿件的内容似乎是正确全面的，但是把它们组成一个系统报道，众多稿件的主题的总和又可能是不正确的。因为我们所报道的事物常常包含两面性，如一项措施的实施，既有给人们带来好处的一面，也有需要付出代价的一面；一项工作的开展，既有进展顺利的一面，也有遇到挫折的一面；一项先进经验，既有普遍推广的价值，也有一定的适用范围和局限性。对于这种两面性，我们组织报道时，可以突出其中的一面，但是又不能忽视另一面。在一般的情况下，应该对另一面作适当报道，在整个报道中应该有所兼顾。特别是一些持续时间较长的重要报道更该如此。

练习

1. 回忆最近发生的重大事件，寻找有关这次重大事件媒体的相关报道，找出报道组织的重点，指出报道中属于背景材料的部分。

2. 登陆某报纸的网站，检索一段时期内的报纸，猜测分析这段时期该报纸的报道计划。

3. 为上一讲设计的报纸拟定阶段报道方案。

附 2

内蒙古人民广播电台全国“两会”报道计划

十一届全国人大一次会议和全国政协十一届一次会议将分别于3月3号和3月5号在京召开。这次会议是一届五年一次的换届选举会议。会议将选举产生十一届全国人大常委会委员长、副委员长、秘书长、委员；选举中华人民共和国主席、副主席；决定国务院总理的人选；决定国务院副总理、国务委员、各部部长、各委员会主任、中国人民银行行长、审计长、秘书长的人选；选举中华人民共和国中央军事委员会主席；决定中华人民共和国中央军事委员会其他组成人员的人选；选举最高人民法院院长；选举最高人民检察院检察长；选举政协第十一届全国委员会主席、副主席、常务委员、秘书长。

为了报道好这次全国“两会”的盛况和我区新一届人大代表、政协委员共商国是、参政议政等重大活动的情况，内蒙古人民广播电台新闻广播经过多次研究，并结合我区经济社会发展的实际，以及全区各族人民关心、关注的重大问题，围绕科学发展观、构建和谐社会、改善民生、节能减排等主题，精心策划制定了全国“两会”报道计划。

2008年全国“两会”报道要充分利用直播、新闻和专题的形势来全方位、全角度、全程展现“两会”的召开情况，频率要采取集中调控、整体把握的操作方式，吸收其他媒体或频道的长处，充分整合现有人力和新闻资源，以项目主题报道为核心组织设计、报道和播出，使全国“两会”报道体现出宏观大气、细致入微、贴近民心的特点。

一、整体构思

直播、新闻、专题齐上阵

★直播报道：在每天的午间新闻时段邀请代表委员进行现场连线，就热点话题进行讨论，摘编内容或（精编连线）在《联播》中播出。

★程序报道：全国“两会”的程序报道主要以摘发新华社消息为主。自治区主要领导以及内蒙古代表团其他代表委员的言论和活动则由记者随时回传。主要播发栏目为《早间新闻联播》和《全区新闻联播》。

★整点连线：在全天各档整点新闻中，前方记者要采取连线的方式，随时报道会议“新风”和主要会议议程。

★话题报道：选择一些事关自治区发展的重大主题，以代表委员群策群议的形式进行讨论。初拟题目为：

全国“两会”专题报道选题

（一）能源基地建设力争集群效益最大化

2008 年 1 月以来，我国南方大部分地区遭遇罕见的冰雪灾害，交通、电力、通讯等遭受严峻挑战，百姓生活受到严重影响。面对全国性的能源紧缺，自治区如何在能源基地建设中力争实现集群效益的最大化。

会内嘉宾：人大代表杜梓（责任人：岳楠）

会外嘉宾：自治区政府有关部门负责人（责任人：韩晓娟）

《全区新闻联播》中消息的编辑制作：韩晓娟

（二）落实中央一号文件从农民增收说起（中央一号文件）

近几年，农民增收问题备受关注，随着生产资料上涨，不少农产品的收购价偏低，抵消了收入增长，今年中央再次出台一号文件，农民最关心的还是如何增收，邀请代表委员对这一话题进行讨论。

会外声音：两会热线素材（责任人：包玲玲）

会内嘉宾：人大代表刘三堂（责任人：岳楠）

会外嘉宾：农牧业厅负责人（责任人：包玲玲）

《全区新闻联播》中消息的编辑制作：包玲玲

（三）绿色奥运，内蒙古也要出份力（2008 北京奥运会）

内蒙古是中国北疆的绿色生态屏障，能否建成真正的生态屏障直接关系到绿色奥运的质量。为协助保障奥运会期间的空气质量，内蒙古出台了《第 29 届奥运会北京空气质量保障措施实施方案》，严格控制二氧化硫、氮氧化物排放总量。2008 年也是我区完成“十一五”节能减排约束性目标的关键一年，自治区将如何完成这一既定目标，给绿色奥运营造蓝天绿地？就这一问题邀请代表委员进行讨论。

会外声音：老百姓对绿色奥运以及环境保护的期待（待采）（责任人：段晶晶）

会内嘉宾：待定（责任人：岳楠）

会外嘉宾：自治区环保局负责人（责任人：段晶晶）

《全区新闻联播》中消息的编辑制作：段晶晶

（四）创新型企业领跑内蒙古经济（创新型内蒙古建设）

近年来，我区坚持走具有地方特色的自主创新道路，把增强自主创新能力贯彻到经济社会发展各个方面。今后一个时期，技术创新将成为自治区经济发展的一个极具潜力的增长点，而自主创新企业也将领跑自治区经济实现第二次加速跑。政府如何营造自主创新的环境，提高自主创新能力的关键是什么？邀请代表委员进行讨论。

会外声音：创新型企业呼唤对外围环境的扶持政策（待采）（责任人：李昊）

会内嘉宾：人大代表白向群（责任人：岳楠）

会外嘉宾：自治区科技厅有关负责人（责任人：李昊）

《全区新闻联播》中消息的编辑制作：李昊

（五）让物价稳定、让百姓安心（稳定物价）

在刚刚过去的2007年，尤其是下半年，居民物价指数CPI出现了明显的涨幅，11月份达到了同比增长6.9%，今年一月份就达到了7.1%的高位，创下了1996年以来的历史新高。物价的涨幅关系到老百姓的切身利益，2008年的物价是否能够得到抑制，政府将出台什么政策来稳定物价是老百姓最关心的话题。

会外声音：百姓对抑制物价的期待（待采）（责任人：珠兰）

会内嘉宾：人大代表梁铁城（责任人：岳楠）

会外嘉宾：自治区发改委有关负责人（责任人：珠兰）

《全区新闻联播》中消息的编辑制作：珠兰

（六）关注民生要落脚到提高群众收入上

构建和谐社会，首要是“富民”。如何才能让更多的老百姓走上富裕路？关键还是让大家有事可干、有钱可赚、有薪可涨。邀请代表委员就如何扩大就业、保障劳动者权益、提高工资待遇水平、增加财产性收入等问题展开讨论。

会外声音：老百姓对就业、劳动权益保障、提高工资待遇方面的期望（待采）（责任人：吴勇）

会内嘉宾：政协委员朱蒙（责任人：刘璐）

会外嘉宾：自治区劳动保障厅有关负责人（责任人：吴勇）

《全区新闻联播》中消息的编辑制作：吴勇

（七）新医改路在何方

医疗体制改革势在必行，面对矛盾和问题，代表委员对下一步医改怎么看？如何才能让老百姓真正享受到物美价廉的医疗服务？

会外声音：老百姓在看病过程中遇到的问题（待采）（责任人：李昊）

会内嘉宾：政协委员其仁旺其格（责任人：刘璐）

会外嘉宾：自治区卫生厅有关负责人（责任人：李昊）

《全区新闻联播》中消息的编辑制作：李昊

（八）内蒙古要为人才流入做什么准备

新年伊始，自治区下发了《关于加快建设人才流入区建设的意见》，就推进我区经济社会又好又快发展提供人才支撑提出了要求。

《意见》指出，要继续深入组织实施“666 特色优势产业人才集聚工程”、“333 人才引进工程”、“511 人才培养工程”和自治区“新世纪 321 人才（选拔）工程”，加快高层次人才队伍建设。要积极研究和探索对紧缺高技能人才和农村实用人才的培养、引进和管理办法，调整人才结构和布局。要鼓励各类人才申请国家级重点科研项目和参加国家级重点课题研究，并对申请到课题的研究人员给予一定的经费资助。请代表委员们讨论内蒙古要为人才流入做什么准备。

会外声音：（待采）（责任人：赵靖）

会内嘉宾：政协委员白音门德（责任人：刘路）

会外嘉宾：自治区人事厅有关负责人（责任人：赵靖）

《全区新闻联播》中消息的编辑制作：赵靖

（九）何时能圆住房梦

“加大财税等政策支持，建立健全廉租房制度”，是近年来两会上最大的亮点之一。居高不下的房价一直是很多老百姓最头疼的问题。如何解决当前突出的房价高问题，同时保持“房产经济”的健康发展，如何能让低收入人群也能拥有自己的住房，“经济适用房”和“廉租房”哪个将成为主流？邀请代表委员讨论。

会外声音：老百姓对房价高的看法（待采）（责任人：珠兰）

会内嘉宾：政协委员刘忠元（责任人：刘璐）

会外嘉宾：自治区建设厅、发改委有关负责人（责任人：珠兰）

《全区新闻联播》中消息的编辑制作：珠兰

（十）农牧民“老有所养”亟待新型农保制度“保驾”

农村牧区社会养老保险事业推行了10多年，而目前参保率不足10%，有一半以上的人每月领取的养老金低于10元，这反映出我区农村牧区社会养老保险事业亟待发展提高。

会外声音：农村牧区没有享受养老保险的老年人的心声（待采）（责任人：吴勇）

会内嘉宾：人大代表吴金亮（责任人：岳楠）

会外嘉宾：自治区劳动保障厅有关负责人（责任人：吴勇）

《全区新闻联播》中消息的编辑制作：吴勇

★专题报道：

《纵横118》节目围绕上述选题，整合会内会外的声音，进行深入报道。代表委员的建议和意见由会上记者采访，会外反响和具体工作由后方记者协助采访，稿件由后方记者统稿。

《今日关注》节目可根据“两会”呈现的亮点和热点话题整合各家媒体资源进行拓展报道。

二、报道小组

前方后方整合资源、协调配合

全国“两会”报道小组由前方记者、后方编辑、技术人员和专题节目记者共同组成。话题报道和《纵横118》节目由会上记者和后方记者配合完成。会上记者负责采访代表、委员，后方记者整合录音素材、统筹稿件。

人员名单如下：

前方记者：人大会上记者：岳楠；政协会上记者：刘璐

后方记者：包玲玲、珠兰、韩晓娟、李昊、吴勇、赵婧、段晶晶

三、具体报道安排

（具体时间可能根据会议议程进行调整，会上的花絮、特写、侧记随机捕捉临时报题）

2月25号：全区各族各界群众寄语两会（民生类）（岳楠）

2月26号：全区各族各界群众寄语两会（民主政治、经济、政策类）（刘璐）

2月27号：参加政协第十一届全国委员会一次会议的我区委员进京培训

连线/录音报道（会外记者）

代表委员在两会上的关注点（岳楠、刘璐）

2 月 28 号：我区委员抵达北京满怀豪情赴盛会连线报道（刘璐）

2 月 29 号：委员培训特写《责任大于荣誉》（刘璐）

3 月 1 号：我区全国政协委员培训花絮（刘璐）

3 月 2 号：全国政协召开会前新闻发布会消息（新华社消息）

录音报道/整点连线：出席全国十一届人大一次会议的我区代表团启程赴京参加全国两会（会外记者）

特写：赴京途中议政忙，民生话题是焦点（岳楠）

3 月 3 号：政协十一届全国委员会一次会议开幕（新华社消息）

政协会议开幕侧记（刘璐）

3 月 4 号：全国人大常委会召开会前新闻发布会（新华社消息）

我区政协委员讨论政协工作报告侧记（刘璐）

3 月 5 号：全国十一届人大一次会议开幕（新华社消息）

人大开幕整点连线（岳楠）人大开幕侧记（岳楠）全区人民关注“两会”盛况（包玲玲、珠兰）

3 月 6 号：录音报道：内蒙古代表团审议政府工作报告（岳楠）；两会直播间：能源基地建设力争集群效益最大化；录音报道：能源基地建设力争集群效益最大化（韩晓娟）

3 月 7 号：两会直播间：落实中央一号文件从农民增收说起；录音报道：落实中央一号文件从农民增收说起（包玲玲）

3 月 8 号：两会直播间：绿色奥运，内蒙古也要出份力；录音报道：绿色奥运，内蒙古也要出份力（段晶晶）

3 月 9 号：两会直播间：创新型企业领跑内蒙古经济；录音报道：创新型企业领跑内蒙古经济（李昊）

3 月 10 号：两会直播间：让物价稳定、让百姓安心；录音报道：让物价稳定、让百姓安心（珠兰）

3 月 11 号：两会直播间：关注民生要落脚到提高群众收入上；录音报道：关注民生要落脚到提高群众收入上（吴勇）

3 月 12 号：两会直播间：新医改路在何方；录音报道：新医改路在何方（李昊）

3 月 13 号：两会直播间：内蒙古要为人才流入做什么准备；录音报道：内蒙古要为人才流入做什么准备（赵婧）；政协会议闭幕（新华社消息）；政协闭幕侧记（刘璐）

3 月 14 号：两会直播间：一个月的收入买不起一平方米房子；录音报道：一个月的收入买不起一平方米房子（珠兰）

3 月 15 号：两会直播间：农牧民“老有所养”亟待新型农保制度“保驾”

录音报道：农牧民“老有所养”亟待新型农保制度“保驾”（吴勇）；全国人大十一届一次会议闭幕（新华社消息）；人大闭幕侧记（岳楠）附2

央视奥运报道计划

本报讯：昨天，在国家广电总局主办的2007 体育国际电视论坛上，中央电视台首次披露了2008 年北京奥运会的报道计划。副台长孙玉胜说：“央视将通过赛事报道、非赛事报道、对外报道、新媒体报道四大系统，全景式全新式报道奥运会。”

经过一年半的策划，目前央视的报道计划已细化到具体栏目的导演和制片人人选。

在赛事报道和非赛事报道方面，中央电视台体育中心主任兼体育频道总监江和平介绍，CCTV－1、CCTV－2、CCTV－5、CCTV－7 以及一个高清频道和两个付费频道将全面参与2008 年奥运会的报道。届时，央视3 000 人组成的报道制作团队共制作约2 500 小时的直播和转播节目。截至目前，央视准备奥运报道的开销，已经超出其为制播2006 年世界杯的花费。央视提出了“频道功能差异化，方便观众收看；节目设计多样化，重点突出赛事”的频道设计原则。奥运会期间，CCTV－1 除了保留早中晚的主要新闻节目外，全部时间用于奥运报道；CCTV－2 将取消所有经济性节目，播出中国观众关注的国际赛事；CCTV－5 主要播出中国运动员参加的赛事；CCTV－7 精选顶级赛事进行回放。

此外，央视国际网站正在争取奥运赛事网络转播版权，CCTV－4、CCTV－9、CCTV－S&F（西班牙语和法语）也将在奥运会期间承担面向海外的报道任务。

在报道理念上，央视强调现场制作和突出中国元素。江和平说：“我们将在全部40 多个比赛场馆的混合区首次设置单边报道点（单边报道：各国记者在现场发回自己的报道）。技术上，我们使用高清、移动技术，以及直升机航拍，这些都是我国奥运会报道历史上从未使用过的。”赛事报道如何突出中国元素？江和平解释：“根据以往经验，国际公共信号都聚焦在冠军身上，但这次只要是有中国选手参加的，受到中国观众关注的运动员，我们都会用专门的镜头对准他们。”

负责7个单项比赛国际信号制作2008年奥运会期间，中央电视台将负责篮球、排球、网球、乒乓球、羽毛球、现代五项和武术（非比赛项目）7个单项的所有国际信号制作。也就是说，在这7个项目的报道上，所有的国外媒体将使用央视制作的信号。这比央视在雅典奥运会期间负责的项目多出4个。

体育频道总监江和平说：“对这些项目的信号制作驾轻就熟，已达到国际先进的制作水平。我们乒乓球和羽毛球的信号制作是世界一流的。正在宁波转播的排球大奖赛，央视的信号制作也要比日本、瑞士好。”他认为，央视在2008年奥运会报道方面最大的优势在于不存在时间差、熟悉环境的问题，可以充分利用东道国的平台。

奥运火炬传递131天全程报道2008年奥运会开幕前，最大的报道任务是奥运火炬传递的全程报道。明年，在希腊奥林匹亚取火种仪式（3月24日）、圣火交接仪式（3月30日）、北京点燃火炬仪式（3月31日）、境外火炬传递（4月1日至5月3日）、境内火炬传递（5月4日至8月8日）和北京火炬传递（8月8日）6个重要时间段中，央视将把镜头对准22 000名火炬手和135个境内外城市，并将转播难度极大的珠穆朗玛峰火炬传递。

其中，珠峰火炬传递将从4月15日起，每天从珠峰传回15分钟的信号，全程转播登顶过程。目前，央视正想尽办法联系直升机为航拍登顶做准备。

2008年奥运报道战已经打响央视奥运会预热节目已经开播，CCTV－1有《我的奥林匹克》，CCTV－5从周一到周五设有《奥运进行时》、《奥运传奇》、《奥运岁月》、《奥运城市行》等节目。

与此同时，美国全国广播公司（NBC）也在厉兵秣马。NBC体育频道副总裁阿列克斯·吉拉迪介绍，他们已准备了2 800人的报道制作团队，其中500多人是中国雇员。“为了在奥运会期间给分析家、评论员、制片人提供素材，我们已在世界各地提前采访了1 000多名有可能成为奥运新闻主角的运动员。”NBC将向美国观众直播和转播3 600小时2008年奥运会节目，这个数字是雅典奥运会转播时间的三倍。他们还计划在美国播出时推出普通话频道。

第六讲

重大题材报道思路的设计

本讲要点

●重大题材的报道是媒体竞争力的体现，重大题材报道思路设计应把握独特性、贴近性与关联性原则。

●设计重大题材的报道思路时可以参照纵向线型、横向网状、增值放大、全方位立体化这几种类型进行。

●报道思路最终将落实到报道方案上。

20 世纪 90 年代开始，新闻改革在我国的改革大潮中不断推进和全面深化。受日益深入的市场化影响，媒体之间的竞争不断加剧，竞争手段日益多样化。三十年前我国的报纸发行的种类还不到 200 种，2009 年报纸的发行已经达到 1 937 种；电视方面由于国家政策的影响，虽然没有出现数量上的巨变，但是频道数、新闻节目总量也是大幅上升；互联网则呈现迅猛的发展态势，据 CNNIC 发布的第 28 次《中国互联网络发展状况统计报告》，截至 2011 年 6 月底，我国网民规模达到 4. 85 亿，超过欧盟总人口数。手机网民占网民总数的 60% 以上，微博、即时通讯、手机 APPs 等移动网络的运用使现实中的新闻更为碎片更为及时，产生了庞大的新闻传播群体。在这样的竞争环境中，传统媒体的权威性、时效性、深度、手段方法，传统媒体之间的合作与联动、传统媒体对新媒介的运用能力都成为传统媒体的竞争力来源。这种竞争能力更多地体现在差异化战略上，媒介差异化战略要求对新闻事件的报道是独具魅力的。如何做到独具魅力和不可替代，很大程度上依靠对日常报道之外的大型新闻事件报道的策划和设计。

一、重大题材的类型

要讨论重大题材，应首先了解重大报道。重大报道包括重大题材的报道以及产生重要影响的报道。重大题材的报道随处可见，如汶川地震、青海玉树地震、日本海啸、北京奥运会、广州亚运会、改革开放三十周年的报道。因为报道而产生重要影响的例子并不多见，典型案例包括《南方都市报》对孙志刚案件的报道、《兰州晨报》与《东方早报》对三鹿奶粉事件的报道、《新京报》对“禁乞令”的关注。孙志刚案件的报道引发了一部法律（《收容法》）的废止，三鹿奶粉事件的报道直接导致了人们对国产奶粉质量的不信任，新京报对禁乞令的关注则让《北京市轨道交通运营安全管理办法》“禁止在车站入口、车站和列车内乞讨、卖艺”的“禁乞”条款最终被删除。

重大题材因为报道客体大体分两类，一类是事件型题材，包括重大事件、重要活动、重大工程等方面的报道。

从新闻价值来看，事件型题材具有重要性、显著性、强烈的时效性等特点，社会影响面广、关注的受众较多。比如党和国家领导人的重要活动，2008 年北京奥运会的举行，2010 年上海世博会的召开，2011 年日本发生的海啸、核电站泄漏事件，三峡截流、青藏铁路通车等重大事件。这类报道有些是可预知的，如重大体育赛事、国家领导人的活动，这类报道的策划，就是要在有限的版面和时段里，最大限度地满足社会各方对事件内容的欲知心理。有些是不可预知的重大突发事件，其中有些事件时间跨度较长，如日本的核电站泄漏，汶川、玉树地震，有些事件时间跨度较短，如本·拉登被击毙、卡扎菲被击毙。时间跨度长的重大事件需要我们在报道时有所组织和策划，时间跨度短的非预知事件则要求我们能迅速反应。

二是非事件型题材，包括重大主题的提炼、重大热点、重要人物的挖掘，也包括将寻常题材转化、升级为有重要影响的题材。

这类题材并非自发形成，而是通过媒体人的思考、观察、挖掘使之浮上水面，也是我们说的“非常态新闻”——学界争议的热点。这类题材，有的是“媒介制造”，有的是“媒介挖掘”，有的广受好评，有的被大为诟病。我们来看看这类题材的代表。

2011 年 5 月，《三晋都市报》与太原市交警共同策划了“酒精测试实验”，以《本报记者以身“试”法》的标题刊于头版。2011 年，《姑苏晚报》重阳节新闻策划“我给爷爷奶奶捶捶背”，刊于头版。2008 年《半岛都市报》策划“与爱同行”绵阳灾区儿童青岛过六一活动，报纸同时跟踪报道了整个过程。该活动邀请了 10 名绵阳重灾区的孩子随同家长一起来青岛旅游度假，通过看大海、过六一、逛青岛，让他们能够暂时走出地震灾难所带来的心理阴影。该类题材大多由媒体组织参与相应的新闻活动，跟踪采访报道。争议的焦点在于如此策划是否违背了新闻反映客观事实的原则。

三晋都市报

23

温家宝：提供帮助推合作

菅直人：感谢支持并道歉

本报记者以身“试”法

高考作文临阵磨枪

图 6－1

另一类型是媒体挖掘设定主题，但并不参与和组织事件。新华社 2002 年开始，持续了五年的“农民工系列报道”为其中典型，系列报道受到了社会的广泛关注。第一次主题报道“走近民工”，第二次“关注民工工资”，第三次“农民工子女求学调查”，第四次“农民工文化生活调查”，第五次“春回访农民工”每一次报道都集中在一周左右。记者有的同民工一起挤火车同行数千里，有的与搬家公司民工一起劳动，有的到建筑工地和农民工一起干活，还有的和农民工一起讨工钱。虽然同样采用了体验式采访的方式，但是对事件的干预却少之又少，最终形成了《离乡的日子——与民工同行四千里》、《进城，要过多少槛——民工进城的烦恼与哀愁》、《“明天的工作在哪里?”——外地民工在北京就业见闻》、《奔波三千里 忧愤两百天——民工卢连庆讨债记》系列稿件，写出了深度与感情，反映出农民工的生存状态。后来新华社又以大型调研采访的方式，关注农民工工资问题、农民工子女上学问题、农民工的文化生活问题。这几个围绕农民工切身利益组织的报道都产生了很好的社会共鸣效应。2006 年 1 月，国务院出台了《关于解决农民工问题的若干意见》。

二、报道思路设计的原则

面对各类新闻报道的重大题材，我们在设计报道思路时首先应该遵循新闻的基本准则：真实、客观、公正、平衡等；其次应该遵循挑选新闻事实的原则：新闻价值至上的原则。除了以上两个最基本得原则外，在设计重大题材的报道思路时应该遵循以下的原则。

（一）独特性原则

现在的新闻竞争领域，一方面新闻媒体不断增加和扩容，社会透明度不断提高，媒体经常面对同源新闻，尤其在重大新闻题材上，要想在某段时期内独占新闻资源已不可能；另一方面，媒体竞争市场依然遵守市场差异化法则，只有与众不同的报道才能吸引较多的眼球。这就要求新闻编辑一方面不断寻找独家题材，另一方面在报道思路的设计上有效利用有限的共享资源，从角度、看法、切入点等方面下工夫，实现新闻报道的差异化。

题材挖掘的独特性。众多的媒体在面对重大事件时处于同题新闻竞争的环境，但依然有大量的独家报道存在，这些独家报道以题材的独特吸引受众的关注。因此，我们在设计报道思路时首先应该想到挖掘独特的题材。当然，设计独特的题材并不意味着要“无中生有”、“生搬硬套”，重要的是面向社会需求，社会需求越大题材越有价值，挖掘当下不热门但有热的潜力的“冰点”。2005 年 11 月 3 日的《南方周末》推出农村代课教师的报道，引起了巨大的震动：甘肃 x 县 600 余名乡村代课教师每月仅拿着 40 元到 80 元不等的工资，每月拿 40 元工资的占了代课教师的 70%，部分代课教师这样的工资已拿了 20 年。《南方周末》对此进行报道后，引起了人们对乡村代课教师群体生存困境的广泛关注。从 2006 年开始，按照教育部的要求，全国 44.8 万代课教师被大量清退。在这期间，南方周末持续关注代课教师，并携手中国平安于 2008 年 3 月初发起了旨在帮助代课教师脱离困境、走向新生活的“燃烛行动”。

角度设定的独特性。重大题材很多都是同题竞争，印尼海啸，北京奥运会，动车追尾事件、汶川大地震等等，面对同样题材时，不同的媒介只有在报道中设定不同的视角才能出奇制胜，这种角度的设定与媒体的定位密切相关。在纪念新中国诞生60周年的专题报道中,《三联生活周刊》、《中国新闻周刊》、《新周刊》、《南方人物周刊》、《新民周刊》、《凤凰周刊》这些新闻周刊就各有不同的报道角度、鲜明的风格。

新闻类期刊国庆专题策划述评①

廖秋红

一、《三联生活周刊》:做有文化的新闻

《三联生活周刊》从2009年初便推出“共和国60年重访历史系列报道”,数位资深记者历时6个月,亲访6位共和国建国元勋的家人或身边工作人员,重现6大城市1949年政权交替前后纷繁复杂的社会生态,真实再现共和国诞生的辉煌历程。

这个系列报道包括:《“进城之始”,1948~1949年的沈阳》《“旧都重生”,1949的南京》《“通衢活力”,1949年的武汉》《“民族资本蜕变”,1949年的上海》《“商埠新传奇”,1949年的广州》《“从北平到北京”,1949年的北京》。这组报道通过对细节的发掘,重新回到历史现场,再现中国共产党人在60年前对一个人民民主政权,对团结各界社会力量管理城市、管理国家的思考。这种回顾,或许对于60年后的今天,仍有深刻的现实意义。

从2009年8月31日第32期开始,《三联生活周刊》推出“庆祝中华人民共和国成立60周年纪念”特刊,包括《1999年后军事发展加速度——2009阅兵猜想》《独家采访全部主创人员——〈建国大业〉诞生记》《百年从屈辱到崛起的25个文本——中国》《25位代表见证“全国人大”制度演进——人民》。

在新闻类杂志中,《三联生活周刊》最明显的特色就是文化性与新闻性并重,擅长使文化具备当下的活力,使新闻具有历史的品格,这生动地体现在其主编朱伟曾提出的内容定位有关“新闻、文化、生活”这三者关系的描述中:“选择新闻为由头,通过文化、历史的角度对新闻的透视,达到提炼生活的目的。”国庆60周年的报道策划凸显了这个内容定

① 廖秋红:《新闻类期刊国庆专题策划述评》,载《新闻记者》,2009年12期。

位。他们动用了很大的报道力量，以中国大地上最重要的城市变迁为基点，从人民民主政权的建立和管理的回顾，为我们展现了新中国政权建设60年的风风雨雨。这两个系列报道的大手笔大策划，不露痕迹，视角独特，文本厚重，深度与广度并举，把并不是“独家”的新闻做出“独特”处理，体现了三联的风格和特色，可圈可点。

二、《中国新闻周刊》：影响有影响力的人

《中国新闻周刊》从2009年8月31日起连续推出6期“新中国60年系列报道”：《新中国60年系列报道之理想中国》讲述李大钊、方志敏、陈独秀等先贤们的新中国畅想。社论版登出《共和国·再出发》的社长言论，指出此次系列报道的目的。《新中国60年系列报道之民主中国》讲述我国民主政治的进程。社论版刊出《“官话”为何要清理》，提出常态的政府之责任及基本职能。《新中国60年系列报道之财富中国》讲述60年来中国人民获得财富、失去财富、恐惧财富、追求财富和拥有财富的历史。社论版刊出《谨防大国企的挤出效应》，提出关注经济结构问题的迫切性。《新中国60年系列报道之自由中国》讲述了中国人民为了追求自由幸福走过的60年艰辛之路。社论版刊出《打破部门主义的新闻出版体制》，提出传媒在这个社会上应该扮演的角色，认为言论自由永远是最重要的自由。《新中国60年系列报道之开放中国》讲述中国的对外政策发展。社论版刊出《一个甲子：完成的和未完成的》，提出现代化的艰辛与迫切，“革命尚未成功，同志仍需努力”，意味深长。《新中国60年系列报道之希望中国：给未来中国的九封信》邀约9位当今中国和华人社会知名人士，写下他们对未来中国的思考和希望。社论版刊出总编辑寄语《为自己为中国让我们希望》，给人们期待，给人们勇气。

一般来说，目前新闻类周刊的专题策划有三种类型：一是对新闻的整合和梳理；二是自己做的调查报道；三是对一些即将发生的事情有一个引导和前瞻性的构想。《中国新闻周刊》在这个系列报道中，把这三种类型结合得顺理成章，其中既有对60年来中国社会各方面发展的梳理，也有对其中历程的调查采访，更有创意的是国民对未来中国的期望，点面结合，富有深度，涉猎广泛，秉承其一贯的大背景、大视角、大事件报道的传统，整个叙事方式非常恢宏，而且每一期的报道配有社论，表明杂志的立场，体现了其“影响有影响力的人”的办刊宗旨。

三、《南方人物周刊》：记录普通人的命运

地处岭南的《南方人物周刊》，看来没有上述两家期刊那样的气势磅礴，但同样有其特色。他们推出两期有关报道，包括2009年9月21日第38期的《共和国60年最美丽12人》，以共和国60年来最美丽的12女性的角度来梳理中国60年的历史脉络。而2009年9月28日第39期的《60人的中国梦》则选择60位普通中国人为采访对象，他们来自各行各业，通过回答同样的7个简单问题，来展现自己的梦想。

以“记录我们的命运”为办刊宗旨的《南方人物周刊》，宣称本着“平等、宽容、人道”的理念，关注那些“对中国的进步和我们的生活产生重大影响的人、在与命运的抗争中彰显人类的向善力量和深邃驳杂的人性魅力的人”。在《南方人物周刊》的这组报道中，“国家的命运”、“时代的命运”和“人的命运”是紧紧联系在一起的，专题策划带给我们的是作为时代主角的“人”，他们做了些什么，他们怎样思考，他们如何行动。这些“人”的思考和行动所散发出来的人性的力量在潜移默化中引领着读者的思考。

这也是我们一直熟悉的《南方周末》的味道，这就是我们一直熟悉的《南方人物周刊》味道，也就是“人”的味道。他们记录的，有我们这个时代的领袖和精英，但也没忘记那些在社会边缘挣扎的普通人。

四、《新周刊》：另类体现新锐

《新周刊》在10月1日出版了自己的总第308期。这一期《新周刊》，大红的封面，丰收的油画，契合了其封面专题《青春——从新中国到新新中国六代人的青春影像》的内容。

这六代人的代表分别是：19491959年，王蒙的“必须快乐的青春”；19591969年，张贤亮的“没有女人没有爱情的青春期”；19691979年，陈丹青的青春细节与国家悲喜，感慨“幸亏年轻”；19791989年，查建英“疯狂寻求各种新鲜的可能性”的激情燃烧的青春；19891999年，老愚讲述他卖给市场的青春，是“生命中最长的季节”；19992009年，蒋方舟说她的青春“不曾历经沧桑”，但已经过早地觉醒。

每一个10年都配有一篇那个年代的“青春纪事”。黑白的照片记录着逝去的岁月，历历在目。《新周刊》用这样的一种方式描述我们的祖国，“青春”总是让人心潮澎湃的一段人生，有遗憾，也有美好的回忆，

给予我们向前的力量，走向美好，共和国就这样走过六代人的青春，继续向前。

五、《新民周刊》：不事张扬，以小见大

《新民周刊》的国庆60周年报道，也秉承了海派媒体的风格，冷静，理性，润物细无声的风格。他们没有在封面做专题，而是在“特稿”板块中从8月中旬连续7期设立“建国六十周年系列报道·新四世同堂”专栏，其中包括：《柳氏六十年：惯看秋月春风》：讲述上海的知名电影家族柳氏家族，与共和国的历史息息相关的荣辱与共；《何氏家族：走出寄啸山庄》，讲述中科院理论物理所的何祚庥院士家族，跟新中国一起成长的历史；《茅氏家族：太阳照常升起》，茅以升、茅于轼的家族，见证一个古老而动荡的国度逐渐走向现代化；《十三亿分之一：张至璋大陆寻父》：张至璋的故事折射出60年来的历史印迹和社会变迁；《家族之树常绿》：作家程乃珊讲述程家的新版“红楼梦”；《资氏：沉默是一种大爱》，金融实干家资耀华一家的银行业和新中国的故事；《母爱，让我们离散》，上海梨园大师周信芳的女儿周采茨走过共和国60年；《从贫二代到好三代》，讲述百年建筑世家张氏家族的奋斗史。另外，国庆前出版的第38期封面专题是《大阅兵，看门道》，同期还有一个特稿，是鲁迅先生的儿子周海婴撰稿的《共和国诞生前夜，我们回来了》。

《新民周刊》的策划，从家族的变迁讲述共和国走过的60年，讲故事，讲爷爷，讲奶奶，讲爸爸妈妈，讲自己，讲新中国的成长，坎坎坷坷，娓娓道来，冷暖自知，不事张扬，小处见大。

六、《凤凰周刊》：彰显“独立意见”

香港凤凰卫视主办的《凤凰周刊》对大陆新闻事件的报道一向以来有其自己非常独特的视角。在共和国60周年的报道中，该刊并没有专门的策划报道，笔者收集了一下2009年410月的该刊杂志，罗列一下有关“国庆”的报道：

2009年4月25日总第325期，封面故事讲述“长安街政治史中国第一政治地标‘大修’19492009”。北京的长安街变迁，对应着这个国家的政治变迁，是60年来世事沧桑最浓缩的注释。2009年7月25日总334期，封面专题为《解密大阅兵19492009阅兵武备大点验》，包括6篇报道：“解密2009大阅兵”“国庆阅兵武备大点验”“世界最大最严谨的方

阵”“谁会成为大阅兵典礼上的客人?”“中国阅兵演进史”“一部意识形态演进史”。其中有一些在内地媒体上看不到的消息，如“揭秘阅兵保障费用”等。2009 年 9 月 5 日总 338 期，其“鲜时事”栏目（重要性仅次于其“封面故事”栏目）中有一篇《60 周年国庆安保全面升级》文章，在“文化”栏目中有一篇《内地 200 部影视剧“献礼”成潮》。2009 年 9 月 15 日总 339 期“鲜时事”栏目中有两篇有关国庆主题的报道：《香港国庆观礼团名单解读》《60 周年国庆台湾嘉宾名单出台——300 台胞受邀国庆观礼》。

从《凤凰周刊》的有关报道中，我们也可以看出这本杂志以独家新闻及其内幕为我们提供的“独立意见”，与其他新闻类周刊最大的区别也就在于此。选材独特、视野独到、立场独立，以一种客观的姿态“重视记录转型期中国社会经济、政治、民主和法制发展进程”。这是该刊一贯的风格，也是其被政商两界关注的最重要原因。

呈现方式的独特设计。主题角度确定下来后，新闻编辑还要对报道最终的呈现方式有所设计。目前常见的报道形式可以归纳为集中报道、连续报道、组合报道等，但具体实施设计上有很大的创新和组织空间。怎样灵活运用报道方式并在实践中不断创新，是新闻报道策划中人们孜孜以求的重要方面，有时一篇或一组内容平平的新闻稿件由于选择了合适或新颖的报道方式而起到了意想不到的效果。版面、栏目、标题、文字、照片、图表、色彩等都可以成为我们的运用手段。

《新京报》改革开放三十年的大型报道“日志中国”，报道的形式与内容同样夺人眼球。《新京报》2008 年长达一年的系列报道《日志中国》，用“一日卅年”日志的方式，每天两个版、连续 365 天，每天选取 30 年中一件重大事件，全部原创采访，回溯了改革开放 30 年波澜壮阔的历史进程和思想解放。主体部分由一篇主文和一个“新观察”组成。主文的写作体裁不限，或故事或人物或揭秘或对话，无论白描综述，浑然天成皆可，“鼓励一切可能的写作创新”。“新观察”，邀请名家、大家、专家撰写，要求是一篇睿智和有思想的美文，起到点题作用。它不拘泥于新闻事件回顾，而是通过事件发展和重新解读，告诉大家一个新观念、新思想，可以启迪，亦可反思。同时，版面还辅以“那时流行”、“温故知新”、“民间记忆”等精巧的小栏目。

新京报社长戴自更评价，一份报纸拿出如此多的篇幅、持续这么长的时间做一个专题，在现今中国报业中也算凤毛麟角，更为难得的是，“以我们的才疏学浅末学后进，操作这样一个敏感、复杂而重大的题材，竟还能赢得上下左右的一致首肯，殊为不易”。

2009 年初，《日志中国》系列报道全部刊发完毕，同时以此为内容的六卷《日志中国》图书也全部出齐。

（二）贴近原则

2002 年胡锦涛总书记在视察《人民日报》时指出，新闻宣传和新闻改革要坚持和落实“三贴近”原则，即“贴近实际、贴近生活、贴近群众”。我国新闻改革的一个重要结果就是受众越来越被媒体重视，只有重视受众的媒体才能得到受众的认可。“三贴近”深刻揭示了新闻报道的本质和规律，对于指导我们设计重大题材的报道思路也有实际意义。

三贴近原则告诉我们，在大型新闻事件报道思路的设计过程中一定要时刻注意报道与受众的联系，注意受众的新闻需求。贴近原则体现在新闻价值上即为“接近性”。通常我们在设计报道思路时会着手于地域的贴近性、身份的贴近性、心理的贴近性。

因此，编辑在做重大题材报道计划时，需要不时想到并回答“这个事件与受众的关联是什么，受众最关心的是什么”这样的问题，找到事件与受众的联接点。这种贴近也可以表现为大主题小切入，无论多大的主题总可以从具体的事件或人物展开，由小见大，引出一串数字或某个问题，来表现一个人、一种社会现象或一项政策法规。

2007 年 5 月，我国股市经过一段牛市之后突然暴跌，多家媒体针对这一经济事件采访专家、剖析现象、深度报道。《南方周末》的《股市暴跌谁接下一棒》则从几个炒股的平民着手，从小角度着手揭示股市疯涨和暴跌带给人们的影响，应该说是“三贴近”原则的绝佳体现。

股市暴跌 谁接下一棒（节选）

南方周末 2007 年 5 月 31 日

南方周末记者 戴敦峰 孟登科 史哲 姚忆江 徐钟

特约撰稿 胡成 伟强

钟点工阿姨、农民、盲人按摩师等社会群体也纷纷投入股市，他们，会成为这场“击鼓传花”游戏的“最后一棒”吗?

5月中旬，美国克莱蒙大学国际金融博士李杰，果断地将手中的中国股票卖掉了一半。促使他做出这一决定的直接原因，是前一天他家钟点工的一番言论。

那天，李杰家的钟点工突然提出辞职，理由是“在你这做钟点工，还不如我去炒股赚得多”。

去年夏天回国的李杰，是中央财经大学中国金融发展研究院的助理教授。在这大半年时间里，李杰和阿姨都保持着良好的关系。但随着今年股市的全线飘红，李杰家的阿姨也没能经住诱惑，从而跃入股海，其心态也随之发生变化。

“炒股票的钱太好赚了，我每天随便炒炒，也比在你这做钟点工赚得多。”

钟点工阿姨的话刺激了李杰的专业神经。“虽然大家都说现在全民皆股，但没想到自己身边就发生了这样的事例，连钟点工阿姨这样的社会阶层都已进入股市了，并影响到了实体经济的运作。”

李杰觉得，钟点工阿姨进入股市，炒的多半是自己毕生的积蓄和微薄的养老钱，由这样承担不了风险的散户资金支撑的股市，已经太不健康了。

作为对目前股市泡沫的回应，第二天李杰就选择了半仓观望。

从今年3月下旬至5月，中国股市仅仅用了32个交易日的时间，就上涨了1 000点以上。受强大赚钱效应的刺激，各路人马纷纷杀入股市但求一搏。每天高达20万30万的新开户量，源源不断地将资金输入到火热的股市中，并将这团火烧得更加滚烫。

火爆的行情，点燃了人们心中的欲望之火，也深刻地改变了社会中各个阶层的生态。然而，当钟点工阿姨、农民、盲人按摩师等社会群体也纷纷投入股市时，人们不禁会担忧：他们，会成为这场“击鼓传花”游戏的“最后一棒”吗?

保姆也疯狂

5月15日，老实温顺的深圳保姆张玉勤拿出5 000元，买了一元一股的南方稳健二号基金，代码202002。“听说16日开始发行，我有点钱放在那里也没有用。”

炒股、炒基金，好长一段日子，去做工的家庭每天都在讨论这些话题。于是，她也开始留意。“户主也在家里炒股，我经常听到她和朋友一起谈得热火朝天，有一次我问阿姨怎么炒，因为我什么也不会。”结果，户主建议她，买基金会比较稳当。

“其实我心里老是悬着，但老乡说，不用担心，一定会涨，当然买股票会比较快些。我就让户主帮着看看，知道净值价和增值价，又跑到工商银行找代理问，涨了没有，后来我才知道可以打电话了解行情。”

“我不知道如何看股市行情，对股票不了解，反正涨了就快点卖掉。听说一个星期上涨了一分钱，现在有2分了吧。”张玉勤的话语里显露出按捺不住的欣喜。

她并不是敢担风险的人，老公最开始也表示反对，“我们钱不多，要是赔了怎么办?”

她的钱本来想存着买房子的。主要是户主在建议，又听别人讲了很多，于是也心动了，便想进去试一试。

“到了深圳，就要像深圳人一样，这里谁不在炒股啊。”

“我想钱放在南方基金管理公司，一年以后可以涨到一倍的钱。如果发展得快，我就把买房子的钱都投资进去，除了留一点生活费。”

同张玉勤一样在深圳当保姆的表妹张淑凤，也是这个月才涉足股市，“姐姐炒基金，我炒股，股票来得快一些。”张淑凤说。

“我什么都不会，又没时间来管股票的事情，就委托一个朋友帮我操盘，我花一万元买了佛塑股份，是低价股。”

“股票涨了一点现在又跌了点，我已经做了亏的准备，不贪心。”她说。

1990年初，《经济日报》在宣传改革开放13年成就的重大新闻题材报道中融入了受众角度。先是发了新华社一组通讯稿《我国钢产量突破6 000万吨》、《我国煤产量突破10亿吨》，之后又发表了该报记者写的述评《6 000万吨意味着什么?》、《10亿吨煤意味着什么?》从而把成就报道深入了一步；接着，又推出一组通讯《吃的变迁》、《穿的变迁》、《用的变迁》、《行的变迁》，把建设成就与老百姓的日常生活连在一起，比“意味着什么”又进了一层。再后来，发表的《在吃的变迁背后》、《在穿的变迁背后》、《在用的变迁背后》、《在行的变迁背后》等稿件，又把老百姓的日常生活与改革开放连在一起，将报道更推进了一层。13 年后，《经济日报》请当年撰写变迁系列报道的记者“同一记者同一题目”，续写跨世纪的新变迁。采取的规模更大，既有消息，又有通讯和图片，采取新闻版与专版联动的方式，消息发一版，通讯和图片发五版，使这组报道视野更开阔、内容更丰富、形式更活泼，获得了读者的好评①。

（三）关联原则

关联原则指不以孤立、静止的方式去设计报道思路。这种关联原则既表现在报道内容的关联性上，也表现在报道组织的关联原则。

内容上，要将新闻题材放在社会、历史的背景下思考，找出事物内部各要素的关联，事物与社会、历史背景的关联以及事物与事物之间的联系。

组织上应该考虑到媒体内部的联动、媒体之间的联动。重大的新闻题材往往具有复杂性，因此才需要进行周密的报道计划，因此在组织报道的时候应该有宏观意识。

2007 年重庆发生的“史上最牛钉子户”重庆杨家坪鹤兴路 17 号的报道不再单纯讲拆迁故事，而是与物权法、传媒话语权、网络维权等相关联。

2007 年香港回归十周年之际，各媒体都从不同角度、不同切入点推出内容丰富的报道，其中，与香港各方面联系极为紧密的广东媒体对此题材尤为重视。《南方都市报》、《羊城晚报》、《广州日报》三家当地的报纸在香港回归十周年都组织了大型报道。如《南方都市报》围绕香港回归十周年推出 23 个版面的特刊，这些报道图文并茂，独具特色，包括《港人北上深圳向南》、《反贪“零容忍”为师内地》、《昔日禁地今日宝地》、《米老鼠舞剑意在内地》、《九龙岛畔的远东贵妇》、《“马照跑”跑出财政收入 1/10》、《内地富豪乘上国际直通车》、《随降落而来的是新的起飞》、《正在消失的老味道》、《中国研究的学术乐园》、《混血的大厦众生芸芸》、《香港乐坛梦工厂》、《半世记忆敌不过填海的脚步》、《内地客蜂拥来此购物》、《山不在高有歌则灵》等，

① 武春河：《从报道案例看经济宣传的正确导向》，载《中国记者》，2004 年第 1 期。

无一不使用大量的背景材料，将回归后的香港放在历史背景以及地理、社会背景下进行描述。同时这批专版又采用受众可接受的较小的点切入，既有国际背景又体现报纸平易近人的人文关怀，极具可读性。

把握了报道思路的原则，接下来让我们看看设计报道思路可以采用的几种类型。

三、报道思路的设计类型

对重大题材，我们一般从以下几个角度着手进行报道思路的设计。

（一）纵向线型

这种模式的特点是对新闻事件的发展变化进行纵向跟踪，直至新闻事件的变动告一段落而结束。其报道依时间延续表现出单向性、直线型的发展轨迹。纵向线型模式可以选择从一个角度切入，也可以选择多个角度切入。连续报道的同时占用较少的版面资源是纵向线型报道思路的最大优势。

《中国青年报》就经常采用这种做法。《中国青年报》作为全国性严肃大报，与地方都市类报纸相比，版面较少，常规状态下每期只有八个版面。因此占版面资源较少的纵向线型模式成为《中国青年报》经常使用的模式。

2005 年著名文学家巴金逝世的新闻报道中，《中国青年报》没有满足于短期报道，而是分别在 10 月 18 日、19 日、20 日、24 日、26 日、27 日推出了系列的相对连续式的新闻报道。

巴金是在 10 月 17 日 19 时 06 分与世长辞的，18 日的《中国青年报》只是在头版右下角的位置作了一篇消息式新闻报道《巴金平静辞世》，并配有一幅资料照片，引出以后的一系列式的报道，起到抛砖引玉的作用。

接下来 19 日的《中国青年报》则在第三版推出了 10 篇文章和 2 幅图片来进行深度的阐述，并在头版报眼的位置上，以导读的形式，配有一幅小的图片作为引题，吸引读者的注意力。在 20 日的“青年话题”版刊登了两篇新闻评论性的文章来冷静地思考巴金逝世这一新闻事件，其中之一是《反躬自省是对巴金最好的缅怀》，另一篇是《面对巴金的未了之愿》，这两篇新闻评论性的文章让人们在缅怀巴金的同时，冷静地思考一些实际的问题：巴金的逝世对于文学界以及其他方面的意义。

10 月 24 日是巴金先生的遗体告别日，这天的《中国青年报》分别在不同的版面对巴金作了深度式的报道解读。首先是在四版的“综合新闻”版用了一幅大的照片来进行报道，并配有相关的文字《杭州各界人士追思巴金先生》；在《青年调查》版，《中国青年报》通过本社社会调查中心与搜狐新闻中心合作，推出了一个“你欣赏巴金身上哪些气质”的调查；在 9 版的《文化周刊》中，《中国青年报》重点推出了《能以如此方式纪念巴金吗》，以尖锐的笔锋评论了一些媒体在关于巴金逝世的新闻报道中，为了应付新闻竞争而出现的一些问题；在 12 版的《阅读周刊》中，《中国青年报》采用了不同的新闻文体方式进行报道，既有李致的《我的四爸巴金》的回忆性文章，也有关于新版《随想录》的面世的消息式新闻报道，还有一些关于巴金的书籍的链接，也摘录了一些《随想录》中巴金的主要的思想，另外还给读者提供了一篇关于巴金手迹的报道《巴金 70 年前珍贵手迹再受瞩目》。

10 月 26 日，《中国青年报》用加框的方式重点强调了《巴金忏悔——重读〈随想录〉》一文，并配有巴金凝眉握笔深思的照片，展示给读者的是一个人性化的敢于忏悔的巴金以及对巴金精神全面的理解和解读。

10 月 27 日，《中国青年报》抓住第八届巴金国际学术研讨会的闭幕新闻，在三版“特别报道”中，用了八成的版面来报道巴金。由深度报道《巴金会被当代人遗忘吗》，评价式报道《只有那个时代才能造就巴金》、《陈思和：巴金精神已成传统》以及普通报道《教科书里的巴金还在影响年轻人》组成系列报道。

从《中国青年报》的巴金逝世系列报道中，我们可以看出纵向线型报道的特色，整个报道活动与新闻事件同步推进，以连续性的信息组合展示新闻事件变化过程及其本质特色。这种报道显得非常自然，没有新闻策划常出现的拔苗助长，为策划而策划的问题，一切视事态发展和报道需要而定。

（二）横向网状

在这种类型的报道思路设计中，常见的做法是围绕大的主题设计、寻找不同的角度。主题重大、组合报道中稿件各具特色又相互配合，最终形成独立而又互相关联的大型报道。报道从多客体、多角度切入，短期内组织大规模、多篇幅的稿件集中于一定的版面、栏目或时间段，形成较大的声势，产生强烈而醒目的效果。

2011 年初，云南、广西、贵州等地发生了特大旱情，长江中下游也创下几十年降雨最少的纪录，长江、鄱阳湖、洞庭湖等水位大降，洪湖、石臼湖干涸，鱼虾死亡。旱情成为全国各大媒体关注的热点，作为地方媒体如何报道这次特大旱灾，做到“持续关注”是否已经足够？上海的《东方早报》给了我们特殊的解答，2011 年 5 月 31 日，他们推出了整整 12 个版面的（不包含头版）的独家新闻报道——《三峡再调查》。

早报记者穿越长江沿线 7 省市，专访 4 位中国工程院院士，对话数十位专家、官员，实地求证三峡工程气候、地质、生态、移民、泥沙五大质疑。这五大质疑有效地支撑起对三峡工程质疑的主题，报道相辅相成，角度各异、形式各异。

《鄱阳湖牧歌声起：江西要建大坝抵消“三峡影响”》、《旱涝频发三峡工程真是罪魁祸首?》、《三峡又长又弯没有堵塞水汽进出四川盆地》、《湖北秭归：三峡蓄水后地质灾害增多威胁 1/4 人口》、《重庆云阳：以前能喝的水，现在洗澡身子都会痒》、《移民郭宝云返乡：无户无医保》、《上海滩涂“扩张”已放缓》、《上游来沙淤积是否会影响三峡正常运行?》《“清水下泄”带来新麻烦：河床被刷深》、《希望全国人民继续讨论三峡》、《“三峡未设计抗旱功能，争议让我们更重视反面意见”》、《防洪发电抗旱如何平衡》。这一系列报道从容而又全面地反映三峡工程以及周边存在的问题。报道一经刊出，振聋发聩，联系报纸对动车追尾事件的详尽报道、对三鹿奶粉事件的首发报道，人们对这份 2003 年才创办的还算年轻的报纸给出了很高的评价。

横向网状的报道方式也可以采用典型个案剖析的方法，选取与题材内容有关的典型个案深入剖析，逐个解剖麻雀，然后串起来形成精致的网状报道，融入较强的媒体特色。这种具有较强媒体特色的报道思路别人无法超越甚至无法模仿。

《南方周末》的年度报道采用选取典型个案剖析的方式，显示较强的媒体特点。作为回顾盘点即将逝去的一年为主要内容和特色的年度报道，历来是众多媒体在岁末年初之际使出浑身解数推出的精彩大戏。尤其近年来，媒体的多样化使得竞争趋于白热化。年度报道作为众多媒体在强化媒体存在，扩大媒体影响，塑造媒体品牌，提升媒体知名度等方面发挥了越来越重要的作用。但是目前的年度报道也呈现出同源竞争的问题，做得最多的是年度新闻事件和年度新闻人物，这些难免会出现重复。

但是，《南方周末》的年度报道因为时间的延续性和方法的独特成为年度报道中一个几乎无法超越的特例。《南方周末》从1998年开始，在河南省唐河县找了一个村——小常庄，四川西部彭州市找了一个镇——白鹿镇，福建的泉州找了一条街——成功路，每一年都详细地记录下那里的地方模样，那里的人们的衣食住行，生老病死，所思所想及荣辱沉浮。每一年三个地点的纪录都成为《南方周末》年度报道的重要内容，每一年，记者都在相同的时间段回到相同的地点。小常庄、白鹿镇、成功路是中国最普通的几个地点，不是什么典型或者先进，而是中国最普遍的社会形态。这样独辟蹊径、解剖麻雀的方法，避免了经常由题材重大（反映社会、人民生活一年的变迁）带来的空洞乏味，具有极强的可读性，同时又充分体现出《南方周末》的人文关怀以及深度特点。

（三）增值放大型

这类报道思路的设计，指原本从一个角度切入某一新闻事件的报道，随着报道进展或者新闻编辑的介入，题材的报道价值被再认识，题材重大化，新闻报道呈放射状扩大。这类报道思路的设计通常蕴含了新闻编辑对题材的再挖掘、再发现，将新闻信息增值做大，把“小芝麻”变成“大西瓜”。换句话说，编辑不仅要从细沙中筛选出金子，还必须把金子设计、加工成精美昂贵的饰品。

《齐鲁晚报》2007年11月推出的“零钱困局”大型系列报道就是增值放大型报道的代表。2007年11月7日《齐鲁晚报》接到当事人热线电话，称他们公司手中的32万元硬币货款无法处理，想找晚报求助。《齐鲁晚报》记者根据当事人提供的线索，经核实调查采写了《32万货款收进门，两吨钢镚愁煞人》消息。消息见报后引起了各方的强烈反响，许多读者打来电话诉说他们与硬币有关的故事和看法。新闻编辑组织记者进行深入调查、报道，走访了包括商业银行、缺零钱的人、为零钱多而发愁者、职业换零人、中国人民银行济南分行等在内的相关个人和单位，由此发现了题材做大的可能性，对题材进行了增值放大处理，组织记者研究稿件，决定重新补充采访，调整报道角度，挖掘背后更深层次的问题。于是某公司的硬币问题扩展为后来的“零钱困局”，将个别情况扩展到了一般现象，将相关行业扩展到了一般民众。编辑趁热打铁，连续策划刊发了《超市营业员上班带零钱》、《市场上有批

"职业换零人"》、《商业银行不得拒存零钱》、《银行存零钱一肚子苦水》、《市场解决"1元"，银行解决"1角"》、《公交开通换零热线》等稿件，最后还配发了题为《把"零钱困局"的死结解开》的评论。

由于新闻编辑的强力参与和策划，一个小小的线索，一篇数百字的小稿，最后发展壮大成了持续5天、发稿共计20余篇的重量级系列报道。

（四）全方位立体化报道

这种类型采用多点切入、多角度切入的方式进行报道，体现出全方位、大容量、时间持续长的特点。全方位立体化报道思路与横向网状相似又不同，它们某种程度上都需要稿件的集中和配合，横向网状稿件刊发的持续时间短，全方位立体化稿件刊发的周期较长。

特别重大的报道战役，在报道思路设计上采用全方位立体化报道。全方位立体化的报道思路设计一般影响大、要求高、牵涉面广，通常是媒体一年当中的报道重点，其中很多又由若干小策划组成。因此如果不是突发新闻的话，这类新闻题材的报道计划和思路的拟定需要反复长时间的酝酿，同时也并非新闻编辑单独一人就能完成，需要媒体内部甚至是媒体外界的配合。

这类报道思路设计有时体现在报道的广度上。如《天津日报》国庆50周年庆典的报道，立足于天津地方，参照历史，辐射全国。《天津日报》1999年"国庆50周年庆典"，一共30个版。头版以五栏80行高的位置发江泽民主席走上天安门的照片，显示第三代领导集体带领全国人民跨世纪；2版发江主席讲话，定报眉"时代强音"；3版发人民的欢欣和拥戴，报眉叫"欢腾时刻"；4版发七常委和江主席阅兵，报眉叫"继往开来"；5至8版突出天津，叫"海河欢歌"；9版报道三代伟人升旗，叫"庄严时刻"；10至12版为群众游行盛大场面，叫"金水河畔"；13至16版报道各大兵种，报眉叫"钢铁长城"；17至20版报道我们的武器装备，报眉叫"世纪之剑"；21至24版报道天安门和全国各地，叫"普天同庆"；25至28版报道国际反响，叫"五洲同庆"；29至30版报道中华人民共和国成立以来12次大阅兵，叫"精彩回放"。

《天津日报》国庆五十周年庆典的版面获得全国新闻报纸版面年赛金奖，其中的头版是当年全国报纸中唯一获得中国新闻奖一等奖的版面。

有时体现在报道的深度上。例如被称为深度报道的经典名篇的《中国青年报》关于大兴安岭火灾的报道，《红色的警告》、《黑色的咏叹》、《绿色的悲哀》三篇长篇特写就从深度上突破了以往的灾难报道，对1987年发生的大兴安岭火灾进行了多角度的思考，报道从司空见惯的失火、救火报道模式背后，看到了“火与社会”“火与人”“火与自然”的深层次关系，揭示了火光映照下的官僚主义、人类认识自己和认识自然的艰难。这一系列报道被业界誉为开了中国新闻界深度报道先河的佳作，并获1987年度全国好新闻特等奖。

有时既体现在广度上也体现在深度上。2005年，深圳经济特区成立25周年，对于深圳地方媒体来说是当年的重大题材，对这一题材的报道思路从开始拟定到实施经过了长时间的论证，同时在实施过程中也不断调整。以《深圳商报》为例，深圳经济特区成立25周年的报道就有持续时间长、内容丰富、角度多样的特点。

从2005年初到2005年9月底，《深圳商报》共刊发纪念深圳经济特区成立25周年的各种报道806篇，其中消息115篇、通讯578篇、言论113篇，另刊发有关照片1 662幅，而纪念特刊就有186个整版。《深圳商报》除报道深圳市各单位纪念深圳经济特区成立25周年的各种动态消息之外，还围绕着纪念深圳经济特区成立25周年推出了十大独家策划。从深度和广度上对深圳特区成立25周年进行全方位、立体化报道。

四、报道设计方案

报道思路设计的最终成果是报道设计方案。报道设计方案要对报道策划的内容作全面表述，主要内容包括：

1. 报道范围与重点

报道范围是全部报道客体的组合，规定了报道对象是哪些人和事，报道面有多大。报道重点是报道客体中最重要的部分，规定了报道的核心人物或核心事件、核心问题，需要报道者投入最多的力量，在媒体上也要予以突出表现。

2. 报道规模与进程

报道规模是报道的时间、空间与人力三方面因素的组合，即报道持续进行多少时间、占据多大版面空间（或节目时间）和多少栏目配置、运用多少采编力量。报道进程是指报道全过程中时段的分割和安排，规定报道分多少阶段进行、何时开头、何时推进与扩展、何时结束，以及各阶段之间如何转接。

3. 发稿计划

发稿计划是报道进程中各阶段刊出新闻稿件的统筹规划，包括确定每条稿件的题目、内容、体裁和篇幅，确定稿件刊出的先后次序与具体时间，稿件在版面上的位置。发稿计划是对报道规模与报道进程的具体落实。

4. 报道方式与表现形式

报道方式是指将零散的新闻报道整合为报道整体的操作模式，即新闻编辑根据报道目标，运用某种手法组织若干相关报道，使之形成具有一定报道规模或持续一定时间的报道整体，常用的报道方式主要有：

集中式。指在短期内组织大规模、多篇幅的稿件集中于一定的版面或时段，形成较大的声势，具有强烈、醒目的效果。集中式报道比较多用于一些重大活动、重要事件、重大问题的报道。

系列式。指着重于组织报道事物各个侧面的稿件，集不同角度的报道为一体，达成报道的深度和广度，具有启迪性。系列式报道法多用于一些较复杂的事件或问题的报道。

连续式。指紧跟事件或问题的发展变化进行追踪，连续发出报道，反映其全过程，取得及时、深入、扣人心弦的报道效果。连续式报道法多用于突发性事件的报道。

组合式。指集中一组稿件反映同一时间、不同地点的同类情况，或同一主题、不同门类的情况，形成较大的报道规模。组合式报道法多用于报道面较宽，报道对象较多的报道，旨在全面、深刻地揭露问题，或通过多报道对象的相互比较说明问题和道理。

读者参与式。指吸引读者参与报道活动，如邀请读者参与新闻采访写作活动，发动读者对报道内容展开讨论等，读者的活动与意见构成报道的主要客体。

报纸介入式。指报纸直接参与报道客体，成为其中的重要角色。如报纸策划的社会公益活动等。

媒体联合式。指新闻媒体相互合作，联手展开某一报道。各个媒体从自身的特点和优势出发，选择适当的角度和表现手法，使报道主题在各个媒体上有各具特色的展示。这样的报道形成了一种合力，有助于提高报道的效果。

5. 报道力量配置与报道运行机制

报道力量配置是指参与报道的人力、资金和技术设备的配置，报道运行机制是指为实施报道而临时建立的组织机构、工作流程及其管理制度。报道力量配置与报道运行机制是根据报道内容、报道规模和报道方式确定的。报道越重要，报道规模越大，报道方式越多样化，报道需要投入的力量也就越大，运行机制也就越复杂。

下文是珠海广播电台在澳门回归前的报道方案。

迎澳门回归10周年广播宣传报道方案①

今年是澳门回归祖国10周年，十年来，在“一国两制、澳人治澳”的政策背景之下，澳门经济、社会、文化建设取得了巨大成就；珠海与澳门的交流合作进一步加深，珠澳同城化步伐加快。为做好迎接“澳门回归10周年”的宣传报道工作，近日，广播节目制定了迎“澳门回归10周年”宣传报道方案。

一、总体要求

在当前宣传工作中，我们要把“迎澳门回归10周年”的宣传报道作为宣传重点，集中两套广播频率所有资源，打破常规、创新方式，从11月1日开始新闻节目已经全面启动。在澳门回归10周年倒计时1个月（11月20日）开始，我珠海广播电视台两套广播频率在原有节目宣传的基础上，将进一步加大对澳门回归10周年的宣传报道力度；从11月10日至12月20日，两套广播频率都将推出6至8条有关澳门回归10周年的公益广告，并高密度滚动播出。为迎接澳门回归10周年营造“喜庆、祥和、热烈”的舆论氛围。

二、宣传重点

1. 在新闻节目中全面、系统、重点宣传报道珠海迎接澳门回归10周年及全面推进珠澳合作等方面的工作进展。包括横琴口岸客货车通关重建工程、拱北口岸改扩建及“一站式”升级工程、竹银水源工程、珠澳

① 来源：珠海视听网。

交界河流污染整治、对澳供电设施建设、环境整治、美化绿化等重点工程建设。

2. 全力配合做好澳门大学迁建奠基工作的宣传报道。消除不良传言和负面影响。

3. 宣传广珠城际轨道延长线与澳门接轨的可行性与必要性。为推动延长线可行性报告报批工作创造舆论条件。

4. 宣传港珠澳大桥前期工程以及奠基仪式。以港珠澳大桥建设开工为契机，积极宣传报道珠澳两地未来合作重点及前景，推进珠澳跨境工业区转型升级。

5. 宣传珠澳两地在教育、文化、卫生等领域开展“服务一体”化的合作情况。进一步深化珠澳同城对珠澳两地产生的重大意义。

三、宣传报道计划

从2009年11月1日至12月20日，广播新闻宣传和板块节目宣传将分二个阶段，对澳门回归10周年进行全面宣传报道。

（一）新闻资讯广播

1. 从2009年11月1日起全面启动澳门回归10周年宣传报道。主要包括：在新闻节目中设置“迎澳门回归10周年”专栏，报道珠澳两地迎澳门回归10周年活动的动态新闻，同时强化早、晚新闻节目《港澳珠海广播电视台直播报道》栏目中有关澳门本地新闻的报道，确保每天有2至3条澳门本地迎回归10周年新闻。

2. 从11月20日（澳门回归10周年倒计时1个月）开始启动迎接“澳门回归10周年”倒计时宣传报道专题。在专题节目《澳门话你知》设立“澳门回归10周年专栏”，进一步增大报道内容。并与澳门广播同行开展节目交流，扩充节目信息量，向听众提供大量的关于澳门的资讯，重点报道澳门各项迎庆活动。

3. 从12月1日开始播出由中国国际广播电台珠海广播电视台、深圳电台珠海广播电视台联合制作的30集大型系列专题报道《盛世莲花》。

4. 从12月10日开始，在新闻节目中推出《10年纪事》。节目将从1999年澳门回归开始，选取每年影响澳门的典型事件，让听众在时间的流逝中亲切感受澳门回归10年来发生的巨大变化。

5. 与中央人民广播电台《华夏之声》联合制作播出《回归10年风

雨路》专题节目。

6. 板块节目宣传。《你的故事我的歌》推出《我与澳门的故事》专题节目。主要讲述有故事的普通人在澳门回归期间和澳门回归后10年来所发生的感人故事;《新闻聊吧》节目将推出《盛世莲花10年间》系列访谈。

7. 12月20日与中央人民广播电台珠海广播电视台《中国之声》联合推出15小时大型直播《盛世莲花不夜天》特别节目。节目从早上7:00点开始到晚间22:00点结束,全面报道澳门回归10周年纪念大会、澳门特区新一届政府就职典礼、港珠澳大桥奠基、澳门大学横琴校区奠基、庆祝澳门回归10周年文艺晚会等5项内容作为重点报道。届时,我珠海广播电视台广播新闻部将派出所有记者分赴5个重点活动现场,第一时间对庆典活动进行全方位的报道。

(二)交通文艺广播

1. 从2009年11月20日开始,在板块节目《上班路上》和《下班路上》节目中开设"珠澳这10年"专题。节目从澳门的人文历史、环境、旅游等方面与珠澳发展变化密切联系起来,让听众讲述自己澳门回归10周年来的亲身感受。

2. 制作音乐专题《澳门节拍》。《澳门节拍》将着重展现澳门中西文化交汇的特色,邀请澳门本土歌手客串主持。

3. 制作系列文学专题《澳门记忆》。

4. 少儿节目《亲子方程式》与电视文艺部联动。将策划小记者大型采访活动《我们的眼睛看澳门》,计划从11月20日开始,组织10名小学生赴澳门采访并制作特别节目,用孩子的童真和特殊视觉来呈现澳门回归10年所发生的巨大变化。

5. 旅游节目《带着音乐去旅行》,将制作播出《丽莎带你游澳门》系列专题。节目以玩在澳门、吃在澳门、看在澳门三个主题,全面讲述澳门回归10年来的变化。

(广播综合部)

练习

1. 从任意一个媒体上找到一组重大题材的报道,对它进行分析,判断报道是否成功。看看这组报道符不符合报道思路设计的原则。

2. 请非新闻或编辑专业的同学谈谈对媒体最近的重大题材报道的看法，请他们谈谈自己希望了解的有关信息。

3. 在各类媒体上寻找纵向线型、横向网状、增值放大、全方位立体化的重大题材报道，看看它们都用在什么样的题材上，判断是否合适。

第七讲

重大题材报道的组织

本讲要点

●重大新闻报道的组织者有三种类型：总编或编委会牵头的报道组织者，有关编辑部门的负责人或者版面主编、节目编导或主持人，项目小组负责人。

●重大新闻的报道一般经历选题、报道方案拟订、任务分配和开篇、方案实施和推进、结尾这样的流程。

●常见的重大报道有原发式新闻报道和介入式报道，分别采用不同的组织方式。

●报道进行中应根据情况不断地调整方案，以期有效控制报道。

一、报道组织者

总编或编委会牵头的报道组织者。重大新闻题材中，有些特别重大的报道需要跨部门、跨媒体、跨行业的联动报道，在这些报道中我国各主流媒体几乎都倾其全力，进行严谨、周密且各具特色的报道活动。这类报道的组织者均由总编辑（台长、社长等）或编委会成员牵头，抽调主要编采部门的精兵强将，组成重点选题报道策划小组，对报道全程进行筹划、运作、监督和跟踪。

2011 年日本发生地震之后，日本三大报纸之一《读卖新闻》的震后报道作为报纸最重要的事情，几乎全员参与，报纸领导者直接牵头负责。整个灾后报道都直接由总编（社长）或编委会（编辑局）领导①。

---

① 藤野彰：《读卖新闻》的大地震报道，载《南方传媒研究》，第 29 期。

地震发生4分钟后的2点50分，编辑局召开了第一次“编辑例会”。“编辑例会”是编辑局就每天出版的早报和晚报商讨编排哪些稿件的负责人会议。早报的会议通常是下午5点钟召开。地震发生的那天，因为有了重大突发性新闻，所以紧急召开了临时会议。编辑局局长确认了报社员工的安全状况后就开始部署收集地震相关信息，对有关人员发出出版“号外”等指示。“号外”是日本报社的一种传统速报手段。在短时间内要编印出正反两版（根据情况出过对开4版）的报纸，在东京市中心的车站前及街头免费发放。11日的号外是两版，大标题为“东日本大地震震级7级强烈海啸”，登载了受灾地的照片，总共发行大约7万份。3月12日之后，只要有与大地震有关的重大新闻就编发号外。

下午4时30分，东京总社的社长也来参加了第二次的“编辑例会”。平时，每天的例会社长（兼任主编）是不会参加的。也就是说这次事态紧急到了社长亲自上阵指挥版面编辑的程度。

举报社全力投入地震灾害报道，从东京总社的社会部、地方部、摄影部派出的记者、摄影师陆续租车奔赴受灾地。东京总社管辖内的其他支局，大阪、西部两社也派增援记者和补给人员。

有关编辑部门的负责人或者版面主编、节目编导或主持人。相对不是特别重大，或报道面较小、内容单一的报道，由某一部门就能独立完成，组织报道一般由有关编辑部门的负责人或者版面主编、节目编导或主持人来承担策划和组织任务。例如中央电视台今日说法、新闻调查、焦点访谈等栏目，每个栏目都有各自的定位，题材也相对稳定，栏目内部的重大报道基本上由本部门的编导组织策划。这种报道的组织人对本领域极为熟悉，了解本部门的人员工作特点，操作能力较强，通常栏目制片人会担任部门新闻策划的组织者。

项目小组负责人。日常重点题材的报道，有些媒体也采用项目负责制，这种制度在媒体内部对重点题材公开招标，实行项目负责人制。参加竞标者，需拿出详尽的策划方案，方案最优者，则成为项目的负责人，负责该策划项目的具体实施，媒体赋予其相应的责、权、利，使其成为真正的调动组织者。《京华时报》的一些重点题材报道就采用这样的报道组织方式。项目小组报道的方式，与部门编辑组织方式相比，其优点在于打破了部门界限，权责到人，拓展思路，能够使报道更具新意。

二、报道组织的流程

重大新闻题材的流程具有多样性，题材大小的不同，题材涉及角度、地理区域以及题材本身的发展不同都会影响到整个报道组织的过程。但是我们大体上可以将报道组织流程分为以下几个阶段。

1. 题目的选定（选题）

这个阶段是提出题目、确定题目的阶段。该阶段是整个报道组织过程中最关键和最重要的一环。阶段应该完成的任务是判断新闻线索的新闻价值大小，判断选题的社会价值大小，对新闻风险进行预警与规避。包括全年整体选题策划和日常重大题材的选定。全年整体选题主要对可预见的新闻进行重点策划，可预知的重要赛事、可预知的重大活动，奥运会的举行、世博会的举行、各类节庆、两会的召开等等都属此类，通常都是同题策划。另一类则属于日常重大题材，包括具有时效性的大型事件、有挖掘可能性的深度报道、某些领域的变化等等。

2. 拟订报道方案

在上一讲中，我们已经提到报道思路的设计最终要落实到报道方案上，我们也谈到报道方案应包含的主要内容。这一讲中，我们将着重于拟订报道方案应该注意的事项。首先，在拟订报道方案前应该进行调研，提出多种思路和方案以供选择，特别重大的题材报道应该制定备选方案。其次，方案务求详尽与周密，这样有利于对实际报道的指导，但是不能强求记者在施行方案时生搬硬套，允许记者在施行方案时灵活应对。

3. 任务分配和开篇

选定题目、拟订了报道方案，接下来进入任务分配即部署阶段，在部署阶段，通常由报道组织者向有关的人员安排采写任务，部署采写要求。任务分配是否恰当合理、人员选择是否合适会影响到最终的报道效果。

2011 年，中国加入世贸组织十周年，这一题材对任何经济类报纸来说都是重大和需要策划的选题。我国三大经济类报纸之一的《21 世纪经济报道》在 2011 年 11 月 21 日推出《全球化 3.0：繁荣与不满》的专题报道，当天的报纸一共有 76 个版面，概念突出，气势恢宏，整体策划开始于半年前。专题负责人副主编刘晖介绍他的组织过程："通常先拟定一个总体概念，然后和各版块的负责人进行沟通，在各版块执行方案出来后，再进行一轮沟通。同时，需要沟通的还有设计、广告、市场、发行等各个部门，因为这基本上是一个报社的项目。”“在这组专题中还有一个试验，就是用跨版的大图，来体现财经新闻的视觉化表达。”从他的介绍中，我们可以看到一个大型的报道任务涉及方面众多，人员众多，一定要有整体的安排。人员安排上，挑选首席记者赵忆宁承担专题主打歌的任务，赵忆宁在此前做过许多中国入世的报道，也承担过大量的重要采访任务，并且具有优秀的英语水平。后来的专题报道用24个版的规模刊发首席记者赵忆宁的作品，这在《21世纪经济报道》的历史里，还是第一次。在“入世”专题推广中，这组报道放在非常重要的位置上。这组稿件经过国际和头版委员会的编辑后，在市场上受到了普遍的好评。

实际上，目前重大新闻题材报道的部署涉及的方面越来越广，有时候进行的报道是跨媒体、跨行业的，所以部署时除了采写任务的分配外，有时还需要对后勤、财务、通联做一系列的安排。例如，在香港回归十周年之际，《羊城晚报》、《南方都市报》都采用的是跨媒体运作，前者与亚洲电视，后者与凤凰卫视联合报道。而《深圳商报》则与深圳市文化局、市规划局、市旅游局联合举办活动，作为深圳特区成立25周年的重要报道内容之一。

部署的方式可以是多样化的，如涉及人员不多，可以采用面谈、电话、通信、传真或者是当今最常见的电子邮件形式，使前方报道人员了解报道意图和计划。部署的内容可以是选题、体裁、交稿时间、篇幅等。对这种由人际沟通渠道进行的部署，通常可以获得较好的沟通效果。一些主编、总编或者责任编辑采用的业务通信的方式，既能获得一对一的效果，又能体现文字传媒的魅力。新华社云南分社常务副总编伍皓就曾经用业务通信的方式对一线记者进行报道指挥和部署：

展现突发事件的立体画卷

——写给腾冲泥石流灾害前方报道组的一封业务通信

晓阳、秦晴

你们好！

这时候你们应该是在梦乡中了。从你们自昆明出发算起，已经连续作战28个小时，别累坏了身体。首先，向你们表示衷心的感谢和慰问，你们辛苦了！未来五天腾冲仍将持续降雨，泥石流随时可能再发生，外出采访一定要注意安全。你们到野外采访的时候，一定让木森师傅跟在你们身边，为你们警戒、放哨，观察周边的山形地势，千万不能有任何闪失。

……

突发事件报道也要创新，要拓宽报道思路。刚才讲到的灾害事故—人员伤亡—现场搜救—伤员救治—死者善后—调查处理—亡羊补牢的报道思路，是比较传统的突发事件报道的“规定程序”，是一种依次推进的连续追踪报道的线性思维方式，是相对平面化的一种对于突发事件的常规报道手法。希望你们在完成好这些“规定动作”的同时，思路再打开一些，报道再创新一些，力求全方位地展现重大突发事件的立体画卷。

……

由事及人、由近及远、由浅及深，我们在报道突发事件的时候，不要忘记这三个基本的思想方法。掌握好这三个报道“法门”，对突发事件的报道就不再是直线的、平面的，就能把一个多侧面的、立体的事件场景活生生展现出来，带领读者亲临其境，睹物见人，并引领读者去思考。

任何重大突发事件，记者能够到达现场，就是对公众最真诚、最无私的奉献。你们的报道已经有了很好的开局，希望你们再接再厉，为读者奉献更多的精品力作，同时注意劳逸结合，稿件要多写，觉也要睡够。

请向王江、木森两位同志转达我的敬意和问候。盼安全回到昆明，还有为你们洗尘、庆功的“革命小酒”要喝呢！

开篇的方式要根据新闻题材来决定，一般来说可预知的新闻事件通常会采用预热的方式开篇，在新闻事件之前发一些铺垫的消息或者编辑对某一现象、问题的评论。这种方式开篇较自然，能使受众有心理准备，随后的大规模展开不容易造成突兀感。例如《北京娱乐信报》在 2002 年策划美国著名魔术师大卫·科波菲尔来京演出的报道时，采用了由少到多，慢慢切入的方法，在魔术师到中国前对大卫·科波菲尔进行了充分的前期报道。

4. 方案实施和报道推进展开

方案实施阶段也是报道的具体进行阶段，开始报道后，要根据先期制定的报道方案展开进行，使报道持续下去。报道原则上依据报道方案进行报道，但实际上可以根据具体情况作出一系列的调整。报道展开后可以横向铺开也可以纵向深入。

非典期间，与厦门市毗邻的漳州市175医院43位医护人员接令增援北京小汤山医院抗非典，其中有5位厦门籍护士，这些医护人员冒着生命危险，远离家乡亲人战斗在抗非典第一线，为读者所关切，尤其是5位厦门姑娘北上战疫魔，因与厦门读者有极强的接近性而备受关注。《厦门日报》编辑部5月2日得到这一信息后马上意识到这是一个可以做也应该做好的深度报道的重大题材。5月3日头版先发《175医院43军医急赴北京抗非典》的消息，组织了几篇厦门籍护士家属的专访。5月4日《厦门日报》头版除发消息《厦门好儿女北京抗非典》外，还刊登了三位身着军装的厦门籍护士的照片连同请战书摘录，配发评论文章《寻常人家的英雄儿女》，还有三篇专访的总标题《盼亲人早日平安回家》和题要。随着报道的展开，社会各界产生了反响，面对这些反响，从5月5日至7日，《厦门日报》先后刊登市政府和市各部门、企业、事业单位慰问抗非典勇士父母、晓晴母亲被授予思明区好母亲称号、社会各界为175医院赴京医疗队捐款、175医院赴京医护人员表示以优异成绩报答家乡父老等消息，连载网友为远在北京抗非典一线的厦门籍姑娘祝福、加油的留言，连同图片计30几篇（幅），还配发了《我拿什么奉献》等评论文章。从5月7日起，还推出《连线小汤山》栏目，通过电话采访，每天发一条来自小汤山反映175医院医护人员工作、生活情况的消息。护士节前夕，编委又策划一个小高潮，致信小汤山175医院医疗队，向他们致以节日的祝贺。当天编辑部收到了回信，信中感谢厦门日报社和厦门党政领导以及厦门人民对他们的关心厚爱和大力支持。《厦门日报》5月12日护士节当天在第一版都做了突出报道。从6月19日本报记者赴小汤山医院采访175医院医疗队，随医疗队胜利凯旋。

从这组报道中，我们可以看到《厦门日报》在报道展开阶段，能使报道产生的社会反响化为报道的一个部分、能抓住护士节这样的新闻点掀起报道的高潮，整个报道的推进过程合情、合理、灵活。

5. 报道结束和总结

大型报道活动的结束可以采用顺其自然的方法也可以由组织者发表相应

的评论或讨论结束。顺其自然的结束方法指报道随着事件的结束而结束；发表评论或展开讨论总结的方式结束明确地表明媒体的观点，一般用于有重大宣传意义的典型事件、典型人物报道的结束。大型报道活动结束后，多数媒体会做出总结，这也是报道组织流程的最后一个环节。这种总结是对报道活动经验与教训的衡量，也是内部业务交流、培训的重要手段，能使工作人员提高业务水平，培养更多的专业人才。

三、常见重大新闻题材的报道组织

新闻题材和来源多种多样，呈现出不同的特点，我们下面就一些常见的和典型的新闻题材的报道组织进行分析。

（一）原发性重大新闻题材的报道

原发性重大新闻题材多指媒体没有介入推进的新闻题材，常见的有如下几种。

1. 非预见式重大新闻题材

非预见式重大新闻题材通常都是突然发生的，有些持续时间短，例如重大安全事故，或者著名人物逝世；有的虽然发生很突然，但其发展和结束还有一个缓慢的过程，例如2008年年初我国发生的重大冰雪灾害。针对不同的情况，报道组织的方式也不同。对于非预见式重大新闻题材，只能根据情况进行初步判断，安排人力，往往到了现场情况又会发生变化，前后方需要及时沟通，对于异常情况还需要改变策略，加派人手，等等。

非预见式重大新闻题材中最常见的是突发新闻事件，这些突发事件最能体现新闻的时效性，最受受众的欢迎，同时也最能考验媒体的应变和组织能力。对突然发生的重大新闻事件，报道方式有以下几种：

（1）即时报道。这类报道是在突发事件发生后迅速反应，马上组织报道，如果可能，迅速派出记者赶赴现场，发回报道。采用即时报道最能满足受众对新闻时效性的要求。

2001年9月11日，美国世贸大厦、五角大楼遭到恐怖袭击。当日晚，《南方都市报》看到江泽民主席慰问美国人民的声明后，立即强烈反映，数小时之内，采编和发行人员全部上岗，第二天推出20个版的全面报道，其他报纸措手不及，等下午出号外时候，都市报加印的23万份已被抢购一空。

（2）追踪报道。对持续中的突发事件进行跟踪报道，预测事件的发展，满足受众对事件的了解需求；对已经结束的突发事件采用深度报道的方式深入挖掘事件的原因，提供详细具体的背景，报道突发事件的影响、意义、各方的反应等。

2000年广东江门一烟花厂大爆炸，《南方日报》闻风而动，速派记者前往采访，并嘱咐要做好预测和策划。在急迫情况下，记者迅速形成了一个报道方案：拍摄灾难现场实况、采访目击者、探查事故原因，并结合相关类似的事故资料进行报道。这样，既做到第一时间抢到新闻，又能挖掘出新闻背后更深层次的东西。

（3）终结报道。突发事件能不能报，怎样报，有时要根据我们国家和党的新闻政策来进行，例如《南方都市报》关于9·11事件的专版报道就是在江泽民主席慰问美国人民的声明发表后作出部署的。有时为了稳定大局，有的突发事件往往不是马上就进行报道的，要到突发事件发生了一段时间后或者事件结束后才进行报道。这样报道的要素都以静态的形式出现，这就要求我们要将资料的收集、背景的交待等工作结合起来做，以便起到“后发制人”的效果。

2. 可预见重大新闻题材的报道

可预见的新闻题材一般在媒体策划组织时尚未发生，但是它们的发生又是可以预见的。例如当年的重大体育赛事、重要的政治会议、选举、重大节日、纪念日等等。一般来说可预见性新闻题材对媒体来说是必报题材，也是重要的报道战役，可预见新闻题材掌控性强，操作起来相对容易，利于有计划地进行，甚至根据选题情况可以推出系列报道、系列述评、新闻连载等多种新闻表现形式。但是存在同题同源竞争的问题，各个媒体都对同样的新闻题材进行报道，因此报道的成败很大程度上取决于报道如何体现独家性上，报道的前期策划显得非常重要，后期的报道组织大多按照前期策划展开。

例如在中国加入世界贸易组织的报道中，如何体现独家？《深圳商报》经过事先精心的新闻策划，选择了几个层面来展开报道。第一是从政策的层面，该报查阅世贸组织有关法律文件，根据深圳市的实际需要，列出一个减让清单（《本报为你解读世贸——服务贸易减让内容简介》）。第二是从市场的角度，从金融、农业、贸易争端、知识产权等角度看加入世贸对市场的影响(《入世元年经济生活悄悄改变》)。第三是用图片的形式，看世贸如何改变百姓的生活（《深圳人生活中的世贸》)。通过这三个层面的报道，深圳商报不仅报道了新闻本身，而且还提供了详尽的新闻背景、相关分析以及业内人士、权威人士的评论，为受众提供了深刻丰富的解释性新闻，变平面单一式新闻为纵向立体式新闻。而这种立体的多方位多层次的报道正是通过事先的精心策划实现的。

3. 配合式新闻题材的报道

这类新闻题材的报道配合形势发展、政策颁布、工作部署等宣传需要进行。这类题材中，媒体的主要任务是配合宣传。我国的新闻媒体作为党的耳目喉舌，配合党的工作是应尽之责，同时，我国的新闻媒体又要注意满足受众的需求。如果报道组织得成功，这两点并不矛盾，只有找到贴近受众的角度、具备独特的创意，生动、灵活地组织报道才能高水准地完成宣传任务。

例如《南方都市报》1999 年 7 月的“深圳触摸现代化”专题报道就是一次成功的配合式报道。在这次报道中，《南方都市报》一次性推出约 10 个版，全面介绍了深圳的现代化进程，大大出乎深圳媒体和深圳市委的预料。权威人士说，“这一天，你们比机关报还要机关报”。读者反映该组报道权威性很强，都是身边的事，很亲切，基本上没有常规正面宣传的八股味，当天的报纸在深圳被抢购。

（二）介入式重大新闻题材的报道

介入式重大新闻题材，指某些新闻题材本身的新闻价值呈潜在状态，需要媒体介入挖掘才得以展现；另外一些新闻题材，本身就是媒体策划的重大活动。这些新闻题材都因为媒体的原因被报道或者被放大。这些报道主要有以下几种组织方法。

1. 事件切入、设置议程

这种报道方式通常在最初只是对某新闻事件的报道，但由于公众对事件的争议、反馈比较多，媒体介入对事件进行后续报道、评论，设置议程，形成大规模、大反响的报道。《南方都市报》1999 年 10 月发表了“老院长遭遇三陪女”报道，由于报道引起了社会的广泛关注，《南方都市报》又主动扩大报道，连续一个月，以点切入，动员社会力量，剖析深圳的文化、道德、伦理问题，使报纸在深圳的发行量突飞猛进。这就是一次典型的由媒体设置议程的介入式报道。

2. 历史题材的现实激活

新闻是正在发生的历史，但历史通常只是作为背景材料被放在新闻里。作为主要报道题材的历史一般都是“……周年”纪念，如“长征胜利70周年”、“反法西斯战争胜利60周年”等等。关于历史题材的报道，新闻界的普遍做法是，回顾过去，追忆逝者，体现个人品质和魅力，而其现实意义鲜有突破和涉及。实际上，媒体对历史题材也可以采用介入式报道，甚至可以起到推动历史进程的作用。

西安的《华商报》在纪念“西安事变”70周年系列报道中，通过精心操作成功地开掘了西安事变的历史题材。此次报道不但有可读性极高的十篇揭秘杨虎城将军传奇一生的稿件，而且用现实事件激活历史题材，推动台湾国民党为杨虎城将军平反，使历史题材具有现实意义。

3. 追踪策划，推动事件发展

新闻追踪策划，曾经是都市报吸引读者的有效工具，其理念就是跟踪新闻事件的进展作连续性追踪报道，让读者每天揣着悬念，每天像看章回小说那样期待第二天报纸的出版；另一方面，如果新闻事件止步不前，报道组织者就主动介入，通过策划推动事件发展。当然这种方式以及后文的举办活动的方式都受到过争议，一些业内人士和研究者认为这样的报道背离了新闻应“客观反映事实”的原则。

例如成都某都市报曾经策划过一则新闻。1996年10月，一个名叫李波的南充人到报社，本来只是投诉餐馆的欺诈行为，但结果被媒体策划为“反暴利斗士”。10月15日，头版刊发了一则消息《消费“一只”岜夯鸡：缺头少腿；李波投诉物价所：价格欺诈》，次日刊出《市物价所认定：岜夯鸡确属价格欺诈》。然后报社又策动李波到另外两家餐馆消费，同时记录其遭遇欺诈的事实。后来在该报头版刊出《来蓉办事连遭价格欺诈，李波誓作“反暴利斗士”》，配发短评《为“反暴利斗士”叫好》。直到11月15日，李波在记者的陪同下，每天出没于餐馆、理发店、停车场、酒吧等消费场所，奔走于成都市物价检查所，报纸天天刊登李波受欺诈的故事和物价部门的处理结果，一时间李波成了成都市民关注的焦点。更多受李波鼓舞站出来和价格欺诈作斗争的消费者也出现了，成都掀起反暴利热潮。

4. 开展活动，提升媒体影响力

媒体有时也主动策划活动，通过这类活动吸引受众参与、推动社会进步、塑造媒体良好形象，同时对开展的活动进行报道，增加收视率或者发行量，达到一箭数雕的效果。1994 年春节期间，上海《青年报》策划并组织了为时四天的“好心人，请您抱一抱孤儿”的活动，一时间上海许多家庭纷纷到孤儿院抱领孤儿回家共度春节，报纸对此作了详尽报道，产生了强烈的社会反响。

当然，我们应该看到这类策划属于“平地起高楼”形式，虽然有良好的社会效果，但是如果媒体策划该类活动较多的话，就会使人怀疑其是否“不务正业”。

另外一些活动则注意到了媒体的报道任务，活动是为了配合报道而不是为了制作新闻。2002 年，为迎接广东省第九次党代会的召开，《南方日报》策划了持续 50 天的“十大新闻大家评”活动，先动员读者推荐省第八次党代会以来发生在广东的重大新闻，然后报社与专家共同确定 15 件候选新闻，再由读者投票选出十大新闻，最后动用 40 个版的篇幅来解读。这种活动没有背离媒体的职责，即使多举行几次，也是可以接受的。

总而言之，媒体应该谨记自己的职责：客观、真实、全面地报道事实，过多地介入新闻事件并不适宜。

四、报道的调控

报道调控是指在报道进行过程中对报道效果的把握，也即随时根据客观条件的变化调整报道规划、控制报道进展，以达到最好的报道效果。

报道调控的主要内容：

（1）调整报道思路：指改变原来的报道思想、报道重心、报道态度等。

（2）调整报道内容：指在不改变报道思路的前提下补充或压缩报道内容，改变原来的选题和发稿计划。

（3）调整报道规模：通过延长或缩短报道时间，增加或减少报道篇幅，提高或降低报道的版面地位等手段，改变报道的阵势和力度。

（4）调整报道形式：指变更报道的组织方面，使报道取得好的效果。

（5）调整报道力量：改变原定的报道人员部署。

练习

1. 重大新闻报道的组织者有哪几类，分别有什么样的优势？

2. 重大新闻报道的流程是什么样的，思考新闻编辑在流程中的各环节所起到的作用。

3. 找出媒体上原发性重大新闻和介入式重大新闻，比较二者的报道有什么不同。

3. 思考在校园中可以设置的重大议题，围绕这个议题设计一个报道方案。

第八讲

新闻稿件的组织

本讲要点

●媒体稿件来自于通讯社、本社（台、站）记者、通讯员、特约撰稿、转载稿件、受众投稿等六个方面。

●组稿能提高报道质量、有助于形成报纸风格、体现出编辑的创造力。

●组稿的类型有征稿和约稿两类，包括选题、选人、协调三个环节。

●组稿应注意尊重作者、广交朋友和及时支付稿酬。

一、媒体稿件的来源

媒体稿件来自于通讯社、本社（台、站）记者、通讯员、特约撰稿、转载稿件、受众投稿等六个方面。

（一）通讯社稿

通讯社是从国外引进的概念。在英文里，通讯社叫“news agency”或“news service”。我们都知道，agency 在英文里有“代理机构”的意思，service 则是服务的意思。根据这两个词，我们可以将通讯社简单定义为新闻服务机构，即向其他新闻媒介提供新闻服务的机构。联合国教科文组织 1953 年出版的专门研究和介绍各国通讯社的著作《通讯社：它们的结构和运转》中指出：“通讯社是一种企业，它的主要目标是搜集新闻和新闻材料，它的唯一宗旨是表达意见或提供事实，发给一些新闻企业，并且在特殊情况下也发给私人，以便在收费和符合商业法律和规定的情况下，向它们提供一种尽可能完全和公正的新闻服务。”

《美国大百科全书》（1982）：“通讯社是在它的大多数大众媒介订户、用户或成员力所能及的地理范围外和超乎各自的财力物力限度外收集信息的组织。通讯社在大多数情况下不直接向公众提供新闻。”

《中国大百科全书》（新闻出版卷，1989）：“以采集和发布新闻为主要职能，以报刊、广播电台、电视台为主要对象的新闻机构。”新华出版社《中国新闻实用大辞典》（1996）：“是从事采集、加工和提供新闻信息，为其他新闻媒体和各类用户服务的新闻机构。”世界上最权威的工具书之一——《不列颠百科全书》（2005）：“在一国或世界各地采集、撰写和播发新闻，供报纸、期刊、广播电台、电视台、政府机构和其他用户采用的组织。”

从以上中外不同机构在不同时期下的定义可以看出，通讯社的核心业务是提供新闻信息服务，但随着时间的推移，其服务对象已经从原来的媒体用户扩展到了非媒体用户。

通讯社一般分为国际通讯社和国内通讯社，也有的在一家通讯社内分国际部和国内部。

世界上最早的通讯社是1835年在巴黎创办的哈瓦斯通讯社，当时曾用信鸽传递信息。1837年有线电报试验成功后，英国路透社于1872年开始在上海发电讯稿。中国人自办的第一个通讯社是1904年在广州创办的“中兴通讯社”。中国共产党创办的第一个通讯社是1931年在江西瑞金成立的红色中华通讯社。1937年1月，中共中央决定将红色中华通讯社改名为新华通讯社。我国现有两家通讯社，新华社是面向全世界的通讯社。中国新闻社是面向海外华人、港澳同胞的通讯社。

（二）社内稿和社外稿

新闻稿件的组织除通讯社稿件之外，我们根据组稿工作的不同对象，将稿件分为两类，即对记者和通讯员组织的稿件，简称内稿；向社外人员组织的稿件，简称外稿。

内稿的特点包括：第一，经常性。这类组稿是经常、随时随地进行的，尤其在重大新闻或预先策划的重要报道中，记者、通讯员是主力。第二，稳定性。报社分工相对固定，记者的采写范围也固定，编辑组稿对号入座，二者的合作也相对稳定。第三，互动性。记者和通讯员熟悉报纸业务和风格，在组稿过程中往往能和编辑相互启发、互为参谋。编辑应注意采纳记者意见和建议，使编辑策划不断完善。社内约稿相对来说比较简单，主要注意编辑和记者的互动性，利用这种关系使自己的业务水平得到提高。

外稿的特点：第一，特别性。在特别状况下进行，如有重大突发性新闻而记者采访条件受限制时，需请有关人员撰稿，或约请有关权威人士对敏感问题发表意见。第二，特定性。因为是在特定情况下进行，被选择对象也有其特定性，并非可以随意。合适的作者必须具备完成稿件的一切条件，一般报道选题一定，则作者人选也就目标既定了。第三，对外部作者的约稿较为复杂，技巧性较强，在报纸副刊工作应用较多。

二、组稿的意义

稿件的组织就是一般所说的组稿，是具体的编辑过程重要环节之一，属于编辑的六艺。编辑“六艺”包括选题，组稿，审读，编辑加工，定稿发排，校样付印六个环节。

1. 组稿工作是提高报道质量，顺利完成报道计划的重要保证

组稿包括约稿和投稿，约稿是指作者承编辑之命配合当前新闻出版所需而写的特定的新闻稿，投稿是指作者主动写成的自发的新闻稿。

在编辑工作中，常常遇到这样的情况，每当一项报道计划开始启动或者有了一个好选题急待付诸实践时，尽管手边有着大量四面八方的投稿，但是，由于作者不十分了解编辑部的意图和要求，因而投稿的数量和质量都难令人满意，有时重要内容甚至找不到一篇可采用的稿件。为了使报道计划保质保量地顺利完成，编辑就不得不适当地约稿，使薄弱环节得以强化提高，缺损部分得到补充完善。

编辑在日常性工作中，经常依据报道计划和最新的新闻线索，向记者和通讯员进行常规的约稿，使稿件有一个基本的保障。在向记者和通讯员约稿完不成任务或达不到要求的情况下，编辑还会特别约请外部相关人员就一些重要的或专业性较强的内容写稿，尤其是在以专版、专栏赢得受众的今天，专家在大众媒介上权威科学的分析和建议已成为受众采取现实行动的依据之一。

2. 组稿工作是形成报纸独特风格的重要举措

好版面或栏目必须有自己的个性与特色，这种独特风格使本版、本专栏

在与其他版、其他专栏的比较中，获得不可替代的优势，是媒体赢得更多受众的制胜法宝，而稿件本身是形成独特风格最基本的元素。

独特风格不是一两篇稿件就能确立的，而应该是长期的大量类似风格的新闻稿件积累而成的。自发的投稿是非系统的、无序的，就像散兵游勇，很难拧成一股绳，形成大气候，而编辑在日常工作中依据版、栏的风格，积极、主动、有计划地组织稿件，长期坚持，就形成了自己的风格特色。

3. 组稿是编辑创造力的体现

编辑的组稿工作不仅仅是满足日常的用稿需要，而是一种创造性的劳动，在正确理解新闻事件、社会热点基础上的总体的、有创意的报道策划，是编辑方针的延伸，是以此为依据的具体的编辑工作。

因此，策划是第一位的，编辑在分析新闻事件、社会热点的意义、特点之后，形成了报道思路，然后才能有效地进行组稿。好的、有震撼力的新闻稿件的形成，无不凝结着编辑幕后的不为人知的心血。编辑在长期的工作中，积累了大量的经验，对新闻编辑的经历有着清晰的认识，这对形成有创意的策划提供了保障，但是正因为长期的日复一日的工作，也容易形成按经验办事的不思进取的惰性。

《中国青年报》1987 年关于大兴安岭火灾的“三色”报道（《红色的警告》、《黑色的咏叹》、《绿色的悲哀》）之所以成功。是因为编辑总结了以往灾难题材报道的落后模式——“化灾难为凯歌”，往往在灾难结束后，出现连篇累牍的赞歌。而“三色”报道对火灾进行了多方的深思，在“自然、社会、人”这个明确而富有涵盖力的报道思想的指导下，深入探讨了造成火灾的人为因素，真实摹写了客观面貌，描写了特定环境中人性的卑琐、崇高与升华，展示了人性在灾难中的瞬间的两极闪现。这组系列报道正因为内容上的高度及深度，对于灾难的直面态度，而不是躲躲闪闪，成为我国灾难新闻报道的里程碑。

三、组稿的类型和过程

（一）组稿的类型

新闻组稿包括征稿和约稿。征稿是编辑有了某种编辑意图和设想，需要征集事实材料来完成编辑任务，但没有特定的写稿人选的情况下进行的。如当前媒体上常常出现的“有奖征集新闻线索”，以及报纸的周末文艺版的稿件。

约稿是指编辑有了具体的采访对象和写作题目，约请记者和通讯员或外部相关人员撰写特定内容的稿件。在当前的媒体运作中，约稿是主要的组稿形式。

（二）组稿的过程

1. 选题

编辑根据报道计划拟制的题目，就叫选题。它是编辑构思的具体化，解决的是“写什么”的问题。包括拟定题目，设定写作体裁、篇幅，刊发时间，编排方式及方法等。

好的选题应在前瞻性和深刻性、创新性上下工夫。前瞻性就是编辑根据新闻事件的发展，对下一步关注的焦点的提前部署，而不是仅仅局限于跟踪报道，如“汶川”大地震在进行了一段时期的救灾报道之后，编辑就应该把关注点慢慢转移到灾后流行疾病的防治和灾后重建上。深刻性是在关注事件表面发展现象的基础上，及时分析和总结，把报道引入深刻的文化和思想的内涵，把报道引向深入。如2008年的“西藏事件”，在西方媒体的歪曲报道之后，西方反对分子对奥运圣火传递的破坏，引起了中国海内外华人的不满，从而形成了声势浩大的保护圣火行动。就此，很多媒体发表文章，从中西文化、历史、政治的角度分析其内在根源，对厘清人们的认识具有很大的意义。创新性在很大程度上取决于报道角度和报道方式上的选择，习惯上的报道角度容易使报道平庸，特别角度更容易让读者普遍关注。

2. 选人

确定了“写什么”，下一步就是请“谁来写”了。这是组稿工作成败的中心环节，因为如果仅有创造性的选题，而没有真才实学的作者来付诸文字，编辑选题的前期准备工作就可能功亏一篑。

由于编辑对记者和其他特定的专业人员比较熟悉和他们有长期合作的经验，编辑对其专长、特点也比较有把握，作决定向谁组稿不会太困难，因此，约稿的选人相对来说比较简单。而征稿是面向社会大众的，编辑不可能全面了解征稿对象，这就需要费一番脑筋。

首先是让作者了解征稿的目的、意图、依据和要解决的问题。通过发信息、开小会、发 E-mail 等方式，明确地告知给作者，这样作者在动手写作时才能胸有成竹，有的放矢。因为作者虽然对选题本身比较熟悉，但他并不十分清楚本次组稿的背景或意图，作者对于本次组稿的认识和编辑对于本次组稿的认识常常有所出入。

其次，采用事例和样稿的形式，给作者提供参考，不仅能让作者了解版面或栏目的特色，个性和风格，还会对这次的征稿有清晰的认识。如《北京青年报》开设的“风俗地理专刊”，编辑在征稿启事上介绍了专刊设置的栏目：“北京的红墙绿瓦”、“北京地名”、“北京传说”、“老字号传承”、“老北京风俗”和“灵魂北京”等栏目。其他都比较好了解，而“灵魂北京”不好用语言描述，于是，编辑选了一篇稿子《陶然亭上涌赤潮》做第一篇稿子，通过举例的方式，让作者了解此专栏目的是介绍历史古迹在革命史上曾起的作用，并使用大量图片来阐明这是一个“说历史”的栏目。

另外，像“开栏的话”、“编者按”、“编后”和配发的“短评”、“评论”都可以向作者表明编辑部的态度，也有在栏头刊出固定的广告语的。

在选人的问题上，我们应坚持“不薄新人爱名人”的态度。一般说来，知名人士的稿件往往比不知名的作者的稿件容易被编辑选中，这样可以一定程度保证稿件的质量，扩大报纸的影响。但切不可因此迷信名人，忽视新人，要知道名人有时碍于情面，文债累累，难有足够精力保证各方约稿，有时也可能敷衍塞责。而新作者写作态度认真，也常以一种独特的视角，虎虎生气的新姿态进行创作，给版面和栏目注入新的血液，带来一股清新的风。

3. 协调

组稿工作不是像老师布置了一个命题作文一样，不是单向的，而是双向的、互动的。特别是向外部的专家学者、专业权威人士的约稿，编辑需要定期甚至于随时和作者联系，了解写作的进度和情况，协助作者解决各种问题，而作者在写作中也将不断反馈意见，对于选题或具体的实践提供合理的意见，这是一个双向交流的过程，解决的是“怎样写的问题”。要随时协助作者解决写作中的问题和困难，还要及时处理作者反馈的信息。例如作者可能对选题有不同的认识，编辑需要与之协调，以求最终达成一致，作者也可能需要编辑帮助查找一些相关材料等等。总之，编辑与作者不断协调沟通的过程就是不断接近获取高质量的稿件的过程。

四、组稿工作的注意事项

1. 广交朋友，建立作者队伍

组稿工作的关键在于选择好作者，而选择好作者的前提又是具有一支可供选择的作者队伍，这支队伍应该是以内部人员为核心向外围延伸扩展，建立自己的信息网络，才能在组稿时得心自如。

2. 尊重作者，讲究组稿技巧

在组稿过程中，编辑应尊重作者的时间和精力，不要一味地“催稿”、“逼稿”；还应该尊重作者的劳动，有不同意见时，虽不能一味迁就，但也不要擅自修改，要有商量，求得一致；对于约来的稿件，必须做到件件有交待，有时候由于情况的变化等原因，本栏目无法采用，可以推荐给其他栏目或其他报纸，尽可能避免“退稿又退人”，挫伤作者的积极性。

3. 及时合理，支付作者稿酬

稿费是肯定、回报和鼓励作者劳动的一个重要手段，是赢得作者的一个重要手段。编辑不要忘记劳有所得的原则，要及时合理地支付稿费。

练习

1. 什么是约稿？什么是征稿？

2. 如何理解选题的前瞻性、深刻性与创造性？

第九讲

新闻稿件的选择

本讲要点

●稿件选择有助于落实新闻媒体的编辑方针；有助于满足受众的信息需求；有助于新闻稿件合乎新闻媒体的容量要求。

●选稿的过程通常经历“初选”、“复选”和“定选”三个阶段。

●编辑在选稿时需从稿件的新闻性、社会性和是否适宜媒体这几方面考虑。

●选择新闻稿件时应注意稿尽其用、全面平衡，在选稿时注意发现和培养人才。

新闻编辑每天都要面对数量众多的新闻稿的“毛坯”，像“淘金者”一样在稿件堆中寻寻觅觅，把那些适合自己媒体采用的稿件挑选出来，再打磨加工，直至它们成为报纸版面上或者广播电视新闻节目的“成品”。因而，“选稿”作为新闻编辑的一项常规性工作，是新闻编辑业务中十分重要的一个环节。

它对于新闻产品生产与新闻传播活动都具有很大的作用和意义：有助于落实新闻媒体的编辑方针；有助于满足受众的信息需求；有助于新闻稿件合乎新闻媒体的容量要求。

一、新闻稿件的选择程序与步骤

新闻编辑选择稿件的程序是怎样的？以报纸为例，选稿的过程通常经历

“初选”（或称“粗选”）、“复选”（或称“精选”）和“定选”这三个阶段。

首先，各编辑部门的编辑要对本部门负责的新闻稿件进行初选，如经济新闻部的编辑对经济新闻稿件进行初选，国际新闻部的编辑负责对国际新闻稿件进行初选。初选根据报纸新闻宣传报道的总体要求，对众多的新闻原稿，进行大体的选择，解决可用不可用的问题；初选也是“粗选”，编辑把他们初步认为合适的稿件选出来，提供给总编室或者相关版面的主编。

初选后的第二步是复选，一般由总编室的编辑或版面主编对已经通过初选的新闻稿件进行再一轮的分析和选择，这轮选择更多地要考虑版面的限制和要求。复选也是“精选”，主要解决怎么用、用在什么地方的问题。经过复选之后的大部分稿件可以编排见报了。

但有时也有一些稿件经过前两轮选择后仍不能确定是否采用，还需要进行第三轮分析与选择。这类稿件大多是涉及重大问题的报道，或是重要批评稿件、重要存疑稿件、对报道效果较难把握等，需要由总编辑或编委会集体审定后作出决定。这一轮选择我们称之为“定选”。

在初步了解了选择稿件的程序之后，我们面临的更重要的也是最需要新闻编辑把握的一个问题是，究竟以什么样的标准来分析判断一条稿件的价值，选择新闻稿件的具体标准是什么。

此外，众所周知，时效性是各种新闻媒体从事新闻传播活动时所追求的目标之一，因此新闻编辑对新闻稿件的选择和分析总是在发稿时间的压力下进行的，往往没有充足的时间进行推敲和酝酿，必须迅速作出判断和决定。这种工作特点，要求编辑对新闻稿件的分析和选择能够采用一种最合理、最有效率的操作程序和标准。

基于以上新闻编辑选择稿件的工作需要，我们主要从三个方面来解析选择新闻稿件的标准，以便新闻编辑能够在最短的时间内作出正确决定。

二、新闻稿件的选择标准分析

新闻编辑过程是再一次挑选、审视事实的过程。编辑面对的是新闻稿，一篇新闻稿件能不能用，当然要考虑到写作技巧。但取舍一篇新闻稿件的标准，首先不是写作技巧，而是新闻稿（件）中的事实，要考虑稿件中写的事实是不是新闻，新闻性强与弱，产生的社会效果如何等。

（一）新闻稿件的新闻性分析

所谓新闻稿件的“新闻性”，即一篇稿件所具有的所有突出“新闻”属性的价值元素的总称，主要反映一篇新闻稿件区别于其他稿件的根本属性。

1. 真实性——新闻稿件的品质之源

中外新闻价值观差异良多，但在对待新闻的真实性问题上却有着惊人的相似之处，即大多数中外新闻界人士都认为真实准确是对新闻作品的最基本的要求。早期美国新闻学理论代表作之一的《新闻学原理》的作者卡斯柏·约斯特指出：“一切新闻的主要因素是事实。如果一条新闻并不真实的话，刊登这条新闻的报纸也就和这个荒谬的报道一样的荒谬。新闻是对所发生的事情的一种报告，或者是对某种存在状态的一种报告，如果这件事根本就没有发生过，或者这种状态根本就不存在，那么这个报告就是伪造的，就不能算是新闻……真实性是判断真正新闻的准绳。衡量一个新闻的真实性，也就是衡量这个新闻的品质。”① 列宁指出：“我们需要的是完整的和真实的情报，而真实性不应该以它为谁服务而变化。”② 由此可见，稿件的真实性作为新闻作品的“品质之源”，应该成为编辑选择新闻稿件的基本前提。如果编辑选择稿件违反了新闻的真实性原则，造成了新闻失实，那么新闻稿件也就丧失了存在的根本，失去了生命，甚至有可能造成严重的后果。

具体而言，新闻的真实性主要包括以下几个方面：第一，构成新闻要素的时间、地点、人物、事件等都要真实可靠。第二，新闻反映的客观事实，包括事情发生的环境和条件、过程和细节、任务言语和动作、原因和结果，都必须准确。第三，新闻引用的各种资料，如背景材料，引用的数字、史实、语录都必须准确无误。第四，人物的心理活动、思想认识，也必须讲究真实。新闻的观点、认识的高度、事物发展的程度，都要按照实际情况，讲究分寸，留有余地，防止片面性、绝对化。

2. 新闻价值——新闻性的主要体现

在所有稿件都是真实可靠的“心理预设”的前提下，新闻编辑选择稿件时，首先是以新闻价值作为衡量稿件可否采用、如何采用的标准的。

---

① ［美］卡斯柏·约斯特：《新闻学原理》，中国人民大学新闻系 1960 年版。

② 《列宁文稿》第 10 卷，人民出版社 1985 年版。

那么，什么是新闻价值？长期以来，新闻界对此争论不休，相关研究也不断深入。从西方新闻学者提出新闻价值理论至今已有100多年的历史了，但他们一直侧重于对新闻价值构成要素的探讨，而对新闻价值的定义始终没有做出明确的阐释。目前，普遍采用的定义：新闻价值就是事实所包含的足以构成新闻的种种素质的总和。

具体而言，我国新闻界大多认为，新闻价值一般包括如下几个要素：时新性、接近性、显著性、重要性和趣味性。

（1）重要性。重要性是传统新闻价值的第一个要素，指事件对社会产生震撼的特性，以给受众带来的影响为尺度。

衡量重要性的标准：某一事实与更多的人有关系，这种关系越大，就越具备影响力；事件令更多的人关注，表明这个事件同人类相关的程度，会在人们的心理产生巨大的反响；事件涉及多数人的利益、社会道德和国家安定，在社会过程中发挥推动或阻碍作用①。

（2）时新性。事件是新近发生的而且是社会大众所不知道的，即时间近、内容新。

新闻不是历史，所谓“新闻是易碎品”，很大程度上指的也就是新闻所具有的本质属性之一——时新性。毫无疑问，新闻是对最新发生的事实、最新出现的信息的报道，只有最迅速、最及时地把最新鲜的信息传达给受众，才能满足人们阅读（收听、收看）新闻的需要。所以，新闻报道的时间距离事件发生的时间越近，这条新闻就越具有新闻价值。

美国新闻界人士有这样的说法：“无论新闻事件多么显著，与多么知名的人士相关，新闻价值都会随着时间的推移而锐减。”这就是为什么无论报纸、广播、电视还是网络媒体，大家都在新闻报道中尽力突出“今天”乃至“据刚刚收到的消息”这样的时间概念。这也就是为什么当一个新闻事件发生时，一家新闻机构往往为了比另一家新闻机构提早发布几秒钟而竭尽全力乃至不择手段的原因。

当今越来越激烈的新闻竞争促使新闻媒体纷纷以最新的现代化技术武装自己的记者，提高他们采集新闻稿件的工作效率；与此同时，新闻编辑在选择稿件时也把时效性放在了更加突出的位置上。

---

① 刘建明等：《新闻学概论》，中国传媒大学出版社2007年版。

（3）接近性。指新闻报道内容与受众的接近程度，包括心理的接近性和地理的接近性。一般说来，新闻事件与受众在地理上和感情上越是接近，就越具有新闻价值。

接近性之所以构成新闻价值，是因为人们一般容易对发生在身边的事情感兴趣并受到感染。这主要表现在：一方面，人们希望了解他们周围发生的事件，因为这些事件对他们可能产生直接或潜在的影响。另一方面，人们容易对同他们有情感联系的事件或人物产生亲切感。另外，人们还很愿意在新闻媒介上看到自己参与的活动、自己耳闻目睹的事件乃至自己的名字。总之，在人们生活所在的地区发生的事情会引起他们强烈的兴趣，增加新闻价值①。

（4）显著性。显著性，指容易引起人们注目的知名人物、机构与地点，往往涉及知名人士和机构，其知名度越广越高，就越能吸引受众，其新闻价值就越大。如政界领袖、影视歌星、体育明星、其他名人等是中外新闻所经常涉及的。

但是在新闻报道中，不能把显著性无限放大，追逐名人隐私，侵害名人权利，使报纸和公众追逐低级趣味。

（5）趣味性。指受众对新闻内容及新闻写作手法的感兴趣程度，受众越感兴趣，新闻事件越是能够满足人们的好奇心，新闻价值就越高。

以上是新闻价值的五个基本要素，新闻价值要素的质与量，直接影响着新闻价值的实现。当然，一个新闻事件不可能同时含有构成新闻价值的全部要素，但是一个新闻事件会同时含有几个构成新闻价值的要素。事件中含有的构成新闻价值的要素越多，它的新闻价值就越高。一般来说，时新性加上另外任何一条，对所有新闻稿件来说，都是入选的必备条件，这五个因素具备得越全面，新闻价值也就越大。新闻编辑在选择新闻稿件的时候，就要选择新闻价值要素更齐备的稿件，将那些最具新闻价值的稿件优先选择出来，付诸版面编排。

（二）新闻稿件的社会性分析

如果说，新闻价值是新闻编辑选择稿件时使用的第一个“筛子”，那么，对于新闻稿件社会效果的分析判断就是编辑要用的第二个“筛子”。编辑选择

① 吴飞主编：《新闻编辑学教程》，高等教育出版社2004年版。

新闻稿件，不仅要选择具有新闻价值或者新闻价值高的稿件，还要注意对新闻稿件的社会性分析，即要遵循受众需要和社会需要相一致的原则。

在满足了受众的信息需求的同时，要兼顾到新闻稿件的社会效果评价，注意选择具有好的社会效果的稿件，以满足社会进步的需要和全体人民的要求，并能够代表社会发展的方向。

在我国，新闻媒体是共产党领导下的社会主义性质的大众传媒，在选择稿件时对新闻效果的分析更加被重视和强调。分析新闻稿件的社会性，注重稿件的社会效果评价，必须坚持的基本原则是，新闻报道必须有利于国家和人民的利益，具有推进历史进步和人类和平的积极作用。具体来说，我们选择新闻的着眼点：稿件是否有利于宣传党的路线方针政策，推动我国的经济建设和社会进步；是否有利于宣传我们的建设成就，鼓舞和激励人民；是否能够反映人民群众的呼声和愿望，发挥舆论监督的作用；是否有助于传播科学文化知识，丰富人民的物质文化生活，提高全民族的文化素质。

具体而言，对一条新闻稿件的社会性分析主要应从下面几个方面考虑：

1. 宣传价值分析

宣传价值就是事实本身所包含的有利于传播者、能够证明和说明传播者主张的素质①。

我们认为就目前中国的传播现状讲，衡量和评价一篇稿件的宣传价值，应坚持一个基本方针和五个具体的判断标准：

一个基本方针就是“以正面宣传为主的方针”。1989 年 11 月 25 日，李瑞环在中共中央宣传部举办的全国省、市、自治区党报总编辑新闻工作研讨班上，发表题为《坚持正面宣传为主的方针》的长篇讲话，指出改进新闻工作需要研究和解决的问题很多，但关键的问题是新闻报道必须坚持以正面宣传为主的方针。李瑞环认为：这是社会主义新闻事业必须坚持的一条极其重要的指导方针。坚持这个方针，就是要准确、及时地宣传党的路线、方针、政策，实事求是地反映社会现实生活的主流，让人民群众用创造新生活的业绩教育自己，形成鼓舞人们前进的巨大精神力量，造成一个有利于稳定局面的舆论环境。

那么何谓“正面宣传”呢？李瑞环进一步阐释：“我们所说的‘正面’，

---

① 李良荣：《新闻学概论》，复旦大学出版社 2006 年第 2 版。

所说的‘为主’，就是要着力去宣传报道鼓舞和启迪人们发展社会生产力的东西，鼓舞和启迪人们坚持四项基本原则、坚持改革开放的东西，鼓舞和启迪人们加强社会主义民主和法制建设的东西，鼓舞和启迪人们推进社会主义精神文明建设的东西，鼓舞和启迪人们热爱伟大祖国和弘扬民族文化的东西，鼓舞和启迪人们维护国家统一和民族团结的东西，鼓舞和启迪人们为推动世界和平与发展而斗争的东西。总之，一切鼓舞和启迪人们为国家的富强、人民的幸福和社会的进步而奋斗的新闻舆论，都是我们所说的正面，都应当努力加以报道。”①

当然，坚持以正面宣传为主的方针，并不是不要或减少，更不是排斥舆论监督的新闻批评稿件。现在一些人一提到“正面宣传”就自觉不自觉地把它与表扬性报道、歌功颂德之类的东西画等号，这显然与李瑞环的讲话精神不符，也是与中央的宣传精神相违的。

除了坚持“以正面宣传为主的方针”外，判断和衡量稿件的宣传价值还要从以下五个基本方面入手：一是正确性。宣传要讲道理，讲得有理，才能说服他人。不讲道理的宣传没有价值，道理讲得不深不透，宣传价值不大，道理讲错了，则会起副作用。当然还有一种情况是道理是正确的，但在一定情况下还不能实行，或者不能说，则同样不能实现其宣传价值。二是权威性。道理若出自权威的人士机构，受众更容易相信和接受。三是针对性。针对社会上的各种猜测、怀疑、歪曲、流言，选择事实进行有的放矢的宣传。针对性越强，宣传价值就越大。四是适宜性。有些新闻要选择适当的时机来发表，才能够收到更大的宣传效益，避免引起不必要的思想混乱。五是可行性。可行性因素也是宣传价值的一条重要标准。宣传的道理如果不打算去实行，或者根本不能实行，宣传就成了废话和空话②。

2. 合理合法性分析

新闻编辑选稿时要注意稿件的合理合法性，要在新闻法规许可的范围内选择稿件，坚决把对国家和人民利益有明显危害性的新闻稿件撤下来，防止进行公开传播。

---

① 新华社新闻研究所编：《新闻工作文献选编》，新华出版社 1990 年版。

② 钟立群：《新闻编辑学研究》，人民日报出版社 1997 年版。

目前，我国还没有制定专门的新闻法，对哪些新闻应该禁止刊登做出明确规定，但根据我国宪法、刑法、民法以及其他法律的规定，凡属于下列性质的新闻禁止刊登：

煽动：煽动推翻现政权，煽动推翻社会主义制度，煽动群众抗拒、破坏国家法令的实施，煽动闹事等。

造谣：制造谣言，欺骗受众。

诽谤：捏造并散布虚假的事实来损害他人人格，破坏他人名誉。

侮辱：用侮辱性的言词贬低他人人格和名誉。

泄密：违反国家保密规定，泄露国家机密。

传播淫秽：具体描写性行为或宣扬色情。

侵犯隐私权：未经本人同意，公布私人生活方面的秘密。

一般说来，彻底“犯规”的新闻稿并不多见，如果有也非常容易识别。需要编辑格外注意的是“隐藏”在稿件内容中的某些情节、细节，某些描述、概括、评论之类步入“禁区”。近几年被报道对象起诉记者与新闻媒介的诸多案件都可引以为训。大多数原告指控新闻诽谤和侮辱都不是对新闻事实全体而言，而是抓住其中一些细节和言词的不实做文章。编辑在处理稿件时要特别注意这些问题①。

当然，新闻编辑对稿件的社会性评价和分析是一项复杂的工作。“社会效果的好坏，是由新闻法规、宣传价值来制约的，如果说新闻法规的目的是力图使新闻不产生有害的社会效果，是防御性的做法，那么宣传价值的目的是争取群众跟我走，那是积极进攻的做法。但是，我们必须指出，社会效果是复杂的。对于一条新闻，对于一种主张，常会有不同反映……而且还应该考虑到影响新闻传播的社会效果的其他因素。因此，考察社会效果要做全面的、历史的、具体的分析，力戒片面性。”②

（三）稿件的媒介适宜性分析

新闻编辑在选择稿件时，除了要从新闻性和社会性两方面来分析外，还要对稿件是否适合于自己的媒体进行分析选择，从中挑选出最能体现媒体特

---

① 蔡雯：《新闻编辑学》，中国人民大学出版社 2006 年版。

② 李良荣：《新闻学概论》，复旦大学出版社 2006 年第 2 版。

色的新闻稿件。

以报纸为例，从某种程度上讲，报纸的特点即个性是报纸生命的重要组成部分。报纸个性的形成，有赖于各个版面，包括版面风格、标题、内容等，其中报纸内容是决定报纸个性的最重要因素，故选择稿件是形成并保持报纸个性特点的最重要环节。应该形成一个独特的取舍观。

新闻选择中突出报纸特点，总结起来，要注意以下三点：

1. 体现媒体编辑方针

每一家媒体都有自己的编辑方针，这一方针是根据媒介定位与发展战略对编辑工作作出的决策，它规定了媒介的受众对象、传播内容、传播水准和风格特色，是编辑工作必须遵循的准则。编辑方针落实到媒介新闻产品生产的过程中，不仅对新闻报道的策划和组织具有约束力，同时也对每一篇稿件的选择和采用具有规定性。也就是说，在新闻传播活动中，新闻编辑只有对稿件进行有效的分析与选择，才能保证新闻报道以及新闻产品合乎编辑方针的要求。因此，不同媒体的新闻编辑对同一条新闻稿件的取舍往往会不同，比如同样一条新华社电讯稿，有的报纸在头版采用，有的报纸则不予刊登；还有一些作者的稿件投到某家报纸被拒绝，而寄到另外一家报社却很受重视。这都是因为新闻媒体的编辑方针有所不同。而且，新闻编辑根据自己媒体的编辑方针对新闻稿件的分析处理，也使得新闻媒体能够具有独家特色，避免了与其他媒体的雷同，这对参与新闻竞争是非常重要的①。

2. 照顾目标受众群

新闻编辑在选择稿件时，一定要根据自己媒体的编辑方针，根据自己媒体的受众定位进行选择，以形成自己的特色。媒体的受众对象是根据媒体的性质、办报（台）宗旨以及媒介市场竞争的需要确定的，是编辑希望其能够成为媒介消费者的人群。受众的结构往往是多元组合，如青年报的读者总体上说是青年人，但从结构上看，又是由不同年龄、不同职业、不同地区、不同性别的年轻人组成的一个群体。新闻编辑在进行稿件选择时，不仅要注意目标受众的总体范围，还要注意照顾受众群体中的各个不同类别和层次。

3. 考虑媒体覆盖范围

前面讲稿件选择的新闻性分析时已经提到新闻价值构成要素中的“接近

---

① 蔡雯：《新闻编辑学》，中国人民大学出版社 2006 年版。

性”因素，同样，编辑在选择新闻稿件时候，要注意考虑媒体自身的覆盖范围。

（四）选择新闻稿件的注意事项

1. 稿尽其用，最大限度地开发利用新闻信息资源

新闻稿件是新闻媒体最宝贵的一种新闻信息资源，编辑在分析与处理稿件时，不能仅仅考虑稿件是否适合媒体刊播，只满足于把能够采用的新闻稿件挑选出来，不能采用的稿件则丢弃不问。一个负责任的编辑还应该从新闻媒体的长远发展需要出发，认真研究每一条新闻稿件的潜在价值，尤其是那些不宜公开采用的稿件，看看其中是否还有应该利用的东西，是否还需要进行以下几种方式的处理。

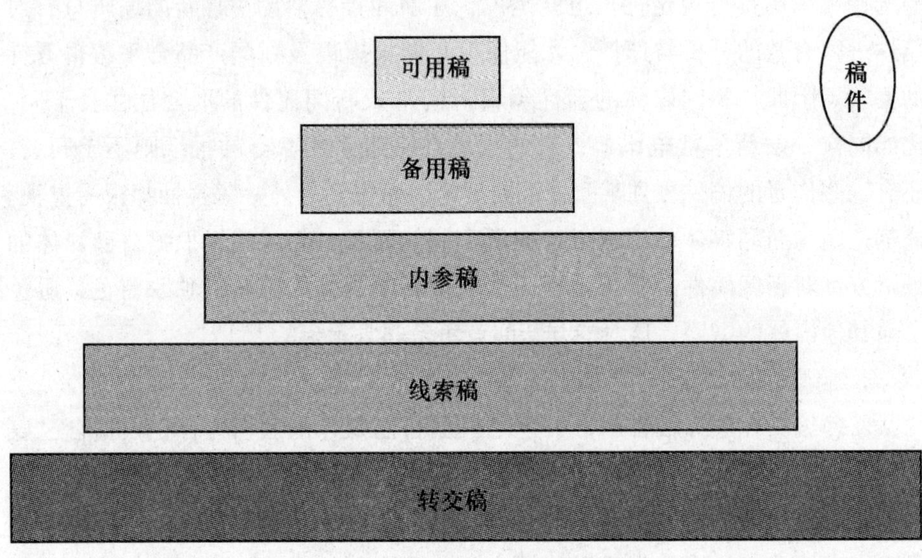

图9-1　稿件的多种用途示意图

（1）如果一条稿件不宜立即采用，是否有备用的价值？如果稿件是因为报道时机不合适，或者内容上有问题没搞清楚，可以作为备用稿件，先放一放等待时机，或根据稿件中存在的问题要求记者、作者重新采访写作。

（2）如果一条稿件不宜公开刊登，是否有作为内参的价值？有些新闻稿件不适合公开报道，主要是他们涉及的新闻事实比较敏感或复杂，公开发表可能会造成不良的社会后果，这类稿件可以考虑作为内参发表，使其在一定

范围内产生影响。我国新闻媒体的内参报道长期以来是党和政府部门了解社会问题和人民心声的一个重要渠道，对于方针政策的制定有着非常重要的作用。新闻编辑在分析选择稿件时，应该充分利用这样的一个特殊渠道，使新闻稿件的价值得到充分利用。

（3）如果一条稿件不宜采用，是否其中还隐藏着其他有价值的线索或内容？是否可以作为其他新闻报道的依据？在一些新闻稿件中，主体新闻事实不具有公开报道的价值，但稿件中相关的事实却值得重视，这就为后面的采访提供了线索和依据，编辑可能从中发现新的主题，为记者的采访报道提供线索，甚至可以据此策划与组织报道，指挥有关记者和原稿件的作者进行合作。

（4）如果一条稿件不宜公开发表，是否有必要转交有关部门进行处理？有些稿件尤其是作者的自发来稿，反映的问题不具有普遍意义或代表性，但稿件中涉及的问题却关系到一些人的切身利益，反映了比较严重的问题，对这类稿件，编辑应该转交给有关部门，帮助作者反映情况，使问题最终能够得到解决。

总之，新闻编辑要将所有来稿视为宝贵的新闻信息资源进行最充分的开发利用，不能草率地将稿件判处“死刑”①。

2. 全面平衡，合理利用来稿

新闻编辑在选择稿件时，既要突出报道的重点和中心，又要兼顾报道之间的平衡，要有全面、平衡的观点，忽略或偏重其中任何一方都是不科学的。“在通常情况下，重点与一般的比例以三比七或四比六为宜。”②

一般应注意以下几方面的平衡：

（1）地区、领域、行业及其各构成要素的平衡。

（2）肯定与否定的平衡。

（3）通稿和特稿的平衡。

3. 重视作者的附稿信

有些作者给媒体投稿时，会在稿件之外附信，介绍稿件写作的一些基本情况，或就某些问题向编辑做出说明。这些附稿信也是值得注意的信息，它们对分析判断稿件内容的价值、预测稿件的社会效果都有非常重要的作用。因此，

---

① 蔡雯：《新闻编辑学》，中国人民大学出版社 2006 年版。

② 张子让：《当代新闻编辑》，复旦大学出版社 1999 年版。

编辑在处理稿件时，要认真阅读这类信件。有时，稿件本身问题很多，不能采用，但附稿信中却可能提供了有价值的线索或信息，这是编辑需要重视的。

编辑对稿件的处理结果必须尽快通知作者，这是对作者劳动的尊重，也是对媒体形象的维护。

4. 注意发现人才、建立作者队伍

新闻编辑对稿件的分析和选择中，往往能够发现一些具有新闻敏感和良好写作能力的作者，这些作者长年在社会一线工作，对实际情况非常了解，具有某一方面的专业知识素养，对新闻工作抱有很大的热情。编辑应该有意识地与这类作者建立联系，培养感情，帮助他们提高新闻报道水平，为他们的采访报道提供必要的帮助，使其进一步成为新闻媒体忠实的作者。通过长时间的发现和培养，新闻编辑就能够在自己周围建立起一支可靠的作者队伍，让他们在今后需要的时候为新闻报道提供稿件、线索和资料。这项工作不仅关系到编辑本人业务工作的顺利开展，还关系到新闻媒介的长远竞争力，新闻编辑理应担负起培养作者、建立队伍的责任①。

练习

1. 到图书馆翻阅一份报纸，指出哪些稿件需要进入“定稿”程序。

2. 比较同一天的《人民日报》和《中国青年报》，思考它们用稿标准的异同。

3. 选择新闻稿件应该注意哪些问题？

4. 试分析某媒体用稿标准，并向其投稿。

5. 为第四讲练习中设计的校园报纸从其他媒体选择适合的稿件，或者组织同学为其写稿。

---

① 蔡雯：《新闻编辑学》，中国人民大学出版社 2006 年版。

第十讲

新闻稿件事实的订正与观点的修正

本讲要点

●新闻稿件的语言要符合语法、符合逻辑，反映的情况必须真实，具有专业性。

●新闻报道的基本要求是真实、准确、科学、统一、清楚。

●修改稿件时要从稿件表述、角度、选材等方面发现错误观点，坚持全面的观点。

修改稿件是选择稿件的继续。对稿件的修改加工是新闻编辑最经常性的工作之一。一个编辑能力的高下，是从判断力方面体现的，但对稿件的修改加工，是编辑最经常、最大量的工作。而相对于书刊编辑来说，新闻编辑对稿件的修改加工任务量要大得多。

大多数编辑的工作是值得尊敬的。正如美国一位学者所说的："稿件编辑是超级侦探，缜密地在新闻稿中寻找线索，如何把一篇平凡的稿子转变为一篇杰作。"他们像"一个戏剧制作中默默无闻的工匠，他们的技巧赋物质以品质，为明星引来掌声"。一批优秀新闻编辑的存在，提升了人类新闻传播事业的水准。美国著名报业经营家、曾任甘乃特报系总经理的布兰查德说："没有人够资格做他自己的编辑。不论他的名气多大，他的作品都将自他人过目中受益。"

作为新闻编辑，修改新闻稿件工作还有其自身的独特性，因为修改新闻稿件与修改一般稿件还有许多不同之处：第一，新闻稿件是以客观存在的新闻事实为报道内容的，它不同于文学作品和艺术创作，因此稿件的内容表述必须与客观事实相符合，必须能真实、准确地反映事实。第二，新闻稿件要在大众传媒上公开发表，读者广泛，社会影响力大，因此更加强调正确的舆论引导作用，也就是说，比之其他类型的作品，新闻稿件在政治上有更高的要求。第三，新闻稿件强调时效性，新闻编辑修改稿件有截稿时间的规定，必须迅速而高质量地完成任务。所以，与其他类型的稿件相比，新闻稿件的修改难度更大①。由此，对新闻稿件的修改，编辑应该主要从两方面着手：一是对新闻事实的核实和修正；二是对新闻稿件中立场观点的修正。新闻编辑通过一些具体的改稿方法的运用，依据一定的程序和步骤，完成上述两方面任务之后，加上对稿件辞章的修饰，最终使新闻稿件达到公开发表的水平。

一、订正事实

事实的订正包括内容和表述两个方面。事实的内容错了，必然会造成报道的不真实，不准确；事实的表述不当，同样会使得事实模糊乃至扭曲。因而，新闻报道的基本要求是真实、准确、科学、统一、清楚。

（一）真实

指新闻报道的所有涉及内容必须确有其事，新闻报道中所涉及的事实要素必须真实，而且必须反映社会生活变化状况的本质真实。

事实是新闻的本源，新闻界历来将真实性奉为新闻报道的最高准则。防范新闻失实，除了加强新闻工作者的法纪法规、职业道德教育以及事后严惩等措施以外，编辑们的严格把关意义深远。

新闻编辑在选择稿件时，由于稿件数量多，工作时间紧迫，不可能对每一篇稿件的真实性进行调查核实。因此，在修改稿件时，判断新闻内容的真实与否是新闻编辑的首要任务。

新闻内容与事实不相符的情况是多种多样的，最常见的是这几类：一是作者虚构，报道内容是作者的主观想象，无中生有，没有任何事实依据。二是东拼西凑，即稿件内容的各个部分也许都是从某些事实出发的，但这些事实并非如新闻报道中说的，出自同一事件或同一个人，而是头是张三的，尾

① 蔡雯：《新闻编辑学》，中国人民大学出版社 2006 年版。

是李四的，中间的情节是王五的，作者把它们拼凑在一处，充作一条新闻，这样导致新闻违背事实真相。三是细节夸张，即稿件中报道的事情确有其事，但其中的细节被夸大了，把一分说成十分，把偶一为之的说成经常的，或者反过来，有意地缩小事实的严重程度，避重就轻。四是主观孤证，即为了证明作者的某一主观思想，违背事实原貌地选取材料进行印证，造成因果关系不真实，如把多种原因说成是某一种原因，以偏概全，或对真正的原因避开不谈，而主观地认定是另外的原因等。五是道听途说，轻信假象，即对新闻现象不加分析判断地进行报道，致使假象掩盖了真实的面貌。此外，还有作者有意"导演"等，判断新闻稿件内容的真实与否是一项十分复杂的工作，它需要新闻编辑审慎细致地进行分析和查证核实①。

（二）准确

被称为美国新闻业巨人的约瑟夫·普利策曾给他的采编人员定下最重要的规则：准确！准确！准确！

新闻报道要做到准确地反映客观变动的现实，必须做到对报道中涉及的事实成分的名称、时间、地点、数字、引语等都准确无误，否则会造成严重的后果。

有一家通讯社某一天按时向全球发送了当天的新闻稿件。但是，发送稿件的人把时间搞错了，他把一年前这一天的稿件发送了一遍。全球新闻界可能都发现了这个错误，没有采用这家通讯社这天发送的任何"新闻"。但是，唯有香港的一家报纸采用了这一组新闻中的一篇报道，《中国政府决定发行500亿元人民币国债》。这是一年前的事情，但是当香港读者看到报纸上的这条新闻时，误以为是最新消息，就是这样一条一年前的"新闻"，导致香港股市出现大幅波动。

同样，一家中国新闻机构在报道俄罗斯的一次火箭发射时，把国外新闻机构发布的英文稿件中的"blastotf"（点火起飞）一词看成了"blast"（爆炸、毁灭）。于是报道的内容成了俄罗斯发生火箭爆炸事故。一词之差，谬之千里，招致相关方面的不满与责难。

新闻事实的准确表述还与时间的变动有关。随着时间推移，有些事物还

① 蔡雯：《新闻编辑学》，中国人民大学出版社2006年版。

沿用过去的说法就不再合适。如东欧形势变化后，我们自然不能再用“东欧社会主义国家”一词；过去我们称作“南朝鲜”的韩国，在中韩建交后就不能再用过去的称呼。再如马克思、恩格斯、列宁、斯大林著作，过去我们都用旧版本的译著为引文的依据，后来出现了翻译更准确的新的译本，我们再引用这些领袖的语录时，就应该对照这些新的版本进行订正。

（三）科学

指涉及自然科学、社会科学的新闻事实、文字表述须符合科学。如《人民日报》编辑在修改一篇题为《泉城喊渴》的通讯时，看到文章中有这样一段话：“据供水部门介绍，到上个月，济南的地下水位已降至23.8米以下，接近警戒水位23.5米。而地下水位一旦下降到23.5米以下，现有的水泵就无法工作，将不得不更换深井泵减量取水。”编辑认为这段话所描述的事实有些问题，如果按照记者的说法，警戒水位是23.5米，那济南的地下水位23.8米，应该已经在警戒水位之下了，现在的水泵已经无法工作。经过向记者和有关部门核实，才发现原稿的写作因为表述不符合科学，导致歧义。正确的说法应该是，“据供水部门介绍，到上个月，济南的地下水位已降至海拔23.8米以下，接近警戒水位23.5米。”原稿中少了“海拔”两字，事实就不符合科学规律，变得难以理解。在许多新闻报道中，都有类似的需要进行科学表述的事实，编辑在这些看似细小的问题上要格外慎重、仔细。

（四）清楚

指对于事实的表述要让读者看得明白，不留有疑问。新闻稿件写作不清楚往往有这几方面的原因：一是名称过于简单，如对于第一次见报的地名，应该写清楚它所属的省、市、自治区（国际新闻还应注明国家）；在稿件中第一次出现的地名，如果不是读者十分熟悉的，应该用全称，后面可以用简称，但也要注意用得规范、合乎约定俗成和人们的习惯。对于人物的交待也一样，不能一开始就称呼“李书记”、“张书记”，应该写出其姓名。稿件不清楚的第二个原因是缺少新闻要素，如与新闻时事相关的时间、地点、人物、原因等要素有遗漏。第三个原因是缺少必要的背景交待，读者难以理解新闻的价值和意义。第四个原因是缺少必要的细节交待，读者对时间发展变化的过程很难把握。最后是缺少必要的解释，特别是一些专业性较强的新闻，往往涉及一些艰深的专业知识，如果没有通俗化的解释，读者很难看懂。

（五）统一

统一有两层含义，一是指在同一篇或同一组稿件中，关于事实的表述前后要相一致。如在一篇稿件中，译名、计量单位、数字等，写法应该前后一致，如年代的写作前后应该一致，不能前面写“二〇〇二年”，后面写成“2002 年”；外国人的名称、译法要统一，不能同一人的名字出现不同的汉字译名。如果是一组连续报道，对于统一新闻事实的表述在不同的稿件中要前后一致，不能出现相互矛盾。统一的第二层意思是指，新闻事实的表述方式要与全国规定的或通用的方式相一致。比如在数字的使用上，为使数字用法趋于规范统一，1995 年国家技术监督局颁布了《出版物上数字用法的规定》，作为中华人民共和国国家标准，对各级报刊与出版物在涉及数字（表示时间、长度、质量、面积、容积等量值和数字代码）时使用汉字和阿拉伯数字的体例作了比较科学、合理的规定，起到了良好的规范作用，为我们采编工作的标准化、规范化提供了指导与依据。新闻稿件中对计量单位的表述就应该按照这个规定来写，如果是重量单位，要用“克”、“千克”，不能用“两”、“斤”。如果必须用其他计量单位的，也应加以注释，并说明折合我国统一的计量单位是多少。

新闻编辑要在修改稿件的过程中，严格做到以上几点。在实际操作中要求：新奇性要服从科学性、可读性要服从可靠性、信任感要服从责任感。

要消除稿件中事实的不真实、不准确、不科学、不统一、不清楚，首先要善于发现与认识这些差错。核实与订正新闻事实的主要方法有：

1. 分析法

分析法是新闻编辑通过对稿件所叙述的内容和叙述方法、写作条件等进行逻辑分析，发现其破绽和疑点的一种方法。这种方法在改稿时一般会首先采用，而且采用得最多。新闻编辑运用已经具备的知识和经验，通过对稿件的内容、信源、作者、时间等方面的分析、比较，发现问题并进行改正。具体而言，编辑应该着重分析稿件内容是否违反常识或不合情理，前后内容有无自相矛盾之处，消息来源是否可靠以及稿件作者是否具备采写稿件的条件等方面。

例如有的稿件中写道：“凡尔纳逝世后，人们在他房间里整理衣物时，发现他写的读书笔记竟达25 000多本”，实际上，凡尔纳总共活了77岁，合计28 105天，一天写一本，也需68年，即他从9岁开始写起，这显然与事实不符。

同样，2004年9月26日南方某报报道：“本报讯（记者××）新闻从业人员的平均寿命只有45.7岁，昨天在新华社江苏分社新闻信息中心主办、惠氏制药有限公司协办的一场新闻从业人员营养与健康专题研讨会上，医学专家公布了这一统计数据。通过对现场30多位新闻从业人员的健康状况调查发现，几乎没有一个记者认为自己是健康的……”面对这样的稿件，编辑没能够分析其中的可疑之处：新闻从业人员平均寿命仅有45.7岁吗？这一点我们仅凭常识判断，其中的可疑之处也是显而易见的。如果编辑能够进一步搜索并鉴定稿件的消息来源，就不难发现这篇稿件的虚假之处。实际上是记者把一则调查报告中提到的已经死亡的新闻工作者的平均年龄混为新闻从业者的平均寿命。如果编辑上网搜索到这则调查报告（这实际上是轻而易举的事情），找出稿件的消息来源，就不至于让这则假新闻与读者见面了。

2. 核对法

在有些情况下，分析法只能帮助编辑发现问题，到底是错在哪里，真实的情况和正确的表述应该是怎样的，仅靠编辑的知识和经验还不足以得出结论，这时，就要采用核对法，即新闻编辑借助有关资料，发现和纠正稿件中的事实差错的改稿方法。采用核对法改稿，要求所用的资料必须权威、新鲜、直接。

3. 调查法

有些新闻稿件是否真实、准确地反映了客观事实，仅靠前两种方法还不能明确判断，编辑就要在时间允许的情况下，针对报道中的疑点进一步进行调查。对新闻事实的调查要注意全面地选择调查对象，尤其是对于重要问题和批评报道的调查，不能道听途说，也不能偏听偏信，要全面地向领导、群众和当事人了解情况，要广泛听取各方面的意见。其中，对于那些反映重大新闻的稿件、批评性的稿件、在事实或观点方面有疑点的稿件、新作者的稿件、容易失实的作者的稿件、积压时间过长的稿件，特别需要调查核对。

二、修正观点

对新闻稿件的修改，除了对事实的订正和核实外，还要特别注意稿件中所含的观点和立场正确与否。稿件中的观点和立场要与马克思主义、毛泽东思想、邓小平理论以及“三个代表”重要思想相一致，与党的路线、方针、政策的基本精神相一致，这是编辑修正稿件观点的根本原则。

（一）如何发现错误观点

第一，新闻稿件中的观点错误最显而易见的一种情况是直接出现在用字、用词上，由于语言陈述不当，使新闻报道与党和国家目前的方针、政策、指导思想相违背，这是一种显性的观点差错。

如曾有一篇报道我国引进外资形势喜人的消息《青岛经济技术开发区引进较大型项目出现好势头》，文中说：“今年以来，已有中外客商 77 批、共 834 人次到青岛技术开发区考察洽谈，外商主要来自日本、韩国、加拿大、丹麦和台湾、香港等地。”这段文字表述是有错误的。尽管台商和港商来大陆投资可以享受同外商一样的待遇，但在新闻中，仍不能把他们同外国商人并列在一起，统称“外商”，否则，就违反了我国一贯坚持的台湾与香港是中国领土的一个组成部分这一立场，造成政治错误。2000 年 7 月，上海一家报纸的一条证券新闻中，也出现了台湾成为“全球最大电子产品出口国”这样的政治差错，当时正是台湾当局提出“两国论”、“台独”倾向比较严重的时期，这样的差错导致不好的社会影响，该报道责任编辑被调离了新闻岗位。所以，针对稿件中涉及敏感的政治和政策问题的文字表述，编辑要特别注意仔细审查，不能掉以轻心①。

第二，编辑在改稿时还要特别注意对记者稿件的选材和角度的分析，防止出现因选材与角度不当造成的观点和立场的错误，这是一种隐性的观点偏差。

新闻记者对客观存在的事实的认识和反映受到个人的认识水平、采访活动的客观条件和稿件篇幅的限制，因此，新闻稿件表现出的立场与观点，也

① 蔡雯：《新闻编辑学》，中国人民大学出版社 2006 年版。

与这些限制有关。如果记者在采访时因为行动受到限制不能获得全面的信息，或者是因为认识水平有限，看问题片面，对所报道的事实理解得不准确、对新闻素材的选择不全面、报道角度不恰当，那么，稿件对新闻事实的反映也往往会有问题，而且这一类问题是隐藏在字里行间的，不仔细分析、推敲很难发现。

（二）如何修正观点差错

综上所述，在修改稿件时，新闻编辑一定要把握好有关的政策、法规界限，认清事物性质，掌握政策界限，具体问题具体分析。

在编发稿件的过程中，要辩证地看待问题，避免思想片面；要注意稿件中的说法、做法是否符合法律、政策以及上级的有关规定；在生活中能否行得通、用得上，实行时是否有负面影响；批评性的、揭露性的及法制类的稿件，往往会涉及社会阴暗面或一些不宜公开的内容，编辑在修改这类稿件时，要特别注意把握好“度”，防止“媒体审判”；对于犯罪行为不宜过细地描写，对于受害者以及某些失足者的姓名应加以隐匿。

例如 2001 年 5 月 17 日山西日报社下属《山西晚报》的报道——“毛阿敏八成不来太原”，引发了一场官司，并且最终因为这句话不得不赔偿 87 余万元巨款。“据《金陵晚报》报道，毛阿敏因急性阑尾炎进行紧急手术，不能按时参加在四川的演出，并且取消了 5 月 18 日在福建的演出。”“而对山西太原的歌迷来说，期待已久的 5 月 25 日省体育场‘华夏之夜’大型明星演唱会上，一睹毛阿敏风采的愿望恐怕也要泡汤了。”结果，演出当天毛阿敏如约而至，虽然之前《山西日报》也刊登过毛阿敏将如期来太原演出的新闻，但是演出举办方认为，演出活动没有得到一家单位赞助，门票收入少，都是《山西晚报》的一句“毛阿敏八成不来太原”惹的祸。于是，举办方遂于 2001 年 8 月 30 日将山西日报社诉至法院，请求法院判令被告赔偿退票损失 84 万余元及投资损失 29.5 万余元，并赔偿名誉损失费 30 万元。最终，太原市中级法院经审理认为：因《山西晚报》发布“毛阿敏八成不来太原”这一虚假信息，导致原告已售出的门票被退回，形成了一定的损害事实。故于 2002 年 1 月 30 日一审判决山西日报社赔偿服务公司 87 万余元。

通过以上案例我们可以看到，编辑在修改稿件时一定要坚持全面的观点，防止片面、静止地看问题，那些在生活中我们想当然的猜测和想象，要慎重地用到以真实取胜的新闻稿件中，否则会造成负面影响，给当事人带来预料不到的损失。

此外，新闻编辑要防止泄密，不仅要加强保密观念，还要明确保密的范围。稿件中泄密主要表现在报道过细而言多必失、时间把握不当、不注意内外有别。从近年来新闻报道泄密的情况看，泄密的"多发区"主要集中在尚未公开的政治、经济决策方针，涉及国防军队建设的规划、决策，处于世界领先水平和地位的重大科技成果等领域。总之，机密的构成是以一定的时间、地点、条件为基础的，编辑在修改新闻稿件时务必对新闻报道内容做具体细致的分析，对于那些一时难以判断的，也应该向有关部门请示，不能轻率从事。

练习

1. 翻阅多份报纸，寻找它们的"更正"栏目，找出其中关于事实的更正。指出这些错误违反了哪些新闻报道的基本要求。

2. 怎样运用分析的方法发现稿件中的错误观点？请从未见报或见报的稿件中找出有观点错误的 3 个例证。

3. 找出违反表述准确原则的新闻稿，试对其进行修改。

第十一讲

新闻稿件辞章修饰与改稿方式

本讲要点

●新闻稿件语言应该符合语法、符合逻辑、反映的情况必须真实、不能说外行话。

●修改稿件的方法主要有校正、压缩、增补、改写几种，它们可以交叉使用。

●通读、修改、检查阅读是稿件修改的基本程序。

●修改稿件应尊重作者、尊重事实、注意语言文字的规范性、使用标准改稿符号。

一、辞章修饰

1996年6月，上海几家主要报纸、刊物，举办了一次“有奖竞查”活动。为了这次活动，记者、编辑花费了不少精力，结果还是被查出了20处差错。更有甚者，一些带有殖民、封建、色情、低级趣味等不健康色彩的用语用词在一些报纸的版面上也不断出现。正如《新闻出版报》评论文章所言：“报纸编辑校对质量问题已经成为了一个社会问题。”① 叶圣陶曾经指出：“报纸和广播上的错误，影响是很大的，人家说：‘报纸上这样用过，难道我们不能用?’‘广播上用了，难道我不能用?’如果用错了，大家都会跟着错。”②

---

① 焦国章：《报纸应成为营造规范的语言文字环境的榜样》，载《新闻战线》，2001年第5期。

② 穆欣：《“我是硬着头皮看下去的”——叶圣陶对一篇头条新闻的剖析》，载《新闻爱好者》，2001年第4期。

因此，新闻编辑需要重视媒体的语法辞章方面的问题，应该大力提倡修改稿件的“推敲”精神。

新闻稿件的语言要做到准确，经得起推敲，这是新闻语言的基本要求之一。所谓经得起推敲，至少有以下四点含义：首先，要符合语法；第二，要符合逻辑；第三，反映的情况必须真实，实事求是；第四，不能说外行话。在报道科学、技术、文艺、体育等带有专业性的问题时，要特别注意。①

在此，我们以叶圣陶对一篇新闻稿件提出的修改意见为例，感受一下大家学者对新闻稿件的修改手法（作者的原文用宋体字，叶圣陶的意见用仿宋体字标出）：

多次艰苦试验创制一种效率高的井下运煤工具
新型搪瓷溜槽成批生产受到欢迎
北京矿业学院和北京市搪瓷厂协作结硕果

本报讯（记者张××报道）一种新的搪瓷溜槽（煤矿井下运输工具），（这篇报道里说的“搪瓷溜槽”，在煤矿里一定是职工们非常熟悉的东西，但是一般读者并不熟悉。我也不熟悉。我想陶瓷溜槽大概像一片瓦，是用铁制造的，外面搪瓷，在矿里，大概是一块一块地接起来，斜着放在溜煤道上的。不知道我这猜想对不对。如果猜对了，当然很好，然而我是看了几遍才猜对的，不免费些心思，多花些时间。要是作者把搪瓷溜槽说清楚，是怎么样一件东西，我就可以少费些心思，少花些时间。因此，建议凡是报道读者不太熟悉的事物，记者一定要把那事物交代清楚，不要让读者自己去猜想。像在这一篇里，搪瓷溜槽是全篇主要事物，尤其要交代清楚。）在煤炭工业部的领导下由北京矿业学院和北京市搪瓷厂协作研究成功，已经成批生产。从1959年8月到今年9月底止，北京市搪瓷厂生产了两万四千余节，约三万米，供应了全国十四个矿区使用，支持生产，受到矿工的欢迎。

北京矿业学院煤矿机械设计研究所几个青年技术人员，从国外文献

① 吴飞主编：《新闻编辑学教程》，高等教育出版社2004年版。

上了解搪瓷溜槽是一种新的井下运输工具，在1958年开始进行研究和试制工作。在缺乏技术资料、所需设备的情况下，他们取得北京市搪瓷厂的同意，和工人、技术人员一起鼓足干劲，大胆又艰苦地进行了研究实验，先后设计和试用了二十多种配方，经过一百多块样板的试验，终于试制成功；又在开滦和京西两矿务局进行了井下工业试验，证明质量良好：有的溜煤道上使用的搪瓷溜槽，在运输四万吨煤之后才开始有20%磨损，超过他们预计的效果。

在我国，搪瓷溜槽的研究和实验工作，在几个单位同时进行，并先后制造出成品，在淮南、京西、开滦等矿试用。今年四月间，煤矿工业部在淮南矿务局召开了包括制造、使用、研究部门，设计院和部分煤炭管理局等十七个单位参加的搪瓷溜槽现场鉴定会议，（这样的说法实在太长了，在“搪瓷溜槽现场鉴定会议”前边加上了三十个字的帽子，读起来很吃力。我们在报纸上经常看到这样的说法，可见很多人已经习惯这样说了，可是我觉得最好能改一改。如果改为“……召开了搪瓷溜槽现场鉴定会议，参加会议的有制造、使用……十七个单位”，读起来就轻松多了。）肯定了这种新的运输工具的意义。（“肯定了”“意义”是什么意思呢？打个比方，我们吸香烟，评定它质量不坏，是不是可以说“肯定了”这种香烟的“意义”？这里用“意义”是不妥当的，应该用“价值”或者“作用”之类的词才对。）鉴定结果，以北京矿业学院和北京市搪瓷厂共同研究的用11号瓷粉搪烧的搪瓷溜槽质量较好。（这里有两点要说：一点是“搪瓷溜槽”前边“北京矿业学院和北京市搪瓷厂共同研究的用11号瓷粉搪烧的”又是将近三十个字的帽子。另一点是“以”什么什么“较好”不妥当。还是用香烟来比喻，香烟有锦鸡，有大前门，我们说“以锦鸡较好”成不成呢？不成。应当说“以锦鸡为较好”。“以锦鸡”是个“介词结构”，后边一定要连个动词，“为”字就是动词。“为”怎么样呢？补足一下，就说“较好”。如果不用“以”字，那倒可以说“锦鸡较好”。）

井下采煤，从工作面到运输大巷道的一段运输工作，在坡度较大的地方一般是使用钢板做成的笨溜槽，在坡度较小的地方则需用链板运输机。（这一句里前边用“使用”，后边用“需用”，不好。这两处情形相同，用当用同样的词，用“使用”，后边也应当用“使用”。）煤炭工业部搪瓷溜槽现场鉴定会议认为：在适当坡度下，当使用笨溜槽不能自滑时，用搪瓷溜槽运煤就可以自动滑下，（这个话可以看懂，但是说的不准确。是什么东西不能自滑呢？“运煤”是个动作，“运煤不能自滑”说不通。不能自滑的是煤。如果把两个“运”字删去，改为“……当使用笨溜槽，煤不能自滑时，用搪瓷溜槽，煤就可以自动滑下”，这就说准确了。）因而在这个范围内，（这八个字放在这很不清楚。究竟是什么范围呢？前边说过“在适当的坡度下”，就是这个范围吗？如果是的，又何必再加这不清不楚的八个字，叫读者做无畏的猜测呢？）搪瓷溜槽可以代替链板运输机来作为运煤工具。和链板运输机相比，搪瓷溜槽构造简单，没有附件，制造较为容易，节约钢材；它的重量较轻，移动方便，不需要动力，因而可以节省电力，又没有链板运输机所常发生的机电事故。与笨溜槽相比，搪瓷溜槽不但在较小的坡度内能够自动滑下，而且由于有搪瓷保护，钢板不直接被磨损，即使搪瓷表面被破坏，还能进行复搪，因而可以延长钢板的使用期限。（这儿“即使搪瓷表面被破坏”一语后边应该加个“了”字，补足假设的口气。如果写好稿子读一读，这个“了”字自然会带出来了。又，这一段前面说“和”链板运输机相比，后面说“与”笨溜槽相比，“和”“与”应该统一，要用“和”都用“和”，要用“与”都用“与”。）

在使用搪瓷溜槽较多的京西矿区，记者采访了一些矿工和技术人员，他们对北京矿业学院和北京市搪瓷厂协作制出的搪瓷溜槽都很赞扬。王平村矿二采区有一个几百米长的溜煤道，由于坡度不大，在用笨溜子溜煤的时候，每班要有几名工人往下推煤，换上搪瓷溜槽以后，不用人推也溜得畅快，因而大大提高了生产效率。在门头沟矿西山采区，矿工们把搪瓷溜槽用在坡度较小的地方，不增加人，不用链板运输机，就可以完成任务。（这一段可以说两点：一点是“在用笨溜子溜煤”，又是用词不一致。“笨溜子”，前面没有提到过，想来大概就是“笨溜槽”，为什么这儿又要用“笨溜子”呢？另一点是本段最后一句中有“不用链板运输机”，我看了有些怀疑，是不是门头沟矿西山采区本来用链板运输机运煤呢？如果是的，这里说“不用链板运输机”就不对了，应该说“代替链板运输机”，挪到“不增加人”的前边去。如果本来不用链板运输机，就不必提什么链板运输机。）

在搪瓷溜槽的研究和试制的过程中，北京矿业学院煤炭机械设计研究所和北京市搪瓷厂的技术人员一道，克服了许多困难，在作了二十几种瓷粉配方、一百多块样板的实验之后，（这个话和本文第二段重复。我们说话或者写文章是可以重复的，为了加强语气，引起人家注意，就需要重复。一般说来，重复能起修辞的作用。这儿说试了多少种配方，用了多少块样板试验，只是一般叙述，没有重复的必要。全稿写成之后通体读几遍，发现这种一般叙述的重复，就得考虑删去一处。）才找出了矿字11号等四种较好的配方。最初制出的二十五节搪瓷溜槽，表面非常光滑，色调鲜艳，但不久就发生了鳞爆现象。经过详细检查和反复试验，逐步改进，使试制工作得以成功。（这句话的毛病是多了一个“使”字。“经过……使……”的形式没有主语，话没有说完全，人家会问“经过……使……又怎么样呢？”去掉“使”字，“试制工作”就成为主语，话就说完全了。为求语气完整，“得以成功”前面还得加一“才”字。“经过……使……”这样不完全的句子，报纸上常见，应当注意。）在试制出一批搪瓷溜槽之后，开始了井下工业化试验，寻找搪瓷溜槽的适用范围，（“寻找”“范围”没有这个说法，“寻找”应当换“研究”一类的词。）测定它的使用期限。实验最初在烟煤（软煤）产地开滦矿务局林西矿的一个小井内进行，结果是：在这小井七点五米的溜煤道上，把笨溜槽撤下，铺上搪瓷溜槽，省去一两个推煤工，煤还溜得很快。这个试验成功后，他们又在林西矿井下进行了十九个不同工作面的试验，效果良好。因此，林西矿决定普遍推广使用，立即向北京市搪瓷厂订货。为了扩大使用范围，他们又在京西无烟煤（硬煤）产地作了试验。试验的结果表明，搪瓷溜槽在适当坡度下用于硬煤运输同样具有优越性，只是使用期限较软煤短些。（这个话太简单了，应该依据上半句的说法，改为“只是使用期限较用于软煤运输短些”才明白。）根据记者在京西矿务局王平村矿的了解，只要使用时注意保护，在硬煤条件下，（什么叫“在硬煤条件下”呢？这种说法随便用个“条件”对付过去，很不好，应当改为“即使用于硬煤运输”才明白。我认为报刊上应该禁止使用这样随便对付的说法，因为你在报刊上这样使用了，就会有人跟你学。）搪瓷溜槽的使用期限也还是可以长久的，王平村矿二采区的一条溜煤道上今年3月铺设的搪瓷溜槽到现在还没有被砸破、磨破。

在北京市搪瓷厂，搪瓷溜槽的生产过程已经基本上实现了机械化，产品质量不断提高，成本也在逐步降低。煤炭工业部搪瓷溜槽现场鉴定会议以后，搪瓷溜槽的生产数量大增，前来订货的单位越来越多。记者访问搪瓷厂时，正遇到京西矿务局拉搪瓷溜槽的大卡车，它一次就装走了八百多节。目前，北京矿业学院和北京市搪瓷厂正继续进行试验、研究，以进一步提高搪瓷溜槽的抗砸、耐磨性能，改进结构形式。（这段的最后一句，意思没有问题，但是读起来有些吃力。按我们说话的习惯，一般是把短的或者重要的话放在前边。这句话里包括两点，"进一步提高搪瓷溜槽的抗砸、耐磨性能"和"改进结构形式"，这两点没有轻重的分别，那么就该按字数的多少排列，字数少的先说如果改成"改进搪瓷溜槽的结构形式，进一步提高……耐磨性能"，读起来就顺当些。）

在北京矿业学院，（这个逗号绝对不该用，因为说的时候在这儿决不停顿。报刊上常见滥用逗号的毛病。）讲授《矿山运输》这门课程的教师，从搪瓷溜槽研究和试制成功以后，（这里只说"试制成功以后"就够了。）就把这一新的运输工具列为教学内容之一。煤矿机械设计研究所的技术人员还准备进行此方面理论探讨。（"方面"后边要加个"的"字。）

叶圣陶最后指出："这篇报道还是好的，只是写得沉闷，在许多细小的地方注意不够，不免脱略粗疏，使读者看起来非常吃力。如果是没有耐性的人，看看就要放下了。我是硬着头皮看下去的。我提出的虽然都是一些小问题，也可见新闻报道在加工方面还有缺点。一定要多下工夫，力求做到完美无缺。"①

二、改稿方法

新闻稿件的修改方法多种多样，概括起来主要有校正、压缩、增补、改写等。修改一篇稿件往往并非仅仅使用一种方法，常常是交叉使用。

（一）校正，即改正稿件中不正确的内容和写法

包括对稿件的事实、观点、语法、修辞、逻辑等各方面的差错的校正，

① 穆欣：《"我是硬着头皮看下去的"——叶圣陶对一篇头条新闻的剖析》，载《新闻爱好者》2001 年第 4 期。

目的是要消灭一切错误信息，使稿件事实准确、观点正确、文字通顺，客观公正、真实生动地反映现实的变动。校正是改稿中运用得最广泛的改稿方法，也是一种最基础的改稿方法。

校正的具体操作方式有替代、删节和加按语。所谓替代，即以正确的内容和叙述代替原稿中不正确的内容和叙述；删节指的是直接删除原稿中有差错而且在新闻中无关紧要的内容；加按语就是不改动原稿件中的差错，而是采取加按语的方式指出其中的差错，做法是直接在错误的文字后面加括号和标注，如（按："×"有误，应为"×"）。

（二）压缩，就是删除稿件中的多余部分

通过对稿件的删字、删句、删段和删意，使其在内容上更加突出主题，在章节上更加紧凑，在表述上更加简练。

压缩新闻稿主要从导语、背景材料和主体等方面着手。压缩的主要方法有：(1) 对新闻材料按与主题关系紧密度排队和取舍，以突出主题；(2) 对新闻内容多、重点并列的稿件保留骨架，摘取精华；(3) 保留的材料要具有典型性，做到以一当十，避免雷同；(4) 删字、删句、删段、删意相结合。

例如1995年6月20日，《人民日报》刊载了一条新闻《北京图书馆又"热"了》。从北京图书馆由"冷"到"热"，反映北京人求知心态的变化，内涵丰富而取材角度很小，不仅有意义，也具有可读性。原稿很长，是篇三四千字的通讯，后来在编辑的建议下，记者将其压缩为一篇消息，由于保留了稿件的精彩内容，消息比长篇的通讯更精彩了。时任《人民日报》总编辑的范敬宜特为此稿的改写加了批注，其中写到："请记者部从总编室抽回一部分长通讯，按此要求进行'改写'，好的可发一版头条。改编得好的，要给编辑发奖。"① 需要特别注意的是，新闻编辑在压缩稿件时，要使压缩后的篇幅与稿件的新闻价值相匹配，应该符合新闻媒介一贯的风格和特色。

（三）增补，就是补充原稿中需要交待而又遗的内容

缺的内容新闻稿如果缺少一些重要的因素，就会影响读者对新闻的理解。一是对稿件的资料做一些必要的资料性的补充，包括历史、背景资料，对重

① 范敬宜：《总编辑手记》，人民日报出版社1997年版。

要事实补充必要的说明和注释的资料，强化论点的例证资料（注意不能调换观点）；二是对最新报道的事实的前况做一些必要的复述，称为回叙，尤其是连续性报道，必要的回叙可以帮助受众对事物的整个发展过程和基本面貌有比较全面、清晰的了解。

2003年2月1日，美国“哥伦比亚”号航天飞机在返回地面时解体，这成为当年新年伊始国际新闻中的重大新闻，中新网在报道此次美国航空航天特大灾难性事故时候，特意增补了新闻背景资料：“美国航天飞机大喜大悲史”——“美国一共研制五架航天飞机，于今两架在蓝天爆炸阵亡，三架仍然前赴后继穿梭地球与太空，谱写了人类太空飞行大喜大悲的历史篇章。”如此一来，不仅帮助受众了解了人类航天事业的发展历史，也使得新闻报道所体现的意义更加清晰。

运用增补手法，要注意所补充的内容一定要有确实可靠的根据，做到“改之有据”；对稿件进行增补时应该尽量征得作者的同意；对资料的运用，应该紧扣新闻事实，做到少而精，不能喧宾夺主。

（四）改写，即是对问题较多的原稿重新写作

改写是改稿中难度最大、操作最复杂的一种修改方法，通常是因为稿件的角度选择不当、材料的详略安排不当、稿件结构有问题或者体裁不合适等，需要重新组织材料、安排结构，重新写作。

改写的方法包括改变主题和角度、调整结构、改变体裁、分篇和综合。

1. 改变主题和角度

新闻工作者要从计划经济年代习惯做宣传报道的思维中走出来，报道角度和主题应该从领导、工作、专业的角度改为从群众、社会生活、市场的角度，缩短与普通读者的距离；从介绍经验角度改为报道成果角度；从会议角度改为报道新措施、新思想的角度；从正面角度改为从侧面角度等。如果信息材料中隐含的价值没有被恰当地提炼出来，应重选角度重新组织材料。注意要基于新闻本来的材料，遵从事实原貌，不能主观硬拧角度。

2. 调整结构

应条理清楚、方便阅读，并波澜起伏，引人入胜。条理清楚，就是要使稿件的各个部分之间紧密联系起来，或按照时间顺序展开，或按照事情发展的过程来写，也可以按照事物之间的因果关系来写，使整篇稿件各部分之间

过渡自然又相互照应；波澜起伏，讲求的是稿件的内容要有冲突，一波未平，一波又起，正反面结合，在结构上也要恰当运用各种表现手法，顺叙、倒叙、插叙可以穿插使用，从而显得不落俗套。

编辑在调整稿件结构的时候，必须依照反映的内容来安排合理的结构。一是要从总体上把握导语、主体和背景材料之间的关系，处理好整体与部分、部分与部分之间的关系；二是要根据报道的内容和主题，对材料组合、段落安排进行总体设计，形成一种写作顺序。能否把握好这两点，已经不是单纯的写作方法技巧问题，实质上是作者写稿思路的一种表现。

3. 改变体裁

即为了突出原稿中某一特定内容，使之成为更适合媒体需要的报道形式，运用缩写的方式改换体裁。一般由信息含量较大的体裁改为信息量较小的，如通讯改为消息，不能将消息改为通讯。

4. 分篇

将一篇内容比较丰富且篇幅较长的稿件改写成几篇稿件发表。编辑经常将一篇长稿分成数篇相对独立、篇幅又较小的稿件，这样化整为零，不仅方便了读者的阅读，而且也使得版面活泼美观。如很多报纸在处理新华社的重要会议报道时，经常将一篇很长的电讯稿分成若干篇消息，在一个版面上集中刊发。

编辑在分篇时，一定要选择那些内容比较重要且不宜压缩的稿件；此外，对那些报道内容比较丰富、报道重点比较多的稿件，编辑要分析各个报道重点之间的联系，在不影响读者理解新闻内容的前提下，采用分篇的改写方法。

5. 综合

与分篇相对立，综合是把几篇稿件合并成一篇统一的新闻稿的改稿方式。这种方法多用于动态新闻，较少用于事件性新闻。

新闻编辑为了突出某一主题，可以把同一事物、同一问题、同一活动在各个稿件中反映的不同侧面的情况，集中编写成一条综合消息，既可引起读者注意，又可以节约版面。比如有关群众活动的反映、有关政策措施的推行、有关舆论意见的集中等等，常常采取综合报道的方式。

编辑进行稿件综合时，首先要分析比较稿件，从中发掘共同的、本质的东西，从而为第二步形成统一的主题奠定基础。这个主题可以和几篇原稿的一样，亦可以不一样，但都要求能够串通各稿的内容。综合的第三步，就是在确定的同一主题下，把各篇稿件的内容重新组织起来。这种重新组织，不是简单地堆砌材料，而是根据主题的需要加以选择，有取有舍，有详有略，做到层次分明。

三、改稿程序

修改稿件是一项复杂的脑力劳动，为了保证稿件修改后的质量，编辑不但要掌握一些改稿的方法，还要注意按一定程序去修改，以保证改稿过程的科学性。

改稿一般要经过三个步骤：

第一，通读全文。

编辑只有认真通读全文，才能对稿件的主题、结构以及语言的使用有一个全面的了解，在此基础上才能确定需要修改的地方。在这个阶段，稿件阅读得越仔细，编辑就越能够发现修改的方向和重点，对稿件的修改也就越完善。

第二，着手修改。

编辑在通读一遍后，再回过头来对需要修改的地方仔细揣摩、细细衡量。在进行第二遍阅读时，编辑可能会产生一些新的想法和认识，伴随着阅读进行的是一种更为缜密的思考，不但要综合考虑文章的结构，还要做到字斟句酌。

第三，检查性阅读。

当编辑按自己的修改意图对稿件进行修改后，还有必要再对整个修改后的稿件从头到尾阅读一遍，这样做的目的是为了检查修改得是否全面，是否符合原意。在这次阅读过程中，如果发现还有不尽如人意的地方，就还得再次斟酌，所以，反复阅读的过程，常常也就是再修改的过程。

稿件的修改是一个反复的过程，在时间允许的条件下，编辑应多次审阅，以便发现上次修改后残存的漏洞。这种漏洞可能是由于粗心未被发现；可能是新的认识和想法。因此，新闻编辑应该仔细思考有疑点的地方，想想问题可能会出在什么地方，看看调动自己以往的知识储备能否加以辨别。如果仅凭自己的大脑无法对疑点作出判断，那就要考虑借助相关资料，以证真伪。如果一时找不到确切的资料确证疑点，而稿件又不急于一时刊发，不妨先放一放，留下一个缓冲期以便进一步调查核实。每次稿件修改完，编辑最好能读一读，看看是否朗朗上口，如果读起来拗口，可能存在晦涩的词语，或是没有发现的语病①。

四、注意事项

新闻编辑在整个改稿过程中，要注意下列几方面问题：

（一）尊重作者，尽量保持稿件原有的特色

新闻编辑在与作者协商修改稿件或约请作者自己改稿时，要充分听取作者的意见和建议，要在平等待人的前提下达成修改稿件的一致看法，使作者心情愉快地完成任务。

另外，编辑要明确改稿的目的，不是将作者的稿件经过自己的手变得“模式化”，而是为了消灭稿件差错，保证新闻报道的质量。另一方面，作者的稿件一般都是或多或少有自己的风格特色的，如专家学者的稿件富于哲理，基层作者的稿件生活气息浓郁，记者通讯员的稿件也大多具有各自不同的长处和特色。编辑在修改稿件时应该看到这些个性和特色，并注意尽可能保留这种特色，不能用编辑个人的写作风格去代替作者的风格，实际上“编辑最大的特色就是没有特色”。

（二）尊重事实，防止改稿中出现新的差错

编辑在修改稿件时，要尊重事实，实事求是。不能片面追求生动，添枝加叶，更不能任意渲染拔高思想，即编辑不能为了追求表面的效果而牺牲事物的本来面目，应该坚持只加工，不加料，防止修改过程的主观随意性。一旦涉及对事实的修改，编辑更应该先研究调查，不要妄下判断，更不许变动事实。

往往很多时候由于编辑缺乏知识，或对稿件反映的内容不熟悉，修改稿件带有盲目性，从而容易产生新的差错，因此，编辑在遇到不懂或一时拿不准的问题和知识的时候，要向专家请教，或者查阅有关资料；要看清楚原稿，

---

① 许向东：《如何做好新闻稿件的修改》，载《新闻与写作》，2007年第1期。

不能对原文不求甚解，任意勾画，靠想当然改稿。

（三）注意语言文字的规范性，使用有意义的新生语言

一方面，新闻媒体应该担负起推广普通话的责任，编辑在改稿时要注意语言文字的规范和标准，要注意把一些古文、方言、外国文字翻译成现代汉语和普通话；另一方面，也要考虑到新闻是对最新的社会变动的反映，对于一些已经被广泛接受的健康的流行语，可以在新闻稿中适当采用，如“克隆”、“追星族”、“绿色食品”等，在社会交往中已经用得很广泛，这些有时代特色的流行语用在新闻稿件中能够表现社会发展变化，是应该提倡的。但同时也要注意避免使用那些生造的、不合规范的、大多数人都不明白的新词。

（四）使用正确的校对符号

现在已经有越来越多的编辑直接在电脑上改稿，也有一些报社的编辑依然是在打印出来的小样上用笔改稿，使用这种方法就一定要注意运用正确的校对符号。

校对符号是在长期的编辑实践中形成并被大家共同认可的符号，它传递的是信息内容改动的信息，是编辑与作者、版面编排技术人员、校对人员之间所用的“联络语言”。新闻编辑要依据《中华人民共和国专业标准校对符号及其用法》，使用规范的校对符号，不能自已随意生造。在改稿时，还应该选用与原稿不同颜色的笔，引线与引线之间不要重叠交叉。

练习

1. 领会新闻稿件修改的意义，思考新闻稿件修改与其他稿件修改的异同。
2. 选取一篇长篇通讯，试采用分篇或压缩的方式将其改写。
3. 选择数篇对同一题材的新闻报道，将它们综合为一篇。
4. 与同学组成小组，互相提供稿件，采用标准校对符号互相改稿。
5. 对第九讲练习里选择的稿件进行修改，使其符合你所设计的校园报纸。

第十二讲

新闻标题的制作过程与技巧

本讲要点

●读者阅读报纸的习惯决定了标题制作对于引领读者阅读具有十分重要的现实意义。

●新闻标题的制作一般要经过精读稿件、概括提炼、斟酌、修整这样几个过程。

●报纸新闻标题一般有单行题和多行题之分，无论单行题还是多行题都要追求准确、形象和生动。

一、标题在新闻中的意义

标题是新闻事实的提炼和概括，当众多信息集于报端时，首先映入读者眼帘的自然是标题，它给读者留下“第一印象”。读者对新闻乃至报纸的选择又往往是从标题开始的。中国人民大学新闻学院做过的一次读者调查表明，在被阅读的新闻里，有94%的内容是读者先读标题后看新闻的，而读者通过阅读标题对新闻的吸收率为34%，淘汰率为66%。由此可见，标题直接决定了读者的阅读取舍，标题制作对于引领读者阅读具有十分重要的现实意义。

因此，编辑在组稿、改稿和组版之外，其精力的很大一部分就是制作标题，这在行内被称作为“做题”，题做得好坏，有水平与否，直接关系着读者是否选择阅读。标题是新闻的“眼睛”，“石蕴玉而山辉，水含珠而川媚”，新闻的标题可谓石中之玉、水中之珠，是新闻的精髓所在。

其他文章也有标题，书也有书名，都非常重要，但是新闻标题对新闻的意义要远大于文章的标题和书籍的书名。首先，这是因为书和其他文章要长于新闻，标题和书名取得再好，也较难以涵盖全部的意义。比如《飘》这部小说，英文的直译是《随风逝去》，而中文却翻译成《飘》，我们并不觉得不好；曹雪芹的文学巨著《石头记》，高鹗改成《红楼梦》也很好，只是《石头记》含蓄一些，读完小说后才能体会得到；《红楼梦》揭示主题更明确一些，更深刻一些，但相较又直白一些。其次，人们读其他文章和著作时是有目的的，较有耐心，而信息、新闻则铺天盖地，读者往往先从标题进行筛选，有选择性地阅读。

在这里，我们举一个例子，来看看标题对于新闻的重要性：

2003 年 8 月，《经济日报》二版刊发了一篇新闻分析，谈我国南方地区何以出现多年不遇的持续高温和严重旱情。整个版组织得相当不错，但却被取消了评奖资格。为什么？问题出在标题上：《南方今夏为何罕见高温》。

据夜班编辑讲，出大样时发现标题有些拖沓，翻来覆去改了几次，可匆忙中在“为何”与“罕见”之间漏掉了关键的“出现”二字，意思正好相反，成了个“南辕北辙”的错题。

那么，怎样才能制作出好的新闻标题，制作新闻标题有什么技巧呢，下面我们来分析这个问题。

二、标题的制作过程和技巧

（一）精读稿件——在稿件中寻找标题

精读稿件是制作标题的第一步。新闻稿是标题的基础，只有精读稿件，才能做出较好的标题来。精读的步骤首先要细心阅读新闻导语。许多新闻把最新鲜、最重要、最引人注目的新闻事实放在导语里面，因此，导语往往是编辑拟写标题的重要依据。其次是细读全文，不少新闻的最重要、最引人的事实不是写在导语之中，而是写在导语后面的文字里。不仔细看完全文，就不可能制作出准确、精彩的标题。

看下面一篇报道标题的制作：

本报讯：今年审计机关已对上万个教育单位进行了教育经费审计。各地教育系统也普遍安排了自查互查。审计结果反映一些地方的教育主管部门挤占、挪用教育经费现象比较严重。据了解，四川、河南等20个省市自治区共审计1 500多个县以上教育主管部门，查出违纪金额2.7亿元，其中挤占挪用金额达72亿元，占违纪金额总数的44%。

一些教育主管部门利用手中的分配权挤占挪用教育经费，用于基建、买汽车、经商办企业。四川省教育厅挤占挪用教育经费97万元，购买进口小汽车就用去1 635万元，购买名贵花木用了10 977元，最贵的一株竟花去1 700元。安徽霍山县教学设备差，危房亟待修缮，县教育局挪用省投普教配套经费的一半共19万元盖办公楼。广东省海南区教育局3年来挪用教育经费59万元，建了36套干部宿舍。广州市黄埔区教育局将教育经费296万元借给下属的教育工业公司（集体所有制企业）经商，并从中提取现金2万余元，以补贴等名义发给局机关职工。

审计中也发现，有些教育主管部门经费来源确有困难，如有的地方少给或不给行政人员编制，该配车不给配，基建列不上计划，都靠挤占挪用教育事业费解决。

试想想通过以上报道，我们可以做一个什么样的标题，再想想如果仅看导语，我们是否就只能以“挤占挪用教育经费现象严重”之类做题，那就比较一般了。

编辑给出的题是《全国教育经费审计查出大量问题竟有：一株名贵花千元教育费（主题）》。这个标题把挪用教育经费的一个突出事例作为主题，而这个事例是在文章之中，编辑在文章第二段文字中提炼出这个主题，可以说是振聋发聩，令人深思。

（二）概括提炼——突出新闻价值和社会意义

很多情况下，我们在新闻稿件中，无法找到原话来做新闻的标题，或者原话不能准确地概括新闻稿件所包含的意义，这就要求编辑对新闻事件做精确的概括，提炼出标题来。

概括提炼是对标题内容的酝酿与构思的过程，它需要编辑对新闻事实进行分析与比较，将新闻中所包含的内容进行分解，弄清楚新闻一共记述了哪些内容以及这些内容是什么性质，它们具有何种意义。

一般来说，一篇新闻可能包含的内容有：新闻事实；非新闻事实，如背景、回叙等；记者的议论。

新闻事实是新闻中的精华、中心，新闻标题主要是表现新闻事实，因此，对何者是新闻事实必须把握准确。对非新闻事实的背景、回叙等也不可忽视，它不仅可以帮助了解新闻事实的意义，有时为了衬托新闻事实，还需要直接将它们写入标题之中。记者的议论一般不在新闻标题中表现，但精到的议论有助于编辑判断新闻事实的性质和意义，有时甚至可以作为标题的内容。

编辑要着重分析与比较的是新闻事实。新闻事实往往有若干个，编辑不仅要分析、衡量多个事实的意义，而且要对多个事实进行相互比较。通过分析与比较来确定哪一个新闻事实最具有新闻价值和社会意义，这是标题所应该表现的内容。分析下面一则新闻标题的制作就很有启发意义。

本报讯：最近，安徽省合肥市人民政府在反对铺张浪费、坚持节俭廉政方面带了个好头，原定耗资2万多元的一个表彰庆功大会，只用28分钟、一杯清茶开完，受到了群众和省市有关方面的好评。

春节前，合肥市部分居民第一次用上了管道煤气。这个庆功会，就是为了表彰在市管道煤气一期工程中设计、施工、建设中作出贡献的单位和个人。有关部门原准备租用一家电影院，召开千人大会，给有功单位和个人发彩电、电子钟等奖品和奖金。同时，还打算在逍遥津公园举行记者招待会，有声有色有排场地庆祝一番。计划报到市里，市委和市政府认为，庆功是好事，铺张浪费是坏风气，不要把好事办坏了，整党就是要从一件一件事上抓起。当即决定取消这个计划，改为召开小型的庆功会。

在庆功会上，没发奖品、奖金，也没摆宴席招待，庆功会和记者招待会合二为一，会场设在市政府会议室里，应邀的代表和新闻记者只有30多人，每人桌上清茶一杯，省、市领导向代表表示祝贺，共话城市煤气建设的美好前景。整个庆功会，没有官话、套话、长话，不到半小时就开完了。

这篇新闻的第二段的前半部分，记述合肥市有关部门对庆功会的最初设想，属于新闻背景，不能作为新闻标题的主要内容。全篇最主要的新闻事实有两个，一是庆功会开得很短，仅28分钟；二是庆功会很节俭，仅是清茶一杯。这二者都有新闻价值，因为它一反当时一般庆功会时间长、花销大的

“常态”。而且开短会，厉行节约，又正是党中央所一贯倡导的，因而强调这两点都具有社会意义。如果标题写成《合肥市政府树新风（引题）28 分钟一杯清茶开了庆功会（主题)》，它概括了两个主要的新闻事实，也是一个不错的标题。但是，如果标题要对前两个事实再进行选择，取何者，舍何者呢?这就需要根据当时的社会现实情况来做进一步的分析和比较。当时，作为一种会风，铺张浪费，如宴请、送礼、游山玩水，比之开长会更具有普遍性，造成的危害也更大，社会大众对此也最为反感，取后者自然就更具有社会意义，因而标题的主题可以写为“一杯清茶开了庆功会”。《人民日报》的标题是这样写的：《不发奖品奖金不摆盛宴招待（引题）合肥市政府一杯清茶谢功臣（主题)》。

《人民日报》的标题的特点是不把目光仅限于会风，而是看到更大的社会领域。当时追求诸如奖金、宴请等物质利益，不仅见之于会议，而且已渗透到社会生活的很多领域。比如表扬，只重物质鼓励而不重精神鼓励就是常见的一种，因而《人民日报》的标题突出“一杯清茶谢功臣”就更具有针对性和思想性。很显然，如果编辑不了解当时的形势和读者的需求，不懂得党的方针政策，要做出富有如此鲜明思想内容的标题是不可能的。

（三）细心斟酌——选择最佳的表现形式

包括两层，标题结构的表现形式和语言的表现形式：

1. 标题结构

就报纸新闻标题的结构形式而言，它包括多行标题（复杂结构)、双行标题（复合结构）和单行标题（单一结构）三种。多行标题一般有三行，中间一行是正题，是标题的核心，用来揭示主题或重要事实；上面一行是引题（又称肩题、眉题)，用来引出正题，说明事实，交待背景，烘托气氛，揭示含义；正题下面是副标题，用来补充说明情况或说明正题来源和依据。

双行标题一般包含两种形式：引题与主题和主题与副题（辅题)。主题一般是实题，提炼事实，副题一般是虚题，阐述意义，对实题做验证、补充和解释。

单行标题一般只有实题。

不论是确定标题的内容，还是确定标题的表现方式，都是对新闻事实的新闻价值和社会意义的评估。这种评估的准确性不仅取决于编辑对新闻价值的理解，更取决于编辑对党的方针政策、客观形势以及读者需求的把握。没有这种理解与把握，分析与比较就会失去依据。

面对一则新闻，经过仔细地阅读与分析，为它写作标题时，可以采用不同的结构来表现。一个标题是采用单一结构还是复合式结构，或者复杂式结构，虽无固定模式，但是根据编辑的实践，仍然有规律可循。一般来说，对于一个内容不很重要，信息量不太大的短新闻，往往只制作单一式结构标题，即只写出主题，不需再作副题。对一个内容很重要、信息量又大的新闻，往往就可能要制作复合式结构甚至复杂式结构标题。

如果决定采用复杂式结构标题，又应从何落笔呢？通常应先确定主题。因为在任何新闻标题中，主题在标题的内容上和结构上都是起着主导作用的，引题和副题都是分别同主题发生联系而存在的，是服务于主题的。写好了主题，标题就有了骨干，有了中心。主题写好后，如果觉得有必要加强主题的气氛和感情，说明主题的根据、原因、目的和意义等，可以再制作引题。如果需要解释说明主题的意义和补充主题的内容等，则可以再制作副题。

2. 语言表现

一则成功的标题，既在于对新闻内容的深刻揭示，更在于编辑对新闻价值的恰当把握，并将自己对新闻的认识融进标题的字里行间。就这个意义而言，标题制作的要求无疑是准确、形象和生动。如果说，“准确”与否决定标题的成败，“鲜明”与否决定标题的特色，那么，“生动”与否则决定标题的优劣。

（1）准确与否——决定标题的成败

新闻标题担负着概括新闻内容、揭示新闻本质、评价新闻事实、激发读者阅读兴趣的重要使命。这四重使命的完成，都有赖于一个重要的前提——准确。所谓准确，就是要题文相符，题合文意，概括得当，恰如其分。

现代新闻编辑已进入“读题时代”，准确更应该是第一位的，不准确的鲜明和不准确的生动，都是对新闻规律的违反。如《暗箱操作 4 领导定下调动大名单离任之前 115 个“干部亲友”吃上财政饭（引题）县长还人情突击大调动（主）》——这则标题在数字的使用上就非常准确，获第 18 届中国时事报道新闻奖标题奖。

（2）形象与否——决定标题的特色

无数的理论和实践告诉我们：一条优秀的新闻标题蕴含了编者的新闻敏

感和独特视角，它的表意无不带有明显的倾向和感情色彩。更为重要的是，新闻标题要能直击新闻点，提纲挈领、要言不烦地标示新闻最核心的内容，凸显文章的新闻价值，并将其内在的新闻亮点提炼出来，还要提炼得巧妙，提炼得清晰，提炼得有分量，从而让人产生“急欲一读”的强烈愿望。

2005 年 5 月 11 日，新华社播发了一条电讯稿，内容为温家宝主持召开国务院常务会议，审议并原则通过《国务院实施〈中华人民共和国民族区域自治法〉若干规定（草案）》，严肃处理辽宁阜新矿业集团孙家湾煤矿“2·14”特大瓦斯爆炸事故相关责任人，研究兽医管理体制改革等问题。

这个新闻有 3 个新闻事实：一是原则通过《国务院实施〈中华人民共和国民族区域自治法〉若干规定（草案）》；二是严肃处理辽宁阜新矿业集团孙家湾煤矿“2·14”特大瓦斯爆炸事故相关责任人；三是研究兽医管理体制改革等问题。在这 3 个新闻事实中，第二个新闻事实更具新闻性，因此，应该优先在标题中体现。

第二天的《镇江日报》、《京江晚报》、《现代快报》、《南京晨报》和《扬子晚报》，这五家报纸同样选用了这篇电讯稿，但在标题制作上却显示出了编辑不同的职业水准和用心程度。

《京江晚报》的主题是《国务院原则通过实施民族区域自治法若干规定》，副题是《辽宁省副省长因“2·14”矿难被记大过》。

《镇江日报》的引题是《国务院严处孙家湾矿难责任人》，主题是《辽宁省副省长行政记大过》。

《现代快报》的标题和《镇江日报》的标题差不多，引题是《温家宝主持召开国务院常务会议，严处孙家湾矿难责任人》，主题亦为《辽宁省副省长被行政记大过》。

《南京晨报》则直截了当，让人一目了然，只有一行题——《阜新矿难辽宁副省长记大过》，这条标题全是对新闻事实的浓缩，非常显眼夺目。

《扬子晚报》的引题是《国务院严处辽宁矿难责任人》，通栏处理的主题是《副省长记大过省政府写检查》，开门见山地发布了国务院会议的核心信息。

（3）生动与否——决定标题的优劣

新闻标题能否吸引人，固然在于事实本身的新闻价值，但深刻的思想能否明晰地表现出来，感人的事情能否传神地勾勒出来，遣词造句无疑起着至关重要的作用。大凡生动传神、语言精妙、意在言外的标题，自然会让人再三咀嚼回味，并由此产生阅读新闻的欲望。

所以，编辑在拟制新闻标题时，不仅要心中装着读者，眼中抓着新闻点，而且还要讲究一点文采，重视句式和词语的锤炼，把静态的制作成动感的，把枯燥的制作成鲜活的，把抽象的制作成直观的，并根据所要表达的内容需要，尽力把标题做得妙趣横生、情景交融、兴味盎然，使标题的语言及表达的思想能够愈发有力地打动读者。

例：第十五届“中国时事新闻报道奖”新闻标题一等奖《南方日报》2003 年 5 月 19 日 A8 版《惩罚法兰西冷落德意志原谅俄罗斯赏赐波西保（肩题）布什“秋后账”算得分明（主题）》

（四）修整——文面上的再推敲

标题的修整是制作新闻标题最后一个程序，也是必不可少的一个程序。古人赋诗撰文，大都讲究锤炼字句。“文字频改，功夫自出”，好文章在一定意义上讲，不是写出来的，而是改出来的。制作标题也是如此。当然，报纸出版的时间性很强，不允许编辑思考、琢磨很长时间，但只要时间允许，编辑就应对标题进行仔细推敲。

我们看这个标题的制作过程：《听传统家乡戏聊解乡愁（副题）台北市“戏剧季”上演一批大陆地方戏（主题）》：

这是 1980 年 11 月 22 日《光明日报》一版刊登的一条台湾举办“戏剧季”消息的标题。在当年全国好新闻评选中，它被评为受表扬好新闻作品。这个标题的制作就经过多次推敲。制作标题时新闻中的一段背景深深吸引着编辑。这段背景写道：“目前在台湾的大陆人及其下一代数以百万计，他们离乡背井，时间越长，乡愁越重。他们思念家乡的山水、草木，喜欢听传统家乡戏。十多年前黄梅戏在台湾风靡一时，就是这种情绪的反映。”编辑觉得这段背景正道出了台湾的大陆人及其下一代所以喜欢听家乡戏的原因，因此制作标题决定着眼于“乡愁”二字。起初仅就事论事地标出：《满足在台北大陆人思念家乡之情（引题），台北市“戏剧季”上演大陆地方戏（主题）》。标题做出后，编辑感到立足点不对，似乎是替台北市当局表了功，于是推倒重来。

第二稿，编辑把“乡愁”作为核心，改为“时间越长乡愁越重（主题），台北市‘戏剧季’上演一批大陆地方戏（副题）”。但仔细推敲，又觉得平淡无味，没有把为什么在台湾的大陆人喜欢听传统家乡戏的心情表达出来，于是又把标题改为：“听传统家乡戏以解乡愁”。一时颇感满意，但发排后，脑子里又好似有件事没做完，可是又说不清。等到大样上来，编辑反复吟读标题，才发现只是意尽而情未尽。这时，编辑油然想到台湾海峡两岸的骨肉同胞被人为的障碍所阻，去台人员30余年有家归不得，在那梦绕魂牵的日日夜夜，他们只好从新闻传播媒介上寻找点滴有关大陆的消息，聊以自慰。一想到“聊以自慰”，编辑好似豁然开朗，立即用“聊”字换下“以”字。这样，编辑自己原来想要表达而未能表达的感情，终于得到较好的抒发，去台人员无可奈何的心情，通过这个“聊”字也跃然纸上。看家乡戏的目的，到底只是“聊解”一下乡愁，说明这愁是多么深，多么重！虽然标题上没有说出要实现祖国统一才能消除“乡愁”，但读罢标题，读者自然会得出这样的结论的。至此，这个标题才算改定。

可见，标题制作过程，是一个艰苦的思想劳动过程。从阅读稿件，构思命意，到遣词造句，往往是煞费苦心，几经周折。一个好标题，不仅是新闻的缩影，而且是编辑劳动的结晶。

练习

1. 新闻标题对报纸的重要意义是什么？
2. 制作新闻标题一般经过什么样的过程？每个环节应着重注意哪些问题？
3. 试对若干报纸某一相同新闻的标题进行比较分析，指出其特点和不足。
4. 试为下面这篇消息拟写新闻标题，要求采用多行题的形式。

据新华社电昨日16时40分许，中国国民党主席连战率领的国民党大陆访问团一行60人搭乘东方航空公司客机顺利抵达南京禄口机场，开始了中国国民党时隔半个多世纪的首次大陆之行。

飞机舱门打开，连战站在舷梯平台上向停机坪上欢迎的人群挥手致意，人们报以热烈的掌声。“这是历史性的第一步！”17时05分，连战在禄口机场停机坪发表演讲。连战说，台北和南京距离可以说不是很远，但距离他上次到南京来“整整间隔了60多年”，“实在有一种相见恨晚的感觉”。

应中共中央和中共中央总书记胡锦涛的邀请，连战率领中国国民党访问团将在大陆进行 8 天 7 夜的访问。此行，连战将在北京与胡锦涛进行会谈，这是继 1945 年 8 月国共两党重庆谈判之后，两党最高领导人 60 年之后的历史性握手。

“对中国国民党来讲，南京是一个具有历史联结、感情联结的地方。”连战说，今天能率同国民党同仁，来南京向创党总理孙中山先生致上最高的敬意，这是国民党全党共同的心声，也是众多人民共同的期盼，“我深深地感到，此行真是难能可贵”。

现场快门声响成一片，密密麻麻的摄像机、录音机记录着这个具有历史意义的时刻。面对数百名中外记者的采访，连战表示：如何能够营造两岸互惠互利、和平双赢的未来，是大家共同关心的问题。中国国民党访问团这次到大陆访问，愿意为这样一个目标尽绵薄之力，也希望各界人士、相关团体大家能同心协力，一起奋斗，一起努力。

中共中央台湾工作办公室主任陈云林、中共江苏省委副书记任彦申和江苏省各地台商协会的代表等前往机场迎接连战一行。

第十三讲

新闻标题的风格与注意的问题

本讲要点

●新闻标题的风格主要体现在雅与俗、简和繁上，不同风格适用于不同的媒体和新闻。

●制作标题有四大禁忌：做题不准、贻笑大方，有意做假、哗众取宠，滥用流行语、拾人牙慧，用字冷僻、炫耀才华。

●制作新闻标题时应回避过长的人名、地名，尽量不折行、不裂句。

一、新闻标题的风格

（一）雅与俗

雅是刻意求工，讲究艺术技巧和语言提炼而形成的典雅之气和儒雅之风。俗，并不是粗俗，而是大众化、口语化，形象生动，生活味极强的通俗文化。这和文学作品的风格一样，文人作品往往典雅工丽，含蓄隽永；民间文学通俗易懂，想象丰富，形象生动，生活味极强。因此，雅和俗只是文风追求的不同，并没有高下之分，相反他们有时候还是密不可分的，新闻标题的制作也是如此，范敬宜老先生的一个新闻标题《土到好处便是雅》既是一个好的标题，同时也代表了这二者之间的关系。

先说俗，社会发展到今天，新闻受众的变化，是标题制作不断走向通俗的文化基础，通俗浅显成了报纸新闻的本质特征。过去，中国报纸的读者大多是知识分子，因而报纸语言相对显得儒雅，书面语用得较多。而在西方，报纸新闻的读者面一直较广，普通老百姓是报纸的主要读者和消费者，所以他们的新闻标题一直以简洁、通俗为主。如今，我们的报纸也已走向千家万户，成为大众共享的“文化快餐”。既反映国内外大事，又讲述老百姓自己的故事，新闻性和可读性并举，是报纸赢得读者的基本原则。简洁明了，通俗易懂的新闻标题，成了报纸的“眼睛”和“卖点”。好的标题，以一目了然的直观性，紧紧抓住读者。

因此，“俗”似乎成了目前标题的流行趋势，当前的标题，并不讲究刻意的对仗和工整，语言上也多使用“不大讲究”的大白话，却让人一看到标题就感觉到特别亲切，特别贴近，好似跟你在拉家常。比如《北京青年报》曾有一篇报道，说的是入冬以后北京煤炭市场的供求情况和煤炭质量上存在的一些问题。这样一篇内容很普通的报道，编辑做的标题是《蜂窝煤有几个眼——来自煤炭市场的报道》，结果一下子就吊起了读者的胃口。还有第 18 届中国时事报道新闻奖标题三等奖《克林顿动一天嘴皮胜过干一年总统》（《西安日报》2007 年 6 月 16 日 8 版）也是十分直白的大白话，却又有很强的感染力。实际上，一个好的标题，不但能给文章锦上添花，还能起到拾遗补缺修饰美化的作用，它能激发起读者的好奇心，吸引读者的眼睛顺着标题去看正文。

报纸的生命力在于它的生动性、可读性和贴近性，“俗”标题在接近读者、接近生活、创造生动活泼的语言上，无疑是一种成功的尝试和可喜的进步。用普通老百姓日常口语中最形象生动的语言来做标题，犹似老百姓自己的道白，一看标题就让人心中有了底，这类标题所统领的新闻也往往是百姓爱看的。

再说雅，尽管现在有俗的流行趋势，但是如果一味地追求俗，那就俗不可耐了，相反，反潮流而行，一定程度地去追求雅，反而能收到好的效果。获第十五届中国时事新闻报道奖新闻标题一等奖的《三峡蓄水平湖出巫山云雨依旧在》（《江城日报》2003 年 6 月 3 日 4 版），用排比的句式，朗朗上口，耐人寻味，具有很强的文学性。还有《五朵金花开了这朵开那朵中国女排输了荷兰输古巴》和第 18 届中国时事报道新闻奖标题二等奖《高峡耸立伴神女守望平湖碧波与云雨共舞（引）中国人圆了高峡平湖梦（主）》（《株洲日报》2007 年 5 月 21 日 A4 版），也是如此。

（二）简与繁

简是简约，繁是繁复，简约与繁复也是编辑所追求的不同文风。简约惜墨如金、以一当十、删繁就简，是凝练和明快；繁复并不是累赘，而是细腻、细致和周到。

现代报纸受版面和字号限制，标题字数多少与字号大小、引力强弱成反比的特性，几个栏的题、多少磅的字只能横排多少个，都有一定之规律。

简约的益处是多方面的，可以为字号留下更为自由的运用空间，可以使报纸形成强烈的视觉冲击，可以给读者打下深刻的思想烙印，值得字斟句酌，反复推敲。简约的标题，醒目、易记。因此，简约已成为报纸标题流行的另一目标。

范敬宜先生在辽宁日报时的得意之作《莫把开头当过头》，短短七个字，就把当时十分重要的一个政治取向问题——如何看待方兴未艾的农村改革，昭示得十分精辟透彻，不可增删一字，足见“简约”二字的分量。后来，他在主持《经济日报》时，对新闻标题的关注与讲究也从未稍减，并且屡出新意。比如曾获全国现场短新闻奖的《谁是最紧张的观众》，曾获中国新闻奖的《真正的秘密武器》，曾获全国报纸副刊好作品一等奖的《土到好处便是雅》，以及直到今天还为各界读者津津乐道的《香香臭臭话广东》系列等，均是他点的题、定的题、做的题，或者本就由他直接采写的。

但是，新闻写作“倒金字塔”结构的写作规律又是最重要者最先、最新鲜者最先、最引人注目者最先，导语往往是新闻精华的浓缩，而标题又是整个新闻的眼睛。如果一味地追求简，人们就很难从标题来判断新闻的内容，确定阅读对象。只有读完全部新闻，才能有所了解，反而浪费了读者的时间。

繁的新闻标题，从新闻的起因，到新闻的主题，到新闻的意义，一一阐释明白；借用排比、对偶，或递进深入，或正反辩证，气势宏伟，标题虽长，但效果突出。如获第18届中国时事报道新闻奖标题二等奖的《一条青藏线，穿越历史和未来　一条通天路，寄托梦想与期待（引）莽莽昆仑见证通车一刻（主）》（《邯郸日报》2007年7月3日A3版），该标题34字，引题用排比的句式，从两个方面揭示青藏铁路的历史和现实意义，具有一定的气势和渲染力，主标题讲明事实。还有获第18届中国时事报道新闻奖标题一等奖的

《司令发怒总理被免谁给的权力？武夫动粗文官气短哪来的民主？（引）太平洋岛国斐济不太平（主）》（《焦作日报》2007年12月6日B4版），该标题36字，用2个反诘句形成排比句式，揭示事件的实质，并表明作者的态度，引人深思。

因此，新闻标题并非越简短越好，应该具体情况具体分析，因稿而异、因版而异，因时制宜、因事制宜。一位早期的新闻学者谈到标题的提示功能时说，“标题者，新闻之缩影，事实之骨髓”。既然是缩影、字数就不能太少，否则说不明白；既然是骨髓，句式就不应该过繁，字数就不应该太多，这是一个辩证的关系。

二、制作新闻标题四大禁忌

前面讲过，“准确与否——决定标题的成败”。所谓准确，就是没有偏差。它包含着完整、清晰、恰当、贴切几个层面，是标题制作的基准和第一要则，对标题成败起着决定性作用。做不到准确，标题便无法周全地阐述文章的要义、客观地概括文章的主旨，也丧失了新闻标题的基本功能，还会产生新闻作品的“硬伤”。新闻作品的“硬伤”，是指新闻作品中存在致命的、关键的、明显的错误。

新闻作品中常见的硬伤有政治性硬伤（新闻作品中存在政治观点、政治立场、政治纪律等方面的错误）、政策性硬伤（违反党和国家现行政策方面的错误），以及抢新闻、打擦边球、泄露国家机密等违反宣传纪律的硬伤。

例如，2001年12月11日我国正式加入世界贸易组织，成为其第143个成员。由于中国的香港和澳门先前已是世界贸易组织的成员，因此，“世界贸易组织143个成员国”这个提法是错误的，是有严重的政治问题的。为避免引起混乱，在新闻中一般也不宜提“世界贸易组织成员国”，而代之以“世界贸易组织成员方”。但是在一些报纸、网络上，诸如《美国建议世贸成员国2015年取消关税》、《亚美尼亚经过十年努力成为WTO第145个成员国》的新闻还是屡见不鲜。这也反映出一些新闻工作者的政治敏感性不强。

下面，我们具体分析新闻做题常犯的错误，谈谈做题的禁忌：

（一）一忌：做题不准、贻笑大方

做题不准的常见病大约有这么几种：一是主旨不明造成误差；二是工作不细造成误差；三是用语不当造成误差。这种误差常常会以一些不假思索的空话和套话充当标题，妄称“全球第一”、“世界一流”；未经权威部门认可的“率先”、“首创”、“填补国内空白”、“填补世界空白”等。其实，这样的标题屡见不鲜，把本来具有实际意义的概念变成无用的空话和套话。

上面刚说了空话、套话的问题，但接下来的举例是不确切的问题。

例如，《财经日报》编辑在1979年寒假看到闹市区贴了张海报，说是某月某日开始向市民销售木材，于是采写了一条新闻。先拟了个题叫做《沙市木材公司小额木材经营部开业》。觉得不行，“投到报社顶多发条简讯”，便重做了一个：《让生产资料成为商品（主题）沙市物资系统面向市民经营小额木材（副题）》。

当时在计划经济的条件下，唯有生活资料是商品，作为生产资料的木材只能计划调拨，不可随意买卖。“让生产资料成为商品”，消息想要告诉人们的正是这样一个体制改革的迹象和前兆，其“新闻眼”、“信息量”恰在这里。如果用前一个标题，就把真正的新闻埋没了。虽说“小额木材经营部开业”也是新闻事实，但并非新闻主旨，标题不能完全反映新闻的主旨，也就不能正确体现新闻的性质。

又如，1991年3月17日《经济日报·星期刊》在三版发了篇小言论，批评一些单位借举办各种晚会之机敛钱，标题被做成这样：《晚会的滥觞及其他》。这是个用词不当的典型错题——编辑把“滥觞”当做了“泛滥”的同义词。“滥”是水，“觞”是酒杯，连起来是说水少得只能浮起酒杯，即江河发源之地，通常指事物的起因和源头，与“泛滥”的意思毫不相干。

例三，有则新闻的标题是《车床暴野十余年狐狸借作安乐窝》。读者一看标题，误以为是工厂不爱惜公物，听任车床“暴野”，以致让狐狸作了安乐窝。其实，新闻写的是“床身”，即车床的毛坯；为确保车床质量，在对床身加工前，必须让其“暴野”，进行自然“淬火”。新闻稿原意是向读者报告一件有趣的事儿，但是这样的标题，让人觉得是一篇批评稿。有位读者来信批评道："床身理当暴野，何过之有？编辑误作'车床'，贻笑大方。"

例四，对字词意思掌握不准。表示时间应该用"会儿"，不能只用一个"会"字。但是，我们却看到了《关会手机不太难》的新闻，如果只看标题，真让人百思不解。像"不假思索"变成了"不加思索"、"唾手可得"变成了"垂手可得"、"再接再厉"变成了"再接再励"、"头悬梁，锥刺股"变成了"头悬梁，锥刺骨"等出现在新闻标题中，就是因为对关键字的理解不透造成的。

（二）二忌：有意做假、哗众取宠

包含如下两个方面：

一是刻意渲染、大肆炒作造成标题失实。去年一家小报出了个大标题：《花园口决口》乍看会让人心里"咯噔"一下，1938年6月，国民党曾在花园口炸开黄河大堤，酿成震惊中外的"花园口决堤"事件，莫非悲剧又重演了？细看文章，并非如此，不过一桩无关紧要的事情：花园口附近一处外堤护坡的下沿塌了个口子，很快给填上了。小题大做是为了耸人听闻，故意误导读者。

二是矫揉造作、跟风媚俗造成标题失真。小报小刊上，诸如"某某明星'自杀了'"、"某某大腕'出事了'"，这等咋咋呼呼的标题，频频撞入人们的眼帘，看看报道内容，要么凭空杜撰、掺杂兑水，要么捕风捉影、牵强附会。还有"怎么啦"、"动奶酪"、"一路走好"、"闪亮登场"、"将什么什么进行到底"之类的新潮八股和另类套话，还有"成效显著"、"进展神速"等常见报端的陈词滥调，这些老掉牙的词儿却又像一颗老不掉的病牙，死死地挂在某些媒体的"嘴"上。

某医院为精神病患者召开运动会，有报纸就以《运动会上精神病患者精神抖擞》为新闻标题，实在是哗众取宠。

有意做假也罢，无意出错也罢，其客观效果都是标题的失当、失准，甚至失实、失真。因此，标题制作须首先避免上述种种毛病，才能做到恰如其分，准确无误。

（三）三忌：滥用流行语、拾人牙慧

突出新闻特质，避免滥用流行语。时下，影视文化对新闻标题的处理影

响不小，最突出的表现就是“影视流行语”。当小品《卖拐》在电视上亮相后，一句“我就纳闷了，同样是生活在一起的两口子，做人的差距怎么这么大呢”的台词顿时风靡报纸数年。《同是感冒，药价差距咋这么大呢》、《同是外援，差距咋这么大》、《同是高官，差距咋这么大呢》……打开网络搜索引擎，你会看到这样的标题很多很多。

此外，被报纸用滥了的“标题范式”还有“为支招”、“VS”、“PK”，等等。

巴尔扎克有句名言：第一个用花来形容女人的是天才，第二个是庸才，第三个是蠢才。世界上没有两片完全相同的树叶，也不会有两个完全相同的事件，那么，作为事实反映的新闻就应该是生动、具体的，是具有自身特质的。用一种机械的“标题范式”来反映万事万物，来反映千姿百态的生活实践，只能说是一种肤浅的表现，也是一种媚俗的表现。从新闻实践来看，套用新闻“标题范式”的，多是一些刚刚接触新闻、喜欢追逐和模仿“流行语”的新闻工作者。做出的标题也是简单的模仿，缺乏新意。

（四）四忌：用字冷僻、炫耀才华

好的用词首先要准确，只有准确，才会有新意，才会使文章生辉，容易引起丰富的联想。王安石的“春风又绿江南岸”为何成为千古名句，并不是用了高雅的词汇或生僻的词汇，《红楼梦》中的“千里搭凉棚，没有不散的宴席”也是民间的大白话却流传至今，反而，用字太生僻，看了脑子转不过弯来，就不太想看新闻了，自然达不到宣传效果了。

如这个标题：《青年演员挑大梁红氍毹（qúshū）上试比高》，“氍毹”，是指毛织的地毯。古乐府《陇西行》：“请客北堂上，坐客毡氍毹”。见报后不少读者来电询问“氍毹”为何物。当然，如果去查一下《辞海》也能知道，不过报纸标题要是常有这种冷僻的字眼，恐怕会吓跑读者。

三、制作新闻标题的九个注意

这里，我们再从用语和格式上谈谈新闻标题应注意的问题。

（1）新闻标题中严禁出现重复字眼。

（2）在主题中回避字数太多的人名和地名，处理方式是转放在副题中。

（3）严禁在标题中出现不常用或引起误解的地名简称。

（4）标题尽量不折行，不裂句；迫不得已转行的时候，要保持意思完整，不要把一个词分作两行。

（5）新闻事实是一个个例的情况，新闻标题中要慎用宏观表述。

（6）如无特殊需要或者明显的是非判断，避免在标题中出现主观色彩浓厚的字眼，如“竟然”、“胆敢”等字眼，尽量保证报纸的理性色彩和客观形象。

（7）不提倡在新闻标题中使用问句，新闻内容是什么就告诉读者什么，无须哗众取宠、欲擒故纵。

（8）新闻标题中作出的判断，在正文中要有足够的证据支持，避免出现过头的判断。

（9）标题中尽量不要出现专业性过强的词汇，善于用已知的事物作为桥梁，将生僻的专业词汇翻译成通俗的语汇。

练习

1. 新闻标题的风格有哪些？不同的风格分别适用于哪些新闻？

2. 新闻标题制作的禁忌是什么？找出媒体上触犯这些禁忌的新闻，并为其拟定合适的新闻标题。

3. 试对若干报纸某一相同新闻的标题进行比较分析，指出各新闻标题的风格，分析各新闻标题是否符合媒体的要求。

附 3

2007 年第 18 届中国时事报道新闻奖标题获奖目录

序号	单位名称	作品名称	刊发时间	作者·编辑
		一 等 奖		
1	焦作日报	司令发怒总理被免谁给的权力? 武夫动粗文官气短哪来的民主?(引) 太平洋岛国斐济不太平(主)	12 月 6 日 B4 版	郭剑
2	菏泽日报	“靖国”不净小泉不纯(主) 日相再向战犯低头(副)	8 月 16 日 A3 版	白兴国
3	江海晚报	这一天，泰国政治史册上绝无仅有 信他！三十万人集会挺他信(主)	3 月 4 日 A15 版	王翔 李建男
4	泉州晚报	伊朗总统敏感时期申请赴美引争议(肩) 一张签证两国烦恼(主)	11 月 19 日 8 版	吴拿云
5	三峡日报	人类第二号杀手罪大恶极 全球每分钟“烟”死十人(主)	5 月 31 日	阮仲谋 熊庆文
6	贵州日报	俄乌“吵嘴”欧洲“气短”	1 月 4 日 4 版	罗绍湘 黄艳
		二 等 奖		
7	邯郸日报	一条青藏线，穿越历史和未来 一条通天路，寄托梦想与期待(引) 莽莽昆仑见证通车一刻(主)	7 月 3 日 A3 版	张朝忠 苗洪山 刘章梅
8	河南日报	谁动了王羲之的“毛笔”	9 月 27 日 4 版	翁韬 刘红涛
9	辽宁日报	天然气惹气和谈消气(主) 南美四国首脑紧急会议化解一场能源危机(副)	5 月 6 日 3 版	刘新宏
10	大连日报	美国老父两年多经历两次不幸(引) 两个儿子死在两个战场(主)	7 月 27 日 A6 版	杨清华 许安国

续表

序号	单位名称	作品名称	刊发时间	作者·编辑
11	无锡日报	俄前特工遗体密封下葬伦敦（引） 棺已盖，事没完（主）	12月9日 A4版	顾潜 傅存良
12	苏州日报	“欧洲脚”离不开中国鞋 向中国皮鞋征收反倾销税遭欧盟多数成员国反对	8月5日 6版	邢霄若
13	连云港日报	“危”难之际弃竞选　“委”曲求全破僵局（主） 安理会席位之争巴拿马白拿便宜（副）	11月3日 A3版	高庆华 宋继祥
14	泰州晚报	酒卖100元瓶盖值20元（主） 酒店推销酒水利润惊人	3月16日	卢仲云
15	宁波日报	天公不作“梅”　“天堂”也愁水（主） 杭州12座小型水库干涸（副）	7月2日 A2版	忻志伟 周骥
16	温州日报	联大历经半月马拉松式选举　危委两国仍维持僵持局面 “非常”最后一席非常难产（主）	11月2日 9版	刘宏宇 杜唯敏
17	株洲日报	高峡耸立伴神女守望平湖碧波与云雨共舞（引） 中国人圆了高峡平湖梦（主）	5月21日 A4版	尹习勤
18	三峡晚报	最是一年春好处花开时节又逢君 胡锦涛连战昨第二次握手 胡总书记提出四点建议，强调坚持“九二共识”	4月17日 1版	张勇
19	恩施晚报	5？44？57？56？（主） ——左云被困矿工的“人数谜团”	5月30日 15版	杨成佳 向远江
20	楚天都市报	温家宝主持国务院常务会议—— 中央六项措施 要捆房价的腿（主）	5月18日	韩自强 余彬
21	贵阳日报	上海城“下海”　长江源“搬家”	9月8日 A6版	田军　陈文新 宾雁
22	汕头特区晚报	“智能一号”如约“亲吻”月球 欧洲月球探测器遨游太空3年，搜集大量宝贵数据后长眠“卓越湖”	9月4日 6版	赵伟吟 黄锐辉 张泽凌 林添泉

续表

序号	单位名称	作品名称	刊发时间	作者·编辑
三等奖				
23	燕赵晚报	暗箱操作4领导定下调动大名单 离任之前115个“干部亲友”吃上财政饭 县长还人情突击大调动（主）	7月31日 A13版	兰青　曹建国
24	河南日报	硬而不僵　有进有退（引） 伊朗在世界面前跳“核舞”（主）	2月14日 6版	尹红杰
25	洛阳晚报	中国探月工程：要干别人没干过的事	6月23日 A14版	郭晓明
26	南阳日报	继试射隐形导弹和高速潜射鱼雷后再次试射新型大威力鱼雷（引） 伊朗大秀军演？美国撇嘴不屑（主）	4月5日 C3版	张小青 余耀耀
27	平顶山日报	飞行三载月宫践“约” 闪光之后功成身“碎”（引） “智能1号”完成对月球“温柔一击”（主）	9月4日 3版	王建
28	平顶山晚报	“计算机系毕业不认识CPU”（主） 大学生就业遭遇“短腿”（副）	10月25日 A11版	尹家祥
29	哈尔滨日报	以军陆空齐出：炸桥救人围困阿巴斯 炎“夏”弹“雨”倾加沙	6月29 日版	张滨　曹晓霞 王业轩
30	沈阳日报	巴黎：发生人被困电梯事件近40起；德国：100多次火车晚点两个多小时（肩） 西欧大停电千万人“摸黑”一小时（主） 停电疑为德国关闭一条高压输电线路引起（副）	11月7日 A7版	马喜民　王达
31	聊城日报	科威特为伊拉克当说客（肩） 老冤家不计前嫌（主）	4月13日 A4版	布双起 杨万绘
32	临沂日报	伊朗总统称“要谈判不要炸弹” 愿与除以色列外的任何国家对话	5月15日 A4版	李守松 谢国静
33	江南晚报	国土资源局副局长吸贩毒 云争气，你是个不争气	3月17日 A5版	夏杰

续表

序号	单位名称	作品名称	刊发时间	作者·编辑
34	盐城晚报	“闪电”导弹射出新信号（主） 伊核问题前景堪忧	8月21日 A8版	袁建兵 李腊茹
35	镇江日报	官民对话如同演戏原是政府一手导演（引） 安倍宣布为丑闻担责（主）	12月15日 B2版	张未 周钥
36	嘉兴日报	伊朗抗以援黎？（主） 以称战场发现伊朗军人遗体 黎真主党否认有伊朗人参战	8月12日 4版	戴红波
37	闽南日报	“桑美”刚离去“宝霞”接着来（主） 专家提醒，警惕“两暴”互旋	8月8日 A3版	王斯锥 廖玲艺
38	赣南日报	大鹏展翅惊全球吹尽风雪始见金	2月24日 A4版	曾晓强
39	陕西日报	历时九载身背“七剑”人类探测器出“远门”（引） 美“新地平线”飞向冥王星（主）	1月21日 7版	戴树民
40	西安日报	克林顿动一天嘴皮胜过干一年总统	6月16日 8版	张永 周立 刘冰峰
41	西安晚报	奋斗10年分228次还清36位债主105万元（引） 上海夫妇演绎诚信传奇（主）	7月10日 7版	张炜
42	自贡日报	狗急要跳墙猪怒也咬人（引） 一老汉遭群猪活撕（主）	12月26日 B4版	江林
43	南方日报	“智能1号”完成近3年太空之旅以身撞月 探索太空了解月球又添宝贵财富 那一刻，月球被人类科技的光芒照亮（主）	9月4日 A09版	练学华 聂寒非
44	柳州日报	苦难如黑夜般凝重笑靥像花一样绽放（主）	6月1日 5版	崔毅
45	柳州晚报	各国昨日纪念切尔诺贝利事故20周年（引） “魔盒”打开辐射还将“撒野”10万年（主）	4月27日	王海燕

第十四讲

新闻稿件的配置（一）

本讲要点

●新闻稿件的配置是按照一定的报道意图，根据稿件内容或形式上的内在联系，将稿件搭配、组织成有机完备的整体，配置的方式有稿件组织和稿件配合两种方式。

●新闻稿件的配置有利于增加新闻价值、加强传播效应、引发受众思考、增强新闻可读性。

●组织新闻稿件时应注意稿件之间的关系，可组织的稿件一般体现出联合、连续、对比、对照、相关等不同的关系。

我们先说一个事例：2006年9月26日，世界经济论坛公布《2006～2007年全球竞争力报告》，报告显示，中国的全球竞争力排名从上年度的48位下降至该年的54位。而几个月之前，著名的瑞士洛桑国际管理学院公布的《国际竞争力年度报告》中，中国的排名却从上年度的31位跃升至今年的19位。两份报告都是国际著名的权威预测机构，两份报告都有其充分的理论依据，头头是道，但结果却是南辕北辙。

就此问题，《参考消息》在2006年10月5日第9版“特刊”上发表了该报驻日内瓦记者刘国远的调查文章《中国竞争力——上升还是下滑？——两国际机构排名一升一降，权威人士详解其中缘由》。全文通过调查说明，两机构都有其道理，但使用的标准不同，看问题的角度不同，结果完全不同，并提出“排名只宜参考不可迷信”的观点。该版还同时配发了驻新德里记者李保东的文章——《全球竞争力，印度超过中国?》，这篇文章是针对2006年9

月26日世界经济论坛公布《2006~2007年全球竞争力报告》而作的调查，该报告称，中国的全球竞争力排名从上年度的48位下降至今年的54位，印度的竞争力排名从50位上升到43位。这份调查对印度的一些经济学家、一些来过中国的经济界人士进行采访，绝大多数人都把印度超过中国的报道看成笑话。

通过全版两篇稿件的阅读，读者对这个问题就有了比较全面的、真理性的认识，尽管作者并没有提出自己的观点，哪个对哪个错。这就是稿件的配置。同时，我们从这个事例也可以看到另一个问题，那就是编辑是怎样表达自己的观点的：编辑不动声色地把这两份稿件组合到一起，向读者表明了自己的看法——对印度超过中国的报道的否定，对世界经济论坛公布《2006~2007年全球竞争力报告》的一种间接否定。

编辑根据媒体定位、整体报道风格等因素，对新闻稿件加以组织、选择、修改并制作标题之后，就完成了对单篇稿件的编辑。单篇稿件是新闻媒介物化产品最基本的构成单位，但不是唯一单位。在单篇稿件基础之上，还有稿群、栏目、版、板块。信息传播过程中，编辑工作的一个重要部分就是将多篇单稿加工组合，形成不同形式的稿群，并最终通过版面（块）呈现给受众。从单稿到稿群，是一个稿件配置的过程。这些配置在一起的稿件是相互联系的，如它们的报道对象具有一致性、空间相同或相近，内容上具有连续性、对比性、类比性或因果关系等。

新闻稿件的配置就是按照一定的报道意图，根据稿件内容或形式上的内在联系，将稿件搭配、组织成有机完备的整体。新闻稿配置得当，就会形成集团优势，增强新闻板块的有序易读性，强化和深化新闻报道和新闻评论。如果配置不当，就会适得其反，削弱和损害报道的整体传播效果。因此，为了提高新闻传播质量，必须讲究新闻稿件的配置，掌握并灵活运用配置艺术。新闻稿件的配置主要有两种形式——稿件的组织和稿件的配合。稿件的组织是根据稿件内容的横向联系形成的关联配置，稿件的配合是根据稿件内容的纵向联系形成的延展配置。以空间为载体的平面媒体和以时间为载体的广播电视媒体，在新闻配置手段方面略有区别。但各种媒体的稿件配置仍具有共同特征，即稿件组织寻找平面的共同特征；稿件配合寻找核心稿件的受众关注点，也就是稿件自身无法明确传达的信息点和受众的兴趣点。

一、新闻稿件配置的意义与原则

（一）稿件配置的意义

从新闻构筑世界图景的传播功能看，新闻稿件是需要配置的。世界是流动的，新闻媒介的物化产品也是流动的，只有通过稿件配置，才能在时间的流动中构筑传播整体。配置新闻稿件，不只是简单增加稿件数量，而是进一步挖掘稿件潜能，扩展和深化稿件意义，强化和突出报道。

第一，稿件配置有利于增加新闻价值。单篇稿件对事物的反映是不全面的。客观世界是无限变化的，而单篇稿件在报道深度与广度上都极其有限。受内容、体裁、篇幅等方面的限制，它往往只是从单一角度与维度说明事物，挖掘出来的只是众多主题中的一个主题，甚至只是报道主题的某一方面。同时，单篇稿件的表现手法是有限的。新闻报道具有多种表现手法，如标题新闻、消息、通讯、图片、音频、视频等，但单一稿件往往只能采用一种体裁来报道。由于这两方面的原因，报道重要与复杂的客体时，单篇稿件不能充分彰显客体的意义。稿件配置则可以从不同角度、不同层面，利用多种表现手法，使各稿件形成互补共济的事例优势，充分、立体地展示客体，增加报道的新闻价值。

第二，稿件配置有利于化分散为整合，加强传播效应。新闻报道涉及的客体自身在不断变化发展，客体又与所置身的世界形成千丝万缕的联系，构成统一体。而单篇稿件对客体的报道是分散的。它通常只能摄取生活中的一个镜头、局部生活中的个别现象，易将客体静止化、孤立化。稿件配置则能相对完整地反映客体变化的全貌，揭示其与周围世界的关联。根据心理学规律，人们一次不能接受七个以上的传播对象。受众每天接触到的新闻信息，至少也在数十条。只有通过稿件配置，将其组编成几个小单元，才能以强势的新闻块降低受众新闻选择的成本，从而增强传播效应。

第三，稿件配置增强稿件之间的联系，引导受众深入思考。稿件之间往往也存在着各种联系。分散的单篇稿件如果孤立发表，就可能割断稿件之间存在的内在联系，不能反映生活的统一性。在稿件配置中，可以通过稿件的不同关系，如连续（持续关注、播报事件的发展变化，或集中在一个标题下发表)、联合（具有相同特点的不同对象集中刊发）、参照（新闻内容相同、但消息来源不同、观点不一的新闻一起刊发）、对比（将内容上有矛盾性质的稿件集中刊发，如对某报道客体的对立观点等），增强报道的时效性、感染力、报道广度和深度。即使只是采取集纳方式将稿件并列刊发，也能形成较完整的阅听印象。通过稿件的相互联系，编辑可以不作任何评论地、借助稿群显现或隐含的信息表达观点；受众亦可以经过自己的深入思考，作出判断。这种方式一定程度地体现了受众的参与性，是对纸质媒介传统单向传播的突破，更符合现代新闻传播的发展趋势。

第四，稿件配置可增强新闻的可读可受性。在技术高度发达的今天，人们越来越注重整体性的思维方式，即倾向于把事物看成一个有结构、多层次的统一的系统，倾向于从整体上去认识和把握事物，注重对事物作动态的，全方位的认识。受众接受新闻信息时，也习惯于从集合、整体角度思考和理解信息，将阅读单元从单稿扩大到稿群。从信息传达的深度和广度考虑，稿群可以满足受众的全面和深度需求，更具可读可受性。新闻配置可以通过评论、相关知识等信息，丰富、引导受众的认知。因此，从认识论的角度来讲，稿件配置符合人们的认识规律。

（二）稿件配置的原则

具体到不同的稿件配置方式，有不同原则，但在这些具体原则之上，存在着几个基本原则，是稿件配置始终应该坚持的。

第一，中心明确。众多新闻稿件之所以可以配置在一起，最根本的原因在于稿件之间存在的某种关系，亦即某种明确的中心。此中心有多方面的内涵，既指通常意义上的中心思想观念，还指各稿件涉及的报道对象和采取的表现手法，如几篇报道不同地方雪灾抗击情况的稿件。它是稿件得以配置的基础。否则，稿件即使配置在一起，也会中心缺失。

第二，立体真实。真实是所有新闻的本质特性，但单篇稿件往往只能涉及事件的一个方面或一个角度，在立体性上要稍逊。要做到立体真实，通过稿件配置组成稿群往往更奏效。只有真实，新闻才有价值；立体，则让新闻事件更全面，更具可读性，更有利于引导受众理性对待、了解真相。

第三，正确性。正确性首先指信息来源的真实可靠性，相对权威性。配置稿件时，因稿件不止一篇，编辑一定要耐心，确保配置的每一篇稿件都具有真实来源，而不是道听途说（特别是在网络高度发达的情境中，这一点尤显重要与珍贵），以讹传讹。更重要的是，正确性指稿群导向的正确性、舆论监督的有效性。这一层次的正确性在很大程度上取决于编辑的文化素养、知识构成等主体性因素。要实现导向的正确性、舆论监督的有效性，编辑必须把握切入问题的“点”与关涉问题的“度”，在配置的过程中寻求强有力的维度与合理的广度。正如人民网记者谈灾难报道时曾指出的：“灾难事故的背后，往往隐藏着失职、决策失误甚至于违法行为。灾难新闻报道不仅是把灾难报道出来，更要把灾难的原因挖掘出来告诉公众。灾难事件财产、生命的损失，事关相关人员的切身利益，也直接暴露有关部门的缺点和失误，是公众关注的焦点。”不仅是灾难新闻，配置一切新闻稿件都要立足于正确的导向。发挥监督作用时，编辑需要牢记：监督并不等于“情感宣泄”、“盲目批评”，务求客观、公正。对新闻事件的隐性或显性分析评论，一定要基于大量新闻事实的基础上；对于无法调查清楚的问题，配置时一定要避免盲目追求轰动效应。

第四，多样性。多样性原则指组合在一起的稿件在内容与形式上不限于一种，应该是多种多样的。内容包括正反对比式，前后呼应式，因果联系式，相似类比式等，体裁包括简讯、消息、通讯、评论、标题新闻等，配置形式上可以是同题集中、专栏、配资料、图（音频、视频）文相配等。编辑在配置稿件时，应掌握多样性原则，尽可能采取多种手段与方式，增加新闻产品的可读性、针对性与立体感。

在稿件配置中，要杜绝片面报道或炒作的不良现象，避免对受众产生负面影响。由于种种原因，有些媒体习惯于“报喜不报忧”，面对重大灾难或破坏性事件时，往往晚报甚至不报。在报道时，也不能坚持全面真实原则，往往不顾事实本身的多面构成，片面强调、“挖掘”其正面维度、闪光点，甚至是一些微不足道的“成就”。与此倾向与现象相反，过度关注并依赖市场的媒体则往往把关注点置放在炒作不良或负面事件上，如 2008 年初被网络、报纸等炒得过热的“艳照门事件”。对此类事件的炒作，表现在稿件配置上，就是过度配置相关事件或事件相关方面的新闻、图片、视频等，唯恐受众不能以点带面。这一倾向或现象因大量配置相关负面事件而丧失了“度”，通过单向集中展示满足受众的猎奇癖、窥视欲等，同时，又令受众片面理解事件，产生负面引导效应，非常不利于受众思考事件本身及其内在原因等。

二、稿件的组织

稿件的组织是根据稿件内容的横向联系形成的关联配置。所谓关联配置，是指将有联系的稿件组成相互联系的、统一的稿群，配置在一个版面中，使受众能更全面、清楚地认识所接触的信息。其最基本的特性是各稿件之间存在内在联系。这种关联可能是稿件内容或形式上的相同点，也可能是对比性、对照性、因果性、呼应性等关系。如果缺少关联性，组合在一起的稿件就会因没有凝聚性而显得凌乱、零散、重复、雷同，结果不仅不能有效传达编辑意图和信息内涵，而且会破坏受众阅读口味，导致编辑与受众之间双向良性互动关系的破裂。

从稿件内容或形式上的关系看，关联配置主要可分为联合配置、连续配置、对比配置、对照配置等。从表现形式看，关联配置可以将有关联的稿件置放在同一标题之下，也可以将这些稿件配套集中刊发，或将其组构成专栏。不论何种表现形式，稿件的内在关联都是最基本的，也是编辑在组合稿件时需要牢记的。这种关联可能是浅层的、外露的，也可能是深层的、隐含的。对于后者，编辑一定要善于发现。

（一）稿件间的关系

稿件间的结构关系主要有：联合、连续、对比、参照、相关等。

（1）联合。联合是指把存在相同性的几篇稿件放在一起发表，有利于从稿件内容的同一性中提炼主题。运用这一种配置方式，不论放在同一标题之下，还是组构专栏、集纳配置，都可以突出其某一方面的共同性，如同一内容、同一主题、同一报道客体等。联合编排绝不是“1 + 1 = 2”的简单演练。组合之后，稿群形成强势板块，增强了报道的气度与力度，也增强了稿件之间的凝聚力，是“1 + 1 > 2”。如《中国青年报》2008 年 4 月 29 日第一版头条以“胶济铁路列车相撞造成重大伤亡”为主标题、以“胡锦涛温家宝立即作出重要指示要求全力救治伤员尽快恢复运输”、“解放军和武警官兵紧急赶赴事故现场救援”为副标题，集中了现场照片一张、国家领导人批示和解放军等的救援两条消息，介绍了事故基本情况、党中央及地方态度与救援情况等。这里采用的是同题集中的形式，涉及的是胶济铁路列车相撞这一事件。

围绕同一事件，在头条之下，还配发了通讯《灾难在睡梦中袭来——“4·28”胶济铁路重大事故现场目击记》，通过事故现场几个事故亲历者“只想早点回家”、“紧急大求援”等细节，详细报道了事件，与前一稿群又构成集纳性的联合配置，扩展了有关事故的各个方面，并以强大的冲击力引起受众的关注。

（2）连续。连续指把围绕同一客体连续变化、发展过程的稿件配置在一起刊发，易使读者了解客体发生变化的全过程，形成完整印象，更清晰地认知、理解新闻内容。一般情况下，安排顺序是从时间上颠倒过来，先发布最新信息，再发布早先信息。如果较早时期有更重要的事情发生，就应以稿件的重要性安排顺序，先发布重要的，其他稿件再按照时间排列。如《人民日报》2008 年 5 月 2 日第一版以图文配置的方式刊发了《香港万众欢腾传圣火》，报道了奥运圣火在香港的传递情况，又配发了消息《澳门圣火传递工作就绪》，介绍圣火抵达澳门的情况，呈现出明显的时间流动性。又如 2008 年 4 月 27 日《人民日报》第十二版文图配置，以《“日本屋脊”迎来北京奥运会火炬（引题）长野成功传圣火（主题）》为标题，发表了报道奥运圣火 4 月 26 日在日本长野传递情况的通讯。编辑配置了知识性小文《境外传递第十七站首尔》，介绍了 4 月 27 日将要传递圣火的首尔，包括首尔的历史、地位等。在这则稿件配置中，连续性不是显性的，而是隐性的；不是新闻客体业已经历的变动，而是编辑根据客体变动规律提前梳理出来的连续性。

稿件内容的连续不仅是在一期报纸或节目中的共时性连续，也是一段时间内的历时性行为。实现这种配置方式的主要报道形式，是系列报道与连续报道，涉及的往往是影响或价值很大的新闻客体。历时性的连续配置符合受众的认知心理，能使受众在反复接触中形成深刻印象，有助于增强报道效果。在历时性连续报道中，稿件数量与配置结构、历时展开的顺序应与报道基本思想和目的相吻合。报道的配置逻辑有很多，如联合关系、因果关系、递进关系等。针对奥运圣火境外传递过程中不断遭到“藏独”分子干扰的情况，《中国青年报》2008 年 4 月 28 日起陆续发表了系列署名评论文章《分裂祖国必遭失败》、《干扰奥运不得人心》、《“西藏问题”不是宗教问题》、《“西藏问题”不是人权问题》等，分析问题的角度由大至小，逐渐落实到“西藏问题”上。它们的逻辑关系是层层递进、由表层及深层，逐层剖析了所谓“西藏问题”的实质。这一系列文章也采取了同样的编排形式：版位都是“综合新闻”版右上角，占两栏，字体、字号都相同，标题相互呼应。

历时性连续报道在稿件配置上还应遵循一般步骤，如为了引导舆论，可采取如下程序：客体报道→反应、反馈→权威评论→相关对象的反响→正面成果。如果延续时间较长，适当的回叙十分必要。心理学研究表明，人们对偶尔发生的事情的记忆，不过保留7小时左右。大多数连续性报道都需要回述以前报道的基本内容，以使受众了解新闻信息的背景。而且，回述能使受众熟悉客体，有助于唤起受众的关注兴趣。如中央电视台在配置连续性报道稿件时，就已成功形成“回述→反响→新信息”的较为稳定的模式。

（3）对比。对比是把报道内容有矛盾性质的稿件集中编发，通过标题对比、栏目提示把事物的矛盾性质揭示出来，并从中提炼主题。鲜明的对比有不言而喻的评论性质，能引发受众更多的联想与思考，更具说服力、感染力、可接受性，达到深化主题的目的。《人民日报》2008年2月29日以《俄罗斯支持安理会通过制裁伊朗新决议（主题）俄军计划今年进行11次战略导弹发射（副题）》为题，发表了报道俄罗斯支持安理会制裁伊朗和俄今年军事计划的两则消息，从俄对外态度和对内行动的对比，突出了对大国军事心理与行为的思考。

（4）对照。对照是指几篇稿件涉及的客体相同，但消息来源不同。把它们放到一起，相互参照，便于读者从各个角度认知新闻客体，了解事实真相，并作出正确的分析判断。如2008年2月科索沃宣称要“独立”，各方迅速做出反应。18日《广州日报》A8版围绕这个问题，刊发专栏性专版“科索沃宣布独立塞尔维亚拒承认俄支持塞尔维亚”，介绍了科索沃“独立”过程、塞尔维亚、俄罗斯、美国、欧盟的态度，分析了科索沃的独立前景和独立后果，有利于读者从各个方面认识科索沃独立问题。

（5）相关。相关指配置在一起的稿件内容虽然不同，但稿件之间存在内在关联。这种结构关系主要有：①因果关系。如1998年10月17日《人民日报》第三版《纽约汇市美元汇价下挫道—琼斯股票指数飙升拉丁美洲股市出现反弹日本泰国汇市股市上扬》，以多题集中的形式，报道了美国联邦储备委员会突然宣布再次降息后，纽约外汇市场15日美元对日元及其他西方主要货币的汇价普遍下挫。前一条消息（纽约汇市美元汇价下挫）与后四条消息（道—琼斯股票指数飙升，拉美股市反弹，日本、泰国汇市股市上扬）之间存在着直接的因果关系，将它们集中在一起，抓住了稿件间内在的逻辑联系。

②呼应关系。如《中国青年报》2008 年 4 月 28 日第一版以集纳形式刊登了《北京奥运火种抵达珠峰大本营》、《北京奥运圣火首尔成功传递》，并配发了一张圣火传递活动现场的文艺表演新闻照片。这个配置利用北京奥运会的火种与圣火活动情况的呼应关系，以两篇独立稿件报道了北京奥运火种 4 月 27 日抵达珠峰的情况，及同天北京奥运圣火在首尔的传递。③述评关系，即把围绕报道对某一事件的反映和对这一事件评论的几篇稿件放在同一标题下发表。如2008 年4 月 30 日以色列总理奥尔默特秘密访问约旦，与约旦国王阿卜杜拉二世讨论以色列与巴勒斯坦的和平进程。《人民日报》在 5 月 2 日第三版刊发《为商讨以巴和平进程（引题）奥尔默特秘访约旦（主题）以多数阁僚反对停火加沙南部遭以军空袭（副题）》，集中三篇消息，分别从商讨以巴和平的访问本事、以色列大多数安全内阁部长持反对态度、加沙南部遭以军空袭三个方面，暗示了以色列普遍的态度及奥尔默特访问的失败。

在利用以上几种稿件的结构关系进行配置时，标题、栏目制作应突出重要内容，兼顾其他内容。若稿件太多，可以不兼顾相对次要的内容。同时，对客体的报道，重要的、肯定性的、新近发生的应该放在前，对事件的评论、次要的、否定性的、早先发生的放在后。同时，编辑应善于发现报道客体的复杂性、与外在世界的联系，才能根据稿件的结构关系有效配置稿件，构筑强势传播。

练习

1. 选择一份报纸，阅读该报的要闻版，思考其稿件配置的方法，分析这种配置的效果。

2. 可供组织的稿件之间呈现的关系有哪些？试分析某报多稿配置的版面，看看版面内各稿件体现出什么关系。

第十五讲

新闻稿件的配置（二）

本讲要点

●稿件组织具有同题集中、集纳性专栏、集纳组合等形式。

●新闻稿件的配合有配评论、加按语、加编后、配资料、图文配置、交互配置等方式。

（二）稿件组织的表现形式

1. 同题集中

同题集中是把若干有某种关联的稿件置于同一标题下发表，使之形成一个整体，成为版面上相对独立的区域。同题集中的稿件采用的是同一个新闻标题，稿件之间除电头外，无明显间隔标志，形同一篇稿件，在内容上彼此可以互相呼应、对比、印证、补充等。从编辑实践来看，同题集中可以是预先策划行为，也可以是临时配置行为。

同题集中的作用：第一，增强稿件的表现力。将从不同的角度反映统一的主题的各篇稿件集中，并通过标题把这个主题揭示出来，增强了稿件的凝聚力，升华了报道主题。第二，减少了稿件单发时的相互重复，节约了版面，又使报道显得精炼、立体，增强了稿件的可读性，在一定程度上，使报纸这种纸质媒体具有实时、动态传播的效果。第三，在没有适合头条地位的单篇稿件时，把若干篇主题相关的稿件归并在一起，就可以增加报道的分量，从而支撑整个版面。多篇稿件集中在一起，标题减少，易形成大片的文字块，有利于版面的美化。

在制作同题集中时要注意：第一，判断稿件的重要性。同题集中的稿件在重要性上应有分别，组合时应坚持重要稿件在前、次要稿件在后的顺序。同时，稿件的篇幅不宜过长，以免影响传播效果。因此，时效性强、内容重要、篇幅较长的稿件，或几篇新闻价值都很重要的稿件，尽量不要配置为同题集中，以免抹杀其重要性。第二，善于发现稿件的内在关联。编辑在确定需要配置的稿件后，还应有很强的关联意识，善于发现稿件的内在结构关系。不论是预先策划的，还是临时性的组合，都要善于利用或发现稿件的共同点，从稿件内容的同一性、连续性、矛盾性、互补性等关系中提炼、确定贯穿其中的主题，以制作稿件标题。第三，标题一般涵盖主要稿件内容。同题集中最大的传播优势，就在于标题的点睛作用，它有助于受众理解此标题下刊发的稿群的内在联系，并且减少单发时标题与其他信息的重复。因此，同题集中形式中的标题比单篇标题容量更大，形式也较复杂。它一定要精妙揭示稿件内容，提炼它们的全部精华信息点，使稿件的信息传播更加充分、稿件的表现力得到升华。

2. 集纳性专栏

（1）专栏的概念及其分类。所谓专栏，指若干具有共同性的稿件组成的自成格局的板块。表现形式上，是封闭型的；报纸专栏四周有围框，或者用底纹、空白、线条等与版面其他部分区分开来，或者形成专版甚至专刊。专栏稿件的独立性较强，有各自的标题，其共同性包括主题、内容或体裁的共同性。一般包括“最新报道”、“各方评价”、“背景资料”等。

按照结构，专栏可分为单一性专栏和集纳性专栏。单一性专栏每期刊发一篇稿件。多篇稿件集合而成的专栏是集纳性专栏。

按照持续时间，专栏可分为连续性专栏和非连续性专栏，又称为固定性专栏和临时性专栏。连续性专栏存在一段较长的时间，一般有固定的名称、位置、刊发周期、编排形式。此类专栏的设置性较强，内中自有一种理念存在，而且得到编辑与受众的共同认同，如《参考消息》的“海峡两岸”、“外国人看中国”栏目。非连续性专栏主要是根据稿件情况和报道意图临时组合设置的。这类专栏一般是报道型专栏，是日常组织稿件的一种重要形式。

专栏是新闻产品常规性的稿件配置方式，促进了报道的有序化。由于是同类或相关信息的聚合，又能以其强势强化传播效果；长期存在的专栏，还能以稳定性、倾向性引导受众形成定期接受习惯。集纳专栏易形成单稿难以形成的冲击力，但也可能无法突出重要的单篇稿件。另外，为配齐专栏所需的稿件，稿件内容的时效性不能得到完全保障。

（2）集纳专栏的编辑方法。第一，选择与配置的稿件应该具有影响力大、可读性强的特点。应该选取国家大事、受众最关心或最需要释疑的热点问题，贴近受众，不仅传播媒体想让受众了解的信息，还要传播受众需要的信息，从而产生“共鸣”的传播效应。

编辑集纳性专栏务必要在提炼中心思想上下工夫。稿件的联系除了表层内容与形式上的联系外，还包括新闻稿件精神理念的一致性。因为新闻媒介既传播新闻事实，同时也传播思想、观念。选择的稿件应有同有异，在保证某种共同性的基础上，尽量在其他方面做到多种多样，如体裁、角度、内容等方面。同时，也要考虑稿件来源、受众需求、各种政策等。

配置稿件时，也应参照一些基本原则：篇幅不宜过长，所有稿件必须短小精悍，忌长短悬殊；主稿在前，配稿放后；概述全貌的在前，详报过程或细节的放后；动态新闻在前，静态事实放后；已有最后结论的在前，尚在渐变过程的放后。时效性非常强、重要、长篇的稿件不宜放在专栏之中。

第二，制作栏题与标题。栏题应简洁明了、生动形象，准确反映专栏主题思想，让受众一接触栏题就明了专栏内容，激起其接受兴味。同时，必须“题文一致”，栏目或总标题应能涵盖所有稿件内容，稿件内容也一定要满足栏目或总标题涵盖面的要求。稿件标题方面，各稿件应有独立的标题，不能与其他稿件重复，且要注意呼应、配合，不宜将稿件标题孤立处理；不宜过大，标题往往用单行题（一行主标题），但也有特殊，有时候也用复合题，用以表明编辑的态度。

第三，创新，包括报道内容、角度与编排应符合受众接受心理，又要善于创新，于独到中让受众有新鲜感。尤其在当今，除独家新闻，现代媒介处理的新闻信息源基本相同。这就更需要创新精神，能在同中寻求不同，比如，内容、形式可能与其他报纸相同，栏题就要别出心裁，发掘稿群的别样内涵；竞争同行主要依靠文字报道同一新闻事件时，若采用现场感与感染力强的图片、视频方式形成视觉冲击，就是很独特的角度。同时，要充分调动各种版面编排手段，用好图片、线条、花框等，遵循色彩美学等原理，设计精美的版面。否则，就会与竞争对手形成相似面貌，可接受性差，报道流于一般化，失去个性与创造性。

3. 集纳组合

同题集中、集纳性专栏都是稿件的集纳，在版面上往往自成格局。除了这些明显的集纳，还有一种单纯的集纳组合，也叫集中编排。集纳是将有一定关联的稿件集中配置，使之相互补充，或映衬、比较，从而在时间上或者空间上构筑传播强势，受众接受起来也比较方便。其特点：稿件各自独立，各有标题，无同题集中的统一标题；也没有栏题；版面上不一定利用各种版面元素使其自成一格；所占版面大小不一，可以是版面局部，也可以是版面整体，甚至是当期媒介新闻产品整体，如一期报纸、一档节目。如果占据整个版面，就是版，包括专版、综合版，如“经济新闻”板块等。

因为不具备统一的标题或栏题，集纳体现的似乎是弱联系。其编排未运用明显的编辑符号，稿件似乎只是简单地编排在一起，但内在关联仍是集纳存在的前提与基础，而且联系的强度不一定弱于同题集中等其他组合形式。关联过于隐含、宽松（尤其是表面涵意相反、相异）的稿件，只适合作集纳组合，而且编辑应利用编辑符号加以提示，以有效传达传播意图。

三、稿件的配合

稿件的组织是编辑对稿件的平面配置，稿件的配合则是编辑对稿件作的纵向配置、延展配置。稿件的配合是根据稿件内容和实际需要，增发各种材料，对主体稿件加以说明、补充、解释、评价等。增发的材料包括言论、背景资料、图片、视频等，有利于揭示新闻客体意义、实质等。

从内容角度看，稿件配合的方式主要有：配评论、加按语（编者按）、配编后语、配资料、配图片等，还有动态性质的交互配置。在实际的新闻编发中，稿件的各种配置和发展方式往往综合采用。

（一）配评论

配评论这种方式，主要的价值在于引导受众认识新闻事实的内在意义，是对报道的深化和价值澄明。新闻评论是新闻媒介最重要的发言手段，能体现其立场和倾向。评论鲜明的意识形态性和强烈的时效性，配合单篇或一组新闻报道，就有了具体依托，就实论虚更易做到理论与实际的紧密结合，更易为受众接受。配发的评论可以与主稿紧邻，也可以放在其他位置（专门的评论版、栏目等），如人民网的“人民时评”栏目。

评论是就新近发生的具有普遍意义、迫切需要解决的新闻客体发表议论、阐述观点，包括社论、评论员文章、署名评论员文章、短评、受众评论等。社论代表媒介机构就某一重大问题发言，有鲜明的政策性、导向性。评论员文章在规格和权威性上仅次于社论，通常选择问题的重要侧面作分析。署名评论员文章，在形式上代表评论员个体的意见，写法灵活。短评篇幅短小，常一事一议，是评论“轻骑兵”，受众评论是受众针对某一新闻事件的意见和看法，在新闻网站的稿件配置较常见，如人民网的“网友说话”栏目。如中央电视台《新闻联播》节目配置的“本台短评”。需要配发评论的新闻取决于它的评论价值，即新闻客体是否蕴藏能加以评论的各种特质的总和，如其新闻性、指导性、普遍性等。

配发新闻评论时，应注意以下问题：第一，所配评论篇幅不宜过长，特别是短评，一定要“短、平、快”。第二，须依托于报道，评论“借题发挥”时，所借之题是新闻报道的事实，分析说理要以此为根据或例证。评论特别是短评，一般是针对一件新闻事件、倾向、问题发表意见，题目要有针对性。第三，要深化报道，揭示、阐明新闻稿件本身无法说明的深层内涵，引导受众从“阅听新闻”走向“思考新闻”。因而，新闻评论应从具体的新闻事实出发，通过联想、追溯等，由个别到一般，由现实至历史变化规律，由现象到本质，定性分析新闻内容。第四，态度应慎重。面对重大或典型的新闻客体，应积极主动配发评论，发出媒体的声音，揭示正确的导向；同时要慎重，从选题到论述、从行文到结论，都要掌握分寸。

案例：人民网在2005年4月16日8时28分刊登了丁刚撰写的“人民时评”《我们怎样表达爱国热情》（荣获第十六届中国新闻奖一等奖），立足的新闻事实是日本政府包庇日本右翼势力再次通过修改教科书来篡改历史、中国民众对此表达强烈不满。文章从历史、政治等角度分析了日本右倾思潮出现的原因，并指出中国人“理应表达自己的义愤”，态度鲜明，爱憎有别。但作者并未止于现象式的解说，而是审慎指出“义愤的宣泄不应超越法律，非理性的无序举动不仅无助于揭露日本右翼的真实面目”，通过联系犹太人揭露德国纳粹罪恶的种种努力和中国改造、教育日本战犯的成功历史，从较广的角度证明了理性力量的强大。最后，从展望的角度提出“激情加理性才是我们表达爱国热情的正确态度。”文章的论证过程就是从个别到一般、从现象到本质、从历史到未来，逐次展开的。

（二）加按语

按语是媒介编辑简要批注或说明新闻报道，包括评论性、说明性按语。其中评论性按语是最主要的。在不同媒介中，按语位置可视具体情况放在文前或文中。现在报纸媒介一般在标题之下、稿件之前加按语，称为编者按，作用主要是简要的评论和对读者阅读的指引。

评论性按语是对一篇稿件、稿件一部分，甚至是一组报道发表意见，简洁明快，是最简短的评论。新闻稿件若有需要点明而未点明的道理，又不需要以独立成篇的评论形式阐述时，一般加评论性按语。说明性按语主要是介绍稿件写作背景、基本内容、目的、受众比较陌生的问题等等。

按语最基本的特色是片言居要。为文章加按语应该注意：

第一，要短小精悍，避免长篇大论。按语应该尽量短小，善于用最精练的语言表达。

第二，立足报道并拓展报道。按语必须依托于报道，表达的所有内容都应该植根于报道，就事论理。同时，又要超越报道，以此及彼，不能拘束于报道内容：揭示报道意义和性质，警示事实中的偏向，概述报道主题和主旨，说明采写过程，解释生疏的报道对象等，都是超越报道本身的，而不是新闻内容的简单重复。

第三，定位要准，防止越位。媒体的舆论监督功能，只是监督、提建议，不具有约束力和强制力。按语应该态度鲜明，指涉的对象应有针对性、可行性，但又要把握好分寸，不能越权命令。

（三）加编后

按语是引导性、启发性、说明性的，编后是结论性、概括性、补充性的；按语往往位于文前，编后位于文后；按语是点到为止，编后要有论点、论据；按语言简意赅，编后则可以详尽。

在不同媒介形式中，编后可以针对某篇报道，一组报道或整个节目块。所涉内容可针对报道本身加以点评，可说明写作情况，可讨论报道体现出来的问题、某种现象，可思考报道体现出来的问题及其可资借鉴处。编后与按语在写作手法上有共通之处，都能引导受众超越报道本身来理解客体。但若感言较复杂，论点、论据充分，只能加编后。

（四）配资料

新闻报道关注的是新闻客体的“点”、当下、瞬间、动态等，而不能充分说明其“面”、过去与未来、历程和静态等。这就需要通过资料的配发，来扩展新闻内容。“配资料，就是用过去发生的事实和现有的知识等资料配合相关的新闻同时发表。资料是发展新闻的重要手段，它可以对新闻报道进行注释，说明其意义、价值、原因、性质以及今后的趋向等。”作为三度编辑的主要手段，编辑必须根据需要对事件进行纵向和横向的开掘、发展。

配发资料时，在内容上可从纵横两方面入手。一是时间角度的纵向拓展，如新闻客体的历史或同类客体的历史情况，配发的资料称新闻背景；一是知识角度的横向配备，直接着眼于相关知识的介绍，是说明性、解释性的，如对新闻客体概况的补充交待，配发的资料主要有新闻人物与组织、新闻地理、科学知识、名词术语、统计数字等。形式上，可从文字（音频）、照片（视频）、图示入手。

资料形式包括文字资料和照片资料。文字（音频）资料是以文字（音频）表述的形式配发的资料，可灵活安排角度、体裁、详略。照片（视频）资料是以照片（视频）的形象性说明、证实、解释新闻客体的资料，不十分讲究时效性。图示资料是以图示形式配发的形象性资料，能将复杂、枯燥、平面的新闻报道简单化、形象化、立体化，帮助受众更直接地理解新闻内容。

资料内容包括：

（1）新闻背景，交代新闻客体的历史，用历史来说明新闻，从昨天来看今天，从而使读者了解事件的来龙去脉，更理解新闻的内涵。它既指客体发生的时间、地点以及发生地的自然地理、经济地理、风俗人情等，又指同类事物的历史或现状。有些客体的发生，孤立地看似乎是偶然的，但如果在时间长河中考察，就会发现类似事件曾发生过。介绍同类事件的历史可以拓展受众的接受面，并引导受众更全面、更深入地理解客体。新闻背景资料增加了新闻的可读性，也依托新闻传播了知识。按照重点时间点叙述客体，历史是新闻背景资料的重要表现形式，即将涉及新闻背景的重要事件按时间（如日或月、年）加以记叙，条理清晰，便于阅读。

（2）新闻人物与组织，是对新闻报道中涉及的主要人物及组织的基本情况作简要介绍。如果人物与组织是新闻报道的主角，但公众并不熟悉，就需要配置相关资料。因为报道本身只能报道它们的事件，无法介绍个体。配发的新闻人物资料主要包括个人简历、个人爱好等。新闻组织资料主要包括组织的创建与发展历史、工作或经营范围、主要业绩等。

（3）新闻地理，是简要介绍与新闻客体有关的主要地点的基本情况，包括其自然地理、经济地理、政治情况等。介绍新闻地理涉及的知识，一定要围绕新闻客体展开，以让受众了解客体发生地的基本情况，理解发生地对新闻客体的影响、制约、促进作用等。

（4）科学知识。新闻中涉及专业性较强的自然科学、社会科学知识及其他知识，影响受众的新闻接受。报道本身无法在正文里做详细解释。此时就需要配发知识性资料加以补充介绍和通俗讲解。

（5）名词术语。新闻报道中常会涉及难懂的专业术语、历史典故、古典诗词以及成语、术语等。对于其中一些不太为人所熟知或不易了解的，编辑应配发资料加以解释和说明，介绍其出处、含义等。

（6）统计数字：新闻报道涉及大量统计数据时，仅靠文字无法形象说明，配上适当的统计数据表，可使报道形象化、文体化。

资料的配备，需要注意的是写作求“实”和立意求“补”，要深入浅出，有较强的针对性，密切联系实际。资料是客观情况介绍，要用事实说话，重在记叙。资料又是新闻的补充，涉及的是新闻正文无法详述、但受众又被激发起浓厚求知兴趣的内容。

（五）图文配置

图片与文字稿的关系主要有三种。一是两者从同一角度反映同一对象；二是两者从不同角度反映同一对象，如关于齐白石先生画展的文字报道配发的照片是参观者。三是图片从联合角度报道关联内容，扩大报道范围，如胡锦涛访日期间人民网配发了大量照片介绍日本风情。为文字稿配发的图片以其视觉形象，能增强新闻的直观性、真实性、通俗性、感染力、冲击力等。

在图文配置中，图片说明与内容应当正确。图片与文字稿应存在内在关联，以增强传播效应。

（六）交互配置

交互配置指围绕与新闻报道有关的实际问题，新闻产品提供的与受众互动的服务，包括服务信息、受众发言等。如“春运”期间，很多新闻媒体在报道交通运输情况的同时，往往会提供购票信息、方式等，甚至直接提供购票服务，将新闻报道、交互功能、（电子）商务等联成整体，充分发挥了媒体的服务功能。

由于特性原因，不同媒体的交互功能强弱不一。广播、电视、网络等媒介形式与受众互动时具有即时性，现场感与交流感极强，形象诠释了传播的双向性。网络虚拟空间综合利用静止的文字符号、流动的音频与视频符号，更具有相对无限性。报纸与受众之间的交互性则较弱。作为纸质媒介，报纸具有静止、空间有限等特性。为了更好地发挥交互作用，报纸可开辟“论坛”性质的园地，刊发受众言论，并配发编辑应答，形成编者与受众的双向互动。

练习

1. 选择一份报纸，阅读该报的要闻版，思考其稿件配合的方法，分析稿件配合的效果。

2. 试从报纸上选择一篇消息稿件，为其写作按语和编后。

3. 围绕最近发生的重大新闻事件写作一篇新闻评论。

第十六讲

新闻图片种类与新闻照片编辑

本讲要点

●新闻产品中常用的图片种类较多，主要有照片、漫画、速写、图示、图饰等。

●新闻传播中的图片具有以下作用：传播新闻信息、注释新闻信息、视觉作用等。

●新闻照片的选择应从新闻价值、艺术性、配置三个角度出发，其中，图片的新闻价值是决定因素。

●新闻照片的编辑，形式上包括配合文字稿、图片新闻（单篇、组合、专栏、专题、专版、频道），内容上包括剪裁照片、编写照片说明、制作标题。

报纸的版面是由语言符号、图像符号等组成的整体，其中语言符号担任着大部分、主要的信息传递任务，但是图像符号并不是版面上可有可无的因素，图片具有文字符号无法比拟的形象性、现场感、表现力与冲击力，在现代传播中越来越重要。所谓“一图胜万言”，对报纸来说，没有图片的版面，即使文字内容再好，也是“有缺陷的版面”。对电视、网络来说，图片简直就是安身立命的根本，尤其是在此基础上发展而来的视频等。

一、图片的种类和作用

（一）图片的种类

目前新闻产品中常用的图片种类主要有照片、漫画、速写、图示和图饰等。

1. 照片

照片是当前新闻产品采用最多的图片，可分为新闻照片和资料照片。新闻照片是以具有新闻价值的人、物、景为拍摄对象，通过重现其原貌，再现新闻现场。资料照片不具备新闻照片的时效性和新闻性，常用来介绍、证实新闻客体及其部分内容等。照片与文字符号一样，具有传播作用，有些照片还有美术价值，能美化版面、网页等。

2. 漫画

漫画用于新闻报道中，主要是借形表意，通过夸张变形的形象、形式，揭示存在的现实问题和现象，表达创作者的意见和态度。

3. 速写

速写的特性介于照片与漫画之间。同样以新闻人物和事件的瞬间动态形象为对象，照片是电子影像显形，速写则是绘画；同样是绘画，漫画强调的是达意，速写则是绘形。

4. 图示

图示包括新闻图表和新闻地图。新闻图表包括统计图表和示意图。统计图表将统计数字制表绘图，直观呈现新闻内容。示意图在统计图表的基础上，以形象化的手法示意，使数字的类比或对比更加鲜明。图表涉及的所有数据都必须绝对真实。新闻地图是严格按照标准地图，以更简明的地图形式标示新闻发生地的地理位置。图示有两种表现形态：一是配合文字报道，一是图表新闻。

5. 图饰

图饰不传播新闻信息，只是装饰，一般用美术图案点缀和烘托标题、栏题、版面、页面等，以增加新闻产品的美观度。

（二）图片的作用

图片以其鲜活的感染力和明快、艳丽的视觉效果被媒体青睐，在新闻传播中的地位不断提升，作用也日益明显。因此“采编人员要有图片意识（即在发稿时要想到尽可能配照片）；摄影记者要有版面意识（即拍摄时要尽可能想到如何适应版面的需要和印刷的效果）；版面编辑要有主体意识（即把照片与文字并重）”① 在网络新闻报道中，由于空间不受限制，新闻图片的利用更

① 范敬宜：《总编辑手记》，人民日报出版社 1997 年版。

具有优势，地位也更重要。

1. 传播新闻信息

现有的媒介语言中，文字、图片、音频、视频等都可以独自承担信息传播的大任。独立的图片新闻依靠图片本身传递信息，能以较少的篇幅，形象再现新闻现场、细节、氛围，具有较强的纪实性。一些复杂的现象，单用文字不易说清楚，用照片就较易说明。照片还可以突破语言的语种限制、阅读限制等，可接受性更强。同时，图片新闻具有文字新闻没有的视觉冲击力，易产生强烈的震撼效果。

2. 注释新闻信息

除独立传达新闻信息，图片的另一种表现形式就是在图文配置中配合文字报道，以证实、解说文字信息。首先，图片特别是照片能充分挖掘新闻信息，证实文字内容，直观，可信度高，能满足受众“眼见为实”的接受心理。其次，图片能形象地表现、描绘新闻报道的内容，增强新闻的易读性。比如照片能形象地再现新闻场景，图表、速写有利于解释枯燥的文字表述，漫画有利于传达文字表述之外的思考，是“无言的发声”。

3. 视觉作用

图片可以增强新闻的真实感、形象感，又可以作为修饰符号，美化标题、栏题等，活跃节目板块、版面、页面等。同时，好图片能以其鲜艳的色泽、优美的构图等，增强视觉冲击力。因此，图片特别是新闻照片已成为吸引受众的第一要素。

二、新闻照片的选择与编辑

编辑处理图片时，除应具有编辑人员的基本素质外，还应有基本的图片知识，了解图片的技术参数、合适的放置位置、图片艺术欣赏等。同时，应掌握充足的图片源，以从各种渠道获得图片。编辑应善于利用与摄影记者的关系，策划、指派记者拍摄合适的照片，并根据新闻价值与图片艺术选择、剪裁图片、撰写图片说明、制作标题等。

成功的新闻照片必须有足够的信息量、视觉冲击力、打动读者的感染力，以使受众从内容和情感角度立体了解新闻信息。但新闻照片首先应具有的是新闻价值，其次才是艺术性及与其他媒介符号的配置问题。因此，新闻照片的选择应从新闻价值、艺术性、配置三个角度出发，其中，图片的新闻价值是决定因素。

新闻价值是新闻照片最根本的特征，主要包括真实性、新闻性与正确性。

（一）新闻价值

1. 真实性

真实性是新闻的本质特征。新闻照片作为新闻形式，也应遵循真实性原则。新闻照片的真实性主要指照片所摄客体是否真实存在，包括新闻形象真实、细节真实、人物表情真实、现场氛围真实等。编辑要善于分析新闻照片的真假，以避免刊发虚假新闻。

数码摄影技术越来越广泛地运用于新闻摄影中，带来便利的同时，也产生了新闻摄影图片的真实性问题。面对新技术条件下虚假新闻频出的现象①，编辑处理图片时更需仔细鉴别照片的真伪。首先要对比照片与图片说明，发现有无纰漏，这是最表层的工作；第二，检查是否违反生活经验，如冬天飞燕子，胆小的藏羚羊与火车赛跑；第三，观察照片的构图，如光线、色温、比例、人物动作和表情、景物、立体感等是否协调一致；第四，寻求知情者、专家、权威部门等的帮助、认证。如 2007 年的“华南虎”事件涉及的照片，都应该找相关权威部门鉴定其真伪。

2. 新闻性

新闻性包括照片的时效性、重要性、接近性、趣味性等。时效性强调新闻照片反映的新闻客体应是新近发生、发现、变动着的事实。为获得时效性强的照片，记者、编辑首先要善于发现新闻，有快拍、精拍的意识与能力。重要性也是新闻性的一大要素。只有重要的、与受众日常生活紧密关联的事件、信息等，才是受众乐于接受的新闻。要获得重要的新闻照片，记者、编辑的新闻敏感度、民生关怀意识最重要。接近性强调新闻与受众

---

① 针对近年虚假照片事件不断，人民摄影报总编、社长霍玮指出，虚假新闻图片大致分为三类：一类是经过电脑技术后期合成制作，添加、减少或者更换一些新闻元素。这类图片大多可以通过景别的远近、大小、三维空间、色彩过渡以及渐变过程等进行初步判断。第二类是通过用照片等平面的东西为背景，添加一些实物或背景元素，通过舞台剧合成的形式拍出来的，这类图片识别起来较难。第三类虚假新闻图片是借用其他媒体资料或者场景的图片作为新闻图片，而不在文字说明中标明甚至标注新闻图片解说词。（人民网，http：//media people com cn/GB/22114/77961/77962/6892853 html）

所处物理空间、心理空间接近，如地域、习俗、健康等方面的接近。趣味性也是很多新闻照片的特性，特别是博览性质的照片，消遣受众是其主要诉求。

3. 正确性

新闻照片的形象性、直观性是文字符号无法比拟的，它所体现的舆论引导、情感指向、态度立场等，往往也是直接以一图胜千言。第一，正确性要求新闻照片应该摒弃导向不良的内容，保守国家机密，维护个人隐私等。报道政策性、民生性的重大新闻时，新闻照片应该引导受众正确理解、执行新闻内容等；报道涉及淫秽、吸毒、犯罪等问题的负面新闻时，不能为了吸引眼球而盲目报道，必须坚持正确的导向，剖析负面问题的实质，引导受众理性分析。

第二，摄影记者和编辑人员应具有较广的社会关怀，避免新闻照片细节的隐性错误。如在很多媒体的新闻报道中，都可以发现制服罪犯时警察把罪犯按倒在地，或罪犯戴手铐脚镣的图片。编辑处理这些照片时往往是为了体现法律的正义，却忽略了这些照片也体现了法律的暴力等，存在潜隐的错误导向。

第三，选择新闻照片，也要通过照片拍摄角度的选择、配置，流露正确的情感指向与态度立场，避免无形中肯定不文明现象等。镜头与摄影客体的角度关系会产生不同的“镜头”内涵。如正面拍摄令客体庄重，但相对平淡；侧面拍摄会增强客体的立体感，但光线不当，易歪曲事物本身的形态；从背面拍摄显得神秘、含蓄，但不易传达真切的新闻信息；仰角拍摄会使客体显得高大，占据画面的主导地位；俯拍有缩小、贬抑对象的意味。

（二）艺术性

1. 画面构成

为更直观地表达主题和方便制版，照片画面应层次分明、立体感强、主体突出、景物对比清晰等。否则，编辑放大或缩小图片后，制版就会模糊不清。黑白照片的黑白线条对比不宜太分明，彩色照片的背景不宜太复杂，主色调最好与节目板块的主色调、风格协调一致。同时，应注重照片艺术价值，如构图新颖、色彩鲜亮、场面典型、画面能正确传情达意等，从而将新闻性与艺术性完美统一。

2. 感染力

感染力包括照片的视觉冲击力和主题表达层面的情感感染力、意境熏染力。视觉冲击力要求照片拍摄最具动感的典型瞬间，在动态中展示新闻客体最具个性特征的一面、事件发展高潮的现场与细节，以无声地增强照片的情感感染力。同时，要充分运用景别语言，放大局部（如特写），反映整体、现象、倾向等，从而以突出的形象吸引受众关注、思考。景别由拍摄客体在画面中的面积大小决定，能产生不同的视觉吸引力。特别是图片组合、配置时，更能利用景别的变化，形成内在的叙事节奏、气质、韵律。大景别视野开阔，小景别视点集中。远景适于展示宏观性的全貌、大场面，信息全面，但因重心不突出而不易抓住受众视觉焦点；全景适于表现客体的形体动作、环境状况，有助于受众理解客体与环境的关系；中景、近景展示大部分或少部分客体，相对突出部分重心，对受众有一定的吸引力；特写突出关键细节，排除了一般元素，最能吸引受众的注意力，但相对其他景别则信息量不多，一般与文字稿、其他新闻照片配合使用。

意境美是新闻照片的最高要求，要求在基本的新闻信息之外，照片能通过画面传达深层内涵，在内容与形式的完美统一中形成深层空间，让受众回味无穷。

图 16－1

案例 1（图 16－1）：2005 年美联社编辑协会年度最佳新闻照片。2005 年 1 月 17 日，印尼班达亚齐郊外的稻田里，海啸灾区的儿童争相领取澳大利亚救援直升机空投的救灾物资。因为报道的是当时海啸造成的灾难性影响，极具新闻价值。从构图角度看，照片选取了小孩仰头朝天的姿势和站在水里的细节，显示出他们极度的饥饿、惶恐、渴盼等内心情感，感染力极强。而它实际能引起受众更多思考，具有巨大的情感想象空间。

案例 2（图 16－2）新华社拍摄的“5·12”四川汶川大地震中的画面。

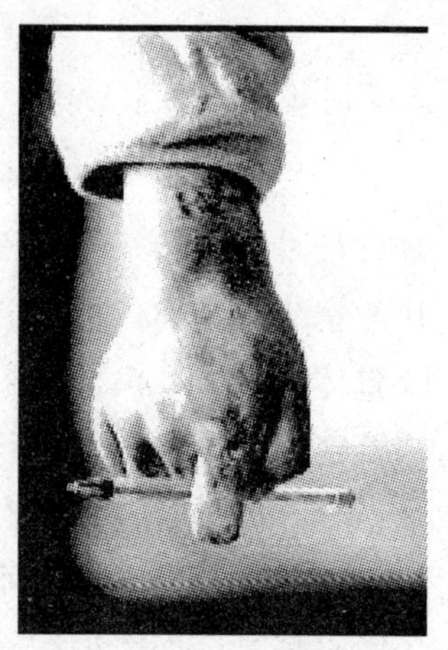

图 16－2

照片采用特写形式，放大了一遇难小学生仍握着笔的手，将灾难细节震撼性地呈现出来。同时，镜头是平视的角度，既未仰视，也未俯视，显得凝重。整幅照片看似冷静，实则蕴含了极大的情感空间，完美融合了视觉冲击力与情感、意境感染力。

（三）配置

前几个方面都是从照片自身入手，解读新闻照片的选择标准。配置角度则从照片与周围"语境"的关系角度入手，强调照片与文字报道、标题、其他照片、新闻产品的协调与配置。

照片与文字报道的配置是图文配置。不论主稿是文字稿，还是新闻照片，都要求二者协调一致，包括时间、地点、人物、内容、情感态度、内涵等，而且应该深化报道主题。除了与文字报道相配合，当代传播语境中越来越多地出现照片之间的配置，如图片专题报道、图片专栏、图片频道等。首先，各照片画面内容不能重复。第二，照片构图应相互配合，通过景深、景别、图片大小的互补等，使图片整体效果大于单片效果之和。如使用内容非常丰富的照片时，为使受众清楚照片所表达的信息，最好配置一张特写照片，既展示整体，又突出细节。选择形式与形状更适应版面需要的照片。第三，为了版面、页面的视觉平衡与和谐，照片还要有内容的静与动、情绪的起与落等方面的呼应，张弛有度，有内在的节奏感。

图 16－3

不同的新闻产品有不同的传播特点，新闻照片的风格等必须与产品的性质、受众群体特性等一致。如党报风格沉实，照片亦应该严谨；娱乐性新闻产品风格轻松，非重大事件的照片就不适合再选用严谨的。只有配置得当，新闻照片才能加强传播力度，提高传播质量。

案例（图 16－3）：马克·埃德尔森（近

10 年内曾两次获得“全美报刊最佳编辑和版式设计”的图片编辑金奖，7 次获最佳版式设计奖）获奖版面设计。本版面的照片从表现对象、景深、拍摄角度、情节、情绪上的动与静等多角度配合，令受众从比赛本身、球迷热情、球员庆祝、狂喜之后的放松等画面全面了解 Cardinal Newman 队首次获得男子篮球联赛冠军的过程及全场情境。

练习

1. 请分析照片：

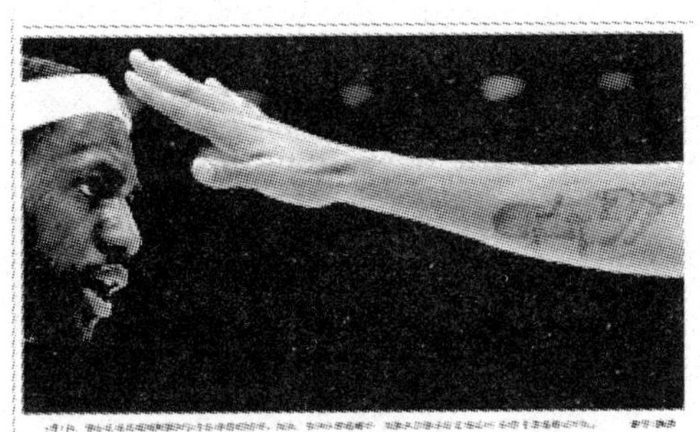

2008 年 4 月 3 日，NBA 常规赛中，克里夫兰骑士队主场以 98∶101 负于芝加哥公牛队。4 月 5 日《齐鲁晚报》A19 版选取骑士队代表球员詹姆斯面对公牛队球员防守的特写照片。该照片位于版面中心位置，六栏中占了五栏。

2. 拍摄一组校园生活照片，并编辑处理，制作文字说明与标题。

第十七讲

非新闻照片类的图片编辑

本讲要点

●除新闻照片的编辑，新闻图片编辑还包括非新闻照片类的图片编辑。这类图片包括资料照片、新闻漫画、新闻速写、图示、图饰等，或独立运用，或配合正文。

●按内容形式分，新闻漫画主要有政治、社会性漫画和漫画插图等。幽默、风趣是其共同的特性。

●新闻图示是用绘制的方式，形象化地展示新闻涉及的数字、专业知识、环境地理等。它有两种呈现形态。一是新闻报道的配置资料，用以解说内容，或作为背景资料；一是独立的图示新闻，直接以图示形式报道新闻。它有多种表现方式，较常见的是平面图和三维图。

除新闻照片的编辑，新闻图片编辑还包括非新闻照片类的图片编辑。这类图片是指图片本身在传达新闻事实时，和文字相比，有时处于次要地位，以证明文字或起装饰作用，包括资料照片、漫画、速写、图示、图饰等。

一、资料照片编辑

资料照片不强调照片的时效性，不以新闻报道为己任，主要用于资料性配置，包括历史照片、人物肖像、风情照片等。编辑非新闻类照片，不同的性质、内容、用途，有不同的选择标准。

1. 特指性资料照片

照片内容涉及某一特定对象，如老年唐太宗、夏日夜青岛、卢沟桥事变等，是特指性照片。选择这类照片，应标明特定对象名称，确保照片来源、画面内容的真实有效性。如介绍历届奥运会冠军时，就有媒体用错冠军肖像照片，张冠李戴，是严重的失职。还有一类资料照片在流传中被篡改，特别是因为历史原因变得不完整，与事实不符，也不能选用。

2. 泛指性资料照片

照片内容不是关于某一特定对象的，而只是泛指一种生活现象、一类人、某一种习俗等，如老北京茶馆、二十世纪二十年代里弄风情、土家族巴山舞等，是泛指性资料照片。选择这类照片可以侧重艺术性，但不能忽视其画面内容、情感倾向等，如画面内容不健康，情感变态，有明显的歧视意味，都不宜刊发。

案例（图 17－1）：2008 年 4 月 13 日《齐鲁晚报》A8 版刊发了围绕国际米荒的集纳专版，主体稿件《国际米荒很难影响中国》标题之下，配发了这张资料，图片说明是“4 月 7 日，世界最大的稻米进口菲律宾首都马尼拉贫民区的一名儿童在吃饭。”这是一张泛指性照片，将小孩纯真的眼神与“国际米荒”这个沉重的话题并置，不能不让人思考，如国际米荒中，贫民能否得到足够的粮食？贫民儿童呢？米荒中最受威胁的是哪个群体？米荒会不会影响世界未来？

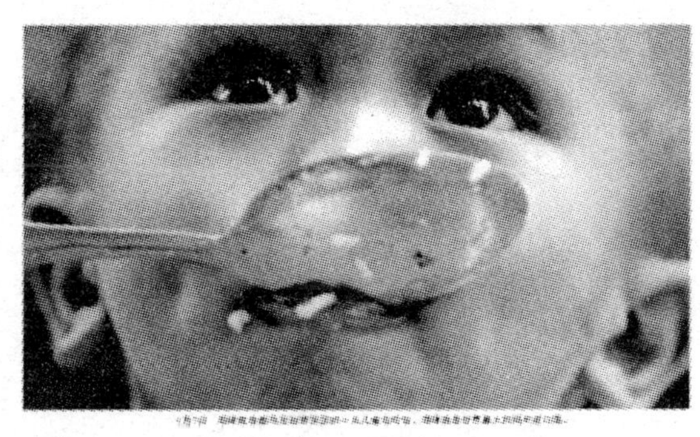

图 17－1

二、新闻漫画编辑

优秀的新闻漫画融新闻性、评议性、艺术性于一体，往往能以其形象的夸张、变形，寓庄于谐，轻松传达主题，引导受众在戏谑中感受严肃，提升新闻内容。按内容形式分，新闻漫画主要有政治、社会性漫画和漫画插图等。

幽默、风趣是其共同的特性。

（一）政治、社会性漫画

政治、社会性慢画是漫画的主要类型，往往有较强的时效性。它利用简洁的艺术符号，评议新近出现的社会现象或问题，表达深刻的思想观点。从倾向看，常以当下普遍受关注的热点问题为对象，形象而又逼真地宣扬、鼓励、赞颂正面，或者揭示、抨击、鞭挞反面，极易抓住受众的兴趣点，激发他们的思考。从内容看，评议性漫画指涉的可以是某一具体对象，可以是社会现象或较普遍存在的问题（通常为后者）。但与新闻报道不同的是，其具体对象或社会现象都不局限于事实本身，事实本身只是意念激发点。

案例（图 17－2）："仅存于诺亚方舟的动物躲过了洪水，能躲过偷猎者的枪弹吗！"格那都·包利斯（以色列）

图 17－2

（二）幽默画

这主要指消遣性的漫画。它选取人生中的一些常见的镜头，给人以愉悦，但同时以含蓄的手法表达人生的哲理，对人生中的某些弱点提出善意的批评，使人在一种轻松的状况下，领会其中的积极意义。

漫画插图是附属于文字的漫画。它的作用在于利用夸张、幽默的特点，深化文字的主题思想和渲染内容的感情色彩，如配合新闻、通讯或文集评论的漫画；或是通过形象的分析，使复杂、深奥的概念变得通俗易懂，以帮助读者理解文章的内容，如配合科普文章的插图。

图 17－3 案例（图 17－3）：2008 年 6 月 5 日新加坡联合早报网新闻《奥巴马赢了将与共和党麦凯恩争总统宝座》配发的漫画插图。

图 17－3

意图的轻骑兵，是媒体发言的一种手段，因此在编辑漫画时要注意以下几个原则：

1. 要有分寸

首先，选取讽刺或歌颂（主要是讽刺）的对象要注重社会效果，有些不良的社会现象，虽然应该批评，但要采取与人为善的态度。采取无情打击做法，并不利于问题的解决。其次，漫画强调幽默和夸张，但要避免浮夸，过于夸张会走向事物的反面。如对一些失足者的讽刺，不能只体现他们的不足，不能把他们描绘得不可救药，要掌握分寸。

2. 含意深刻

一幅好的漫画，不但要能令人惊，令人喜，还要令人思，使人看后回味无穷。

3. 构思新颖

漫画的作用在于使人们在不经意间受到启发，这就要求漫画有一定的艺术表现力，要选取好角度，构思新颖。

案例：2006 年因为伊朗在核问题上的强硬态度，油价面临进一步上涨的危险。基于石油与战争的关系，2006 年 8 月 20 日《广州日报》A8 版刊发了《石油与战争》专栏，其中漫画《缺少石油就没有自由》（图 17－4）（获广东 2007 年新闻奖一等奖）采用仰视角度，通过“新编”美国自由女神像，形象地讽刺了美国的强国心态、自由言论的虚伪性等。另一幅《信不信由你》（图 17－5）配发了人物语言：“如果伊朗遭制裁？哼，油价将突破每桶 200

美元”，补充了标题内容，让受众更清楚所要表达的内容及伊朗态度强硬的原因。这两张漫画配置在一起，又让受众能够全面理解美伊双方的态度：美方凭借军事实力威胁，伊方凭借经济因素抵抗。

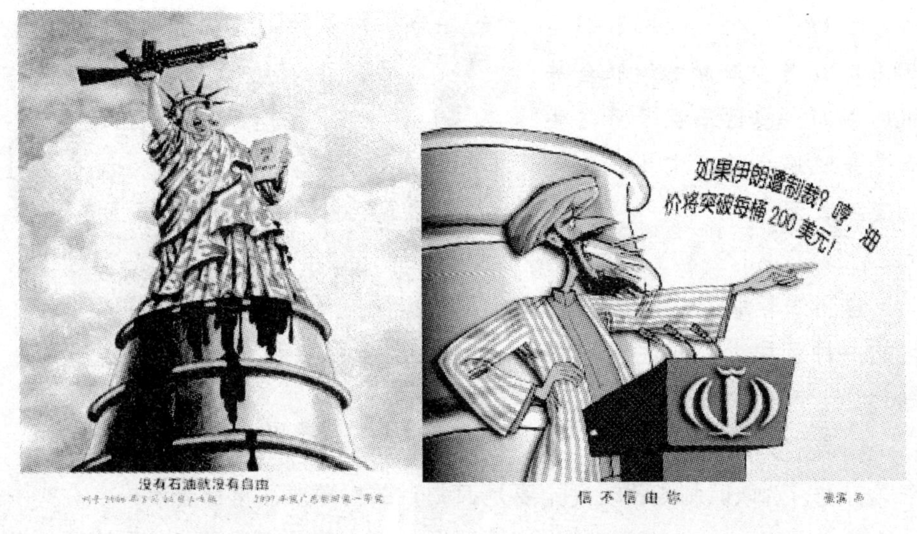

图 17－4　　图 17－5

三、新闻速写编辑

新闻速写包括新闻人物、场景等的速写，是借用绘画手法来配合新闻报道，一般用于报道重大新闻事件、展示新闻人物风采、在文字稿没有照片配置的情况下弥补其形象性。选择新闻速写，首先应衡量画面内容的真实性与重要性，考察其是否反映了新闻客体最本质的特征；其次，衡量其艺术水平，如构图是否新颖、形象是否生动性等。

四、新闻图示编辑

新闻图示是用绘制的方式，形象化地展示其中涉及的数字、专业知识、环境地理等。它有两种呈现形态，一是新闻报道的配置资料，用以解说内容，或作为背景资料；一是独立的图示新闻，直接以图示形式报道新闻。它有多种表现方式，较常见的是平面图和三维图。

1. 新闻图表编辑

新闻图表是将新闻统计数字以图表的形式表现出来，提供信息。与文字稿相比，新闻图表简明、直观、信息量大，有较强的叙事性，能简括复杂物体的基本特征。

制作与选择新闻图表，首先要衡量题材分量，确保图表存在的必要性。新闻图表一般关涉的是较重大、且不易通过文字清楚表述的题材。凡是题材不重要、通过文字就能清楚表达内容的新闻，就不要用图表。第二，审查图表是否准确。新闻的准确性是真实性之下的一个重要原则，不论是作为资料性的图表，还是独立的图表新闻，都应准确无误，其中涉及的所有细节都应来源可靠。第三，观察图表构成。图表构成比例、符号语言都应合乎统一规范，如线条、符号、文字、色块等。此外，图表配置文字报道时，图表内容不要与文字内容重复，以节省文字报道篇幅。为方便受众理解，新闻图表应尽可能简单易懂，有时也可以加相关卡通形象或装饰，以活跃图表。

案例（图17－6）：2006年05月21日《广州日报》A2版《三峡对明天的中国意味着什么》配置的图表，条理清楚地介绍了三峡大坝全线到顶后的工作建设进程，并装饰了三峡大坝一个建筑工人的三维图，增强了现场感与动感。

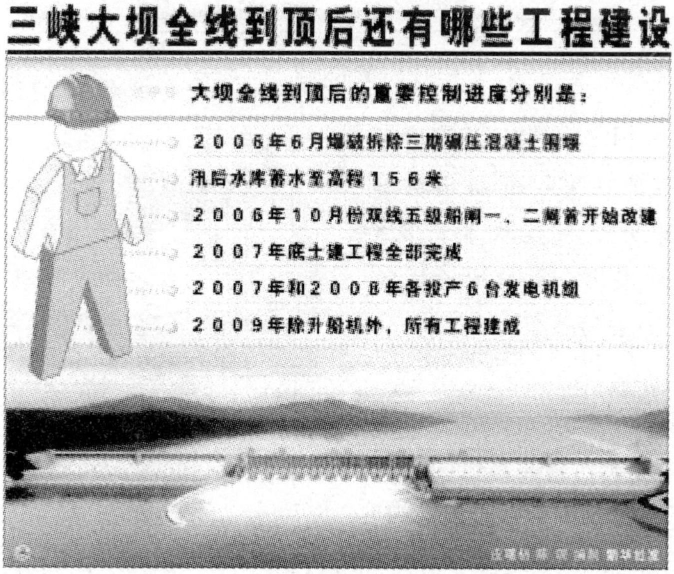

图17－6

2. 新闻示意图编辑

根据内容是否涉及统计数字，新闻示意图可以分为两种类型。一类将统计数字绘制成图（而不是表格），生动、形象地展示一组数据，是新图表的变形发展，比新闻图表更具可读性。因为表格是平面的，图形则有立体性，能无声展示数据之间的关系，主要有曲线图、柱状图、饼状图三种形式。

案例 1（图 17－7）：国家发展与改革委员网站公布的 2006 年 9 月份国家工业生产增长放缓的曲线图示。图示通过实际值与同比增长两个数据的走势，形象分析了 9 月份工业生产增长的放缓。

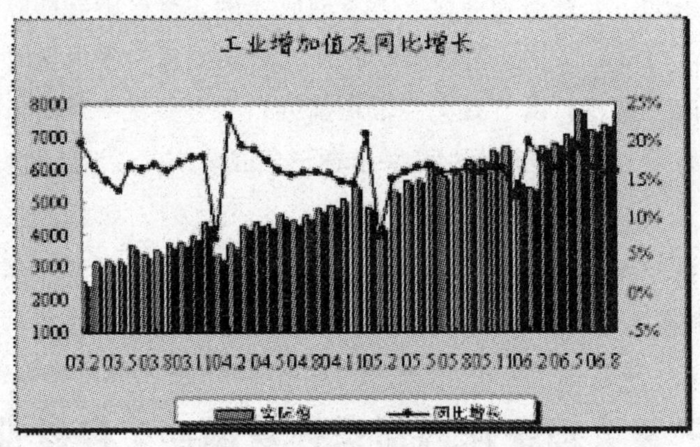

图 17－7

案例 2（图 17－8）：2008 年 4 月 2 日《经济日报》15 版示意图《2007 年发明专利授权共 67928 件》。此饼状图十分简洁地讲述了专利授权两大类的数量、比例。

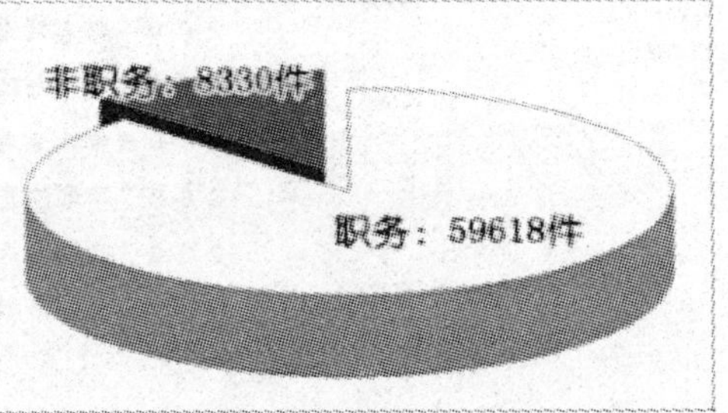

图 17－8

一类新闻示意图无关数字，主要是形象化地表现新闻报道中抽象复杂、难以明白或专业性过强的内容。

案例 1（图 17－9）：2008 年 4 月 3 日《广州日报》A12 版为新闻《英国

“人兽混合胚胎”存活3天》配发的示意图。该图介绍了人兽混合胚胎的实验流程：分别从人体细胞提取遗传物质或细胞核、从母牛的未受精卵中剔除几乎图17－9全部遗传物质或细胞核，将人体细胞的细胞核植入剔除遗传物质的动物卵子，电流刺激卵子分裂形成胚胎，其中99.9%的遗传物质来源于人类，0.1%来自动物。干细胞会从胚胎核心中抽出并最终长出组织。

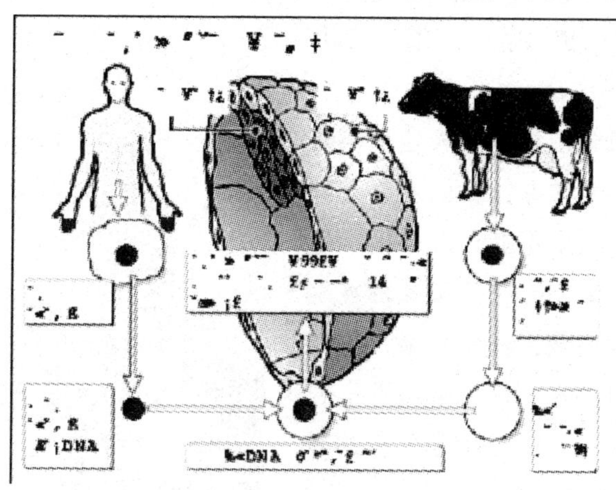

图17－9

案例2（图17－10）：2008年“两会”期间，提出要实行大部制改革。3月12日的《齐鲁晚报》在头版刊发图示新闻《大部制改革方案提请审议（引题）国务院将新组建5个部（主题）》，介绍了工业和信息化部、交通运输部、人力资源和社会保障部、环境保护部、住房和城乡建设部的前身、管理范围。

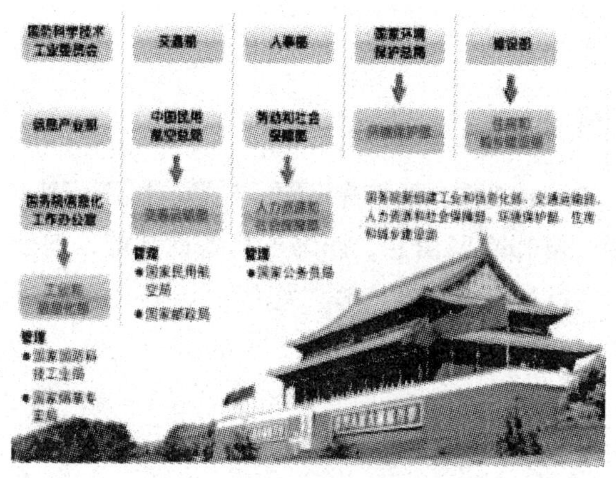

图17－10

3. 照片图示编辑

照片图示是照片与新闻图示的结合。它不纯粹是新闻图示式的绘制，而是根据报道内容，在照片上绘制某些示意符号形成的新闻图示。照片图示使用的照片新闻性往往不强，或者根本没有新闻性。根据《华盛顿邮报》等的规定，照片图示的使用手法“必须明显或者夸张”，就是说，图示部分在视觉上必须十分明显，能让受众一眼就看出来。

4. 新闻地图编辑

新闻地图用线条和符号表述新闻客体的空间地理，包括方位、区域、空间布局等。新闻地图虽不能完全如标准地图一样准确，但绘制时应该按照标准地图的比例，基本正确，特别是涉及国界等常识性的知识。它可作为解说性资料配合文字新闻发表，也可作为独立的新闻地图发表，配以文字说明。

案例 1（图 17－11）：本示意图刊发于 2008 年 4 月 19 日《齐鲁晚报》A2 版，借助标准地图，以新闻地图的形式，直观、形象地绘制了京沪高速铁路建成后行经的站点，比文字表述简单易懂。

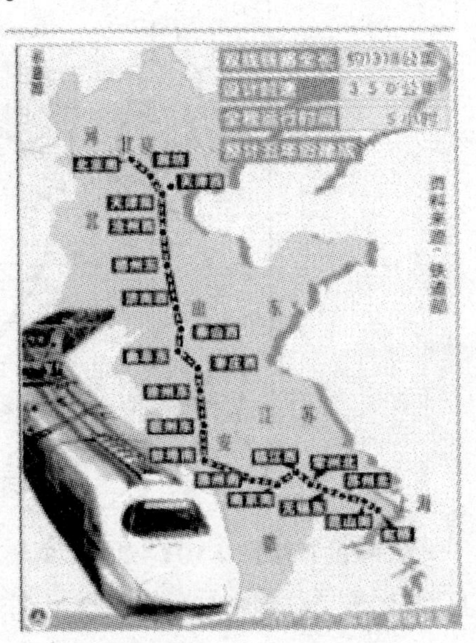

图 17－11

五、图饰编辑

图饰是新闻产品的装饰，如装饰标题、栏题、版面、某一板块、页面等。图示能形象解说、解释新闻信息，图饰不具备此功能，但能表达编辑思想、稿件内容，标志栏目与版面，是艺术“发声”。

第十八讲

版面元素与编辑思想的传达方式

本讲要点

●版面空间和编排手段等版面元素能够隐蔽地体现报纸的宗旨和编辑思想。

●开和开版、版和版序、区和区序、栏和栏序以及版面结构组成了版面的空间元素。

●字符、字号、字体、线条、色彩、图像构成了报纸的主要编排手段。

●编辑常常使用文转另版、题文分置、摘发要点、标题新闻等方式有效地优化、利用头版空间。

办报宗旨很大程度上以报纸的言论、传播内容的选择、传播角度的选择等方面来体现，这种体现直接而鲜明；除此之外，编辑还可以从诸如版面位置、字体字号、线条花边、稿件配合、版式特征等版面元素，我们称之为“编辑语言”来暗示，相对隐蔽地传达报纸的思想，表达编辑的观点。

版面元素，是指在一定的报纸出版物空间内，版面编辑人员所利用的各种编排手段，传达编辑意图，从而达到内容与形式的完美统一。版面元素是编辑思想的表达方式。现代版面的意义，从形式而言，本身就是一幅画、一件设计作品，一件艺术品，它是一个个色块的和谐组合，是内容和形式的完美统一。

一、版面元素

（一）版面空间

1.“开”与“开版”

一张标准纸张的大小为：108cm×78cm，“开”的意思是裁开，把标准纸对半裁开为对开，1/4 裁开为四开。我国报纸版面目前主要有两种版面规格，一种是对开版面，如《人民日报》、《光明日报》和一些地方党报；一种是四开版面，如《参考消息》和各种都市报等。

报纸开张大小的选择是由报纸的性质和读者的方便阅读决定的，对开报纸显得大气、庄重、严肃，多为国家机关报纸所采用；四开报纸方便阅读，特别是在街头巷尾的阅读，多为面向大众化的报纸所采用。不管是哪种开版，每一张都设计成 2 个版面，正反 4 个版面，这也是考虑到读者阅读的方便。

2. 版与版序

一份报纸由多块版面组成，少则 4 版，多则几十版、几百版。表示各个版的先后次序，就是自然版序。报纸表现自然版序有两种形式：一种形式是报纸每一张单独折叠，自成体系，每张报纸的自然版序相接。如《人民日报》的版序，第一张报纸为 1、2、3、4 版，第二张报纸为 5、6、7、8 版。另一种形式是各张报纸重合折叠，依次形成的自然版序。如《北京晚报》，它像一本八开本的书，从头到尾，1、2、3、4、5……按次序排列。

随着报纸的扩版，版面越来越多，有的又根据内容需要将报纸分为“叠”：A 叠、B 叠、C 叠、D 叠，或者加上标题表示：A 叠要闻、B 叠财经新闻、C 叠体育新闻、D 叠副刊等。每一叠报纸单独折叠，根据自己的版数又重新安排版序自然衔接，如《广州日报》、《羊城晚报》等报纸都是这样安排的。这种版序非常方便阅读。

在报纸的诸多版面中，每个版面的重要程度是不一样的，表明版面次序的叫做版序。读者阅读报纸一般习惯先看第一版，因此第一版与其他版面相比，更具有强势，报纸将第一版作为要闻版，常用来刊登重要的新闻和评论。要闻版地位优于其他版，同一条稿件，标题字号不变，放在其他版的头条也不如放在要闻版的一般位置更为突出。

按照阅读习惯，打开报纸，读者目光往往落在第三版上，其次才是第二版、第五版、四版……因此报纸的版序一般是一版 > 三版 > 二版 > 五版 > 四版……

3. 区与区序

报纸版面中的文章安排，都设计成一个一个的“块”，它所放的版面的区域称为区。根据读者的阅读习惯，横排报纸从左到右，从上到下；竖排报纸的顺序是从右到左，从上到下形成区序。所以，每个文章安排的位置在版面上也具有不同的强势。一般来讲，在横排报纸的版面上，左侧强势优于右侧，上半部优于下半部；对于竖排报纸，则是右侧优于左侧，上半部优于下半部。

区序是相对而言的，它不是一个死板的模式。正确的态度是积极利用这种区序的规律来为编排思想服务。稿件在版面中强势的体现，区域只是一个方面，还有如稿件占版面空间的大小，标题字号的大小，标题的长度与厚度，插图与否，是否加框等多种形式，都是综合考虑的因素。

如现代报纸的设计，常常把最重要的新闻放在版面上中部。又如倒头条设计，即在版面右下角位置安排一条得到强化处理的新闻，它的标题字号和编排手段都接近当天的头条新闻，产生与头条遥相呼应的效果。还有的报纸常常摆脱区域限制，大起大落的结构使版面充满生气。

4. 栏和栏序

（1）基本栏。报纸的版面比较大，如果像书本那样文字从左排到右通行排列，每行文字很长，读者在阅读时不便找到下一行，因此，就划分成几个栏，便于编排和读者阅读。过去手工排版时，为了方便，各报都设计出了自己的报样纸，设计成一个个的文字矩形阵，竖的列称为栏，这就是所谓的基本栏。

一个版面按几栏分是相对固定的，每一栏的宽度或高度相等。这种宽度和高度相等、相对固定的栏就称为基本栏。我国对开横排报纸大都分为 8 栏，每栏 13 个字；四开报纸则多为 7 栏。

（2）变栏。版面除了采用基本栏以外，还经常采用变栏。因为基本栏已经比较小，所以在国内小于基本栏的变栏基本不用。变栏有两种形式：一种是长栏，即栏宽成倍于基本栏，如两栏合为一栏，称为二作一，三栏合作一栏，称为三作一，适用于内容重要又比较长的稿件，这种排法显得比较庄重，读者阅读起来视线移动较少，节省目力；另一种是破栏，它的栏宽并非成倍于基本栏，如三栏破为二栏，称为三破二，五栏破为二栏，称为五破二。

报纸版面的基本栏确定以后，就有一个自然栏序。横排报纸的自然栏序是从左至右。以八栏制为例，最左边的一栏为第一栏，最右边的一栏则为第八栏。竖排报纸的栏序则从上至下。横排报纸的栏序是左边的栏优于右边的栏，按强势划分，第一栏最具强势，以下次之。因为我国报纸重要新闻的题与文很少排一栏的，因此编辑更注重区序而不是栏序。

5. 版面结构

现代报纸版面，主要由报头、报眼、正文（含标题、文字、图片和广告)、报尾几个部分组成。

报头是报纸的名称所在，它用大的字体刊登在第一版左上部位置，和一些相关的需要向读者交待的报纸信息一起设计。如日期、天气预报、刊号、期号、报纸名称的汉语拼音及电子网址等。有些报纸有当日版次内容的预报，如《广州日报》标明“A叠：要闻”、“B叠：珠江三角洲新闻”、“C叠：财经”、“D叠：体育”等。有的还加上自己的社徽。各家报社在报头的设计上都力求新颖独特，别具一格。报头在版面空间的位置基本上是固定的，但这种固定是相对的，如遇重要新闻或特殊编排的需要，也有所变动。

报头部分的设计是最讲究的，它是报纸最明显的标志，从字体的运用到色彩等，构成一个完整的整体。设计好后固定使用，轻易不变。为了设计的美观大方，报头部分容纳的内容不可太多，容纳不下的内容可放于报尾。

报眼，也叫报耳。横排的报纸，报名一般放在左上角，与报头相对的右上角位置，称为报眼。报眼地位显著，但容量小，一般发表重要的短新闻，也是刊登广告的黄金位置。

正文指版面上消息、通讯、评论等各种体裁的新闻报道内容，包括新闻的标题、图片、广告等。

报尾和报头相对应，刊登报头部分容纳不下的次要内容，如刊号、报社地址、邮编、电子信箱、发行电话、广告经营许可证，甚至天气预报等。一般放在每份报纸的末版或头版的最下方，也有的放在其他版的最下方，用一条横线和正文隔开。

（二）编排手段

1. 字符、字号与字体

字符是人类所使用的抽象意义上的纪录符号，包括文字、数字、公式、标点符号、感情记忆符号等等。如“1”、“中”、“a”、“$”、“¥”、“@”……媒体传播不仅使用文字的形式，也采用各种表情达意的符号。我国通常用来区分字符大小的规格有两种方式，一种是号制，另一种是磅制。

表 18－1 一些常用号制和磅制的大小及二者之间的倍数关系

字号	磅数	大小（mm）	倍数
特大号	63	22.05	五号的 6 倍
特中号	56	19.6	四号的 4 倍
特初号	48	16.8	小四号的 4 倍
特号	45	15.75	小五号的 5 倍
小特号	42	14.7	五号的 4 倍
初号	36	12.6	小五号的 4 倍
小初号	30	10.5	七号的 5 倍
大号	28	9.8	四号的 2 倍
小大号	24	8.4	小四号的 2 倍
二号	21	7.35	五号的 2 倍
小二号	18	6.3	小五号的 2 倍
三号	15.57	5.5125	六号的 2 倍
四号	14	4.9	七号的 2 倍
小四号	12	4.2	
五号	10.5	3.675	
小五号	9	3.15	
六号	7.875	2.75625	
七号	6	2.1	

号制是通过字号来表现的，如 3 号字、4 号字、5 号字等等；磅制由英文

point 翻译而来，缩写为大写字母“P”。磅制的换算比较容易，按规定每 P 为 0. 35mm。有些软件把磅也称为点，比如 11 点就是 11 磅。

号制的使用比较简单，但换算比较复杂，它是以常用的四、五、六号字为标准，加倍设计的字号系统。上表列出了一些常用号制与磅制的大小及二者之间的倍数关系。

我国报纸常用的字体有宋体、仿宋体、黑体、牟体、隶体、行楷、魏碑、姚体等。若加以倾斜、旋转、勾边等技术，变化更为多端，从而使报纸版面的字体更加丰富多彩。

字体和字号都有示意的功能，不同的字体有着不同的特征，风格色彩各异：宋体端庄大方，仿宋体轻巧纤丽，它们是报纸版面最常用的字体，黑体、黑变体粗犷雄浑，一般运用于沉痛和庄重一些的内容，楷体舒展活泼，牟体谨严秀气，隶体典雅飘逸，魏体古朴有力……字号（主要是指标题的字号）可以显示稿件的分量，字体可以显示稿件的特性。因此，一个版面上各篇稿件所选用的字体、字号都与稿件的内容息息相关，从而将编辑对稿件的评论清晰地传递给读者。

2. 线条

线条是现代报纸上运用广泛的版面编排符号之一。线条种类很多，包括直线、曲线、点线、花线、花边等。直线又可分为粗线（反线）、细线（正线）、两行粗线（双反线）、两行细线（双正线）、一粗一细线（正反线、文武线）等。一个版面上既可以运用多种多样的线条，也可以全用某种线条。

线条在版面上可以起到以下几个方面的作用：

（1）分割和结合稿件。在稿件之间加以线条，就能把版面中不同类型的稿件区分开来，使其眉目清楚。这样有利于读者阅读，避免错觉；同时可以表示稿件与稿件之间内容上的区分。用围边、勾线的方法则可将几篇稿件结合在一起，使其在版面上形成一个统一的独立的整体，使读者在阅读时很自然地将它们结合在一起。版面上的专栏就常常利用线条的结合功能达到自成一体的效果。

（2）强势作用。重要的稿件可以借助线条使其突出。给整篇稿件围边线，稿件就会因版面处理上的不同而显得突出，从而引起读者的注意。给标题加框线，可以使标题格外醒目，视觉冲击力强。

（3）美化版面渲染气氛。线条是美化版面的重要手段。在稠密的文字丛中，插入线条和花边，可以使版面生动而富于变化，给人以舒展开朗的感觉。

不同的线条有不同的符号意义，如曲线活泼，点线朴实，反线深沉，正线清秀，花边艺术效果很强等。因此可以用不同的线条来表达不同的感情色彩，加强报道的感染力。但线条和花边切忌乱用，应依据题材、主题及新闻的感情色彩等加以设计，并要考虑到整块版面的协调。比如，批评或揭露性的报道、表示哀痛的报道，就不宜加花线花边。版面编辑应该研究各种线条所蕴含的符号意义和美感意义，这样才便于增强版面的感染力和表现力。

3. 图像

图像的具体形式有照片、绘画、刊头、题花、题饰等，是版面上最具强势的视觉刺激物。

由于图像主要借助视觉形象来产生直观效果，具有文字难以替代的作用，可以起到极为理想的传播效果，因此备受组版编辑的青睐。现代报刊的一个重要趋势就是图像在版面上的运用越来越受到重视。图像可以起到烘托主题、强化新闻的作用，同时也能活跃版面，渲染气氛，具有其他编排形式无可比拟的强势与优势。

运用图像也要慎重，要根据新闻的内容特点来选择，同时考虑到版面的整体构思，力求做到协调美观。一个版面上的图像不可过多过滥，否则版面就会显得杂乱无序，不利于读者阅读，失去应有的效用。

4. 色彩

色彩也是一种常用的版面编排手段。它可以使版面增加特定的气氛，如节假日的报道套红，就增添了版面上欢快的气氛。如果版面中局部套色，就使该稿件因色彩上的强烈对比而显得分外醒目。因此，套色是突出重要稿件的一个有效方法。色彩的运用也有助于活跃、美化版面。

传统的版面上只有黑白两色，现代报纸上彩色的运用增强了版面的表现力，更利于营造气氛、美化版面。

色彩会引起读者的情感反应。如暖色偏重，冷色偏轻，暖色有前进感，冷色有后退感。因此色彩的运用要与内容吻合。

黑、白、彩色的运用大有学问。黑色是版面上的重要色彩，标题、图像、线条都是黑色，视觉冲击力强，照片位置与标题分布就应特别小心，以免使黑色布局失去均衡。白色是不着色的色彩，题、文、图四周适当留白可以形成鲜明对比，以虚衬实，现代版面用大量的留白，来代替线条的分隔作用，使版面疏密相间，黑白相宜，会给人赏心悦目的感受。彩报主要由版面上的彩色照片体现，彩色照片形象逼真，会格外吸引读者。

当然色彩的运用也要适度均衡，要避免使版面变成“万花筒”，失去应有的简洁和明晰。

二、版面空间的利用

这里指的是头版版面空间的利用。因为如我们前面所讲，头版具有很强的优势，一条信息放在头版和其他版效果完全不同；同时，头版肩负着吸引读者眼球的任务，读者在一堆报纸中是否购买该报纸，首先是看头版，看头版中的主要信息是否是自己关心的，而且不同的读者喜好也不相同。为了更多地吸引读者，报纸的头版内容往往尽可能搞得丰富一些。尽可能地满足绝大部分读者的需求成为编辑们追求的最理想效果。但是头版的空间又是有限的，这就造成了编辑理想与现实之间的矛盾，为解决这一矛盾，在长期的编辑实践中，人们不断地摸索，创造了一些有用的方法。

1. 文转另版

一些比较重要但篇幅较长的稿件，往往在头版放标题及部分文章，把其余部分的文章放在其他版面。这种方法的优点是，突出了稿件的重要性，又节约了要闻版的篇幅；缺点是读者阅读一条新闻需要翻页，不太方便，同时也给其他版面的编排带来不便。

同一个要闻版转版的文章不宜过多。过多地转版既不方便读者阅读，又使别的版变成了一个临时大拼盘，难以体现编辑的总体意图。

2. 题文分置

也就是题在头版而文在其他版。有两种情况：一是重要新闻比较多，头版难于安排的；二是对其他版重要文章的强调，给读者一个导读。用这种方式编排，放在要闻版的标题必须加框，否则很容易与其他稿件混淆，因此这种方法应慎用。

3. 摘发要点

将标题和要点放在头版，文章放在其他版。它适用于重要但篇幅较长的稿件，这样既可以节约头版的空间，又可使一些无法看完全文的读者也能从摘要中了解文章的主要内容，节约读者的时间，是报社采用较多的编排方法之一。但是这种处理方法使文有重复，版面不太经济。而且，使用这种方法需要花费编辑较多的时间，如时间紧迫则较难完成。

4. 标题新闻

也叫一句话新闻，把新闻的内容完全砍掉，只保留能概括新闻事实的一句话就是标题新闻。如“五月四日，胡锦涛给新疆农村青年回信，勉励农村团员青年为建设社会主义新农村贡献智慧和力量。”“央行决定从今天起上调美元港币小额存款利率，一年期美元存款利率上限为1.125%”，“4月份物价涨幅有所回落”，等等。

练习

1. 选择一份报纸，指出该报的开版、版序，阅读其中一个版面，考察版面重要的区安排的内容。辨识出报纸的报头、报眼、正文（含标题、文字、图片和广告）、报尾部分。

2. 用word软件录入一段文字，更换不同的字号和字体，看看有什么效果。

3. 找出报纸中使用的线条、图像、色彩，分析它们带来的效果，推测编辑采用它们的原因。

4. 到图书馆阅读不同报纸的同天头版，判断出它们采用了何种方式安排头版，思考如何优化头版空间。

第十九讲

版面的功能、设计原则与类型

本讲要点

●作为信息发布的载体、面向读者的窗口，版面具有以下功能：发布信息、引导舆论、方便阅读、展示个性、推销与包装。

●从不同的角度分类，版面有不同的类型。从版面编排的走向来分，报纸版面可分为垂直式版面和水平式版面两种。根据版面结构形式上的不同特征来划分，可以将报纸版面划分为规则对称式、非规则对称式、齐列式。从内容编排的不同特征来划分，我国报纸的版面可分为四类：综合式、重点式、对比式、集中式。

"版面"是各类稿件、标题色块、图片、线条与空白等要素编排布局的整体表现形式，是受众阅读报纸时第一时间接触到的对象。经过1 200多年时间的不断演变，现代报纸的版面功能已不再只是早期书籍的文字简单排列，已发展为体现编辑观点的一种隐形形式，并具有十分强烈的视觉冲击力，代表着现代人的审美情趣和审美意识。

一、版面功能

作为信息发布的载体、面向读者的窗口，版面具有以下功能：

1. 发布信息，引导舆论

这是版面最基本的功能。稿件的版序、区序、栏序、稿件所占面积等，都表明了一种对新闻信息的评价，受众由此可以发现报纸的立场、态度等。

例如，头版头条，标题字体、字号，稿件的长短，是否配有照片、资料、评论等，所表达的意义就千差万别。所以，版面也是一种政治观点的体现，可以暗示读者、引导舆论。

2. 方便阅读

方便读者阅读是版面编辑最原始、最基本的功能之一，是一切编辑手段服务的最主要的目的之一。报纸常用一些版面编排手法增强报纸的易读性，如版面板块、分栏、稿件组合、标题制作、色彩运用等。导读版、导读栏的制作，更是方便了读者的选择与阅读。

3. 展示个性

个性是区别于其他同类媒体的最突出的标志，这不仅体现在内容选择上，也体现在版面设计上。好报纸应该形成自己的个性和风格，有独特的关怀领域、语言、格调等。体现在版面上，就应该自成一格，如布局、标题样式、用色习惯等方面。这是版面设计长期坚持的结果，是内容和形式相统一的结果，是报社“视觉形象”系统的重要组成部分。

4. 推销与包装

版面集报纸信息与形式表现于一身，是最有效的报纸推销手段。只有精彩的版面，才能激起受众的阅读欲与购买欲，才能有效传播信息。

二、版面设计的基本原则

新闻作为一种精神商品，和其他商品一样，除了过硬的质量，还需要适当的包装。编辑把新闻、照片及其他稿件安排在一个版面上的时候，通过设计，给商品以精良的、具有美感享受的装饰，并使内容成为有条不紊及易于阅读的形式；同时，还从版面的设计上来暗示一条新闻意义的大小，给读者了解新闻的内容提供一种指示。作为一种精神商品，报纸的版面设计有其特殊的规律。

1. 内容与形式相一致的原则

就内容和形式的关系而言，内容是第一性的，形式是第二性的，形式为内容服务。这是任何艺术应遵循的基本原则。一张报纸最终能否得到长期、稳定的市场认同，根本在于它提供的内容能否最大限度地满足读者对信息的需求，其次才是寻找具有吸引力、感染力的版面形式为内容服务。内容和形式的高度完美的协调和统一，是版面设计的最高境界。

就一份报纸来讲，之所以能够赢得市场，是由它的办报方针、市场定位和读者定位而形成的信息发布的差异性决定的。因此，从报纸的版面设计来讲，也应与之相协调、相统一，长期坚持，就会形成报纸设计的风格特色和个性。报纸的版式风格是读者区别其他报纸的相对固定的特色，不仅是读者从报纸堆里一眼就能认出自己的特色依据，同时又是让读者“情人眼里出西施”的感情纽带。

2. 阅读方便的原则

报纸商品的服务对象是读者，不仅所提供的内容是读者所需要的，为内容服务的形式——版面设计，也应时刻想着读者，便于读者阅读。也就是说，版面设计要做到使读者易于接受信息。读者不仅希望信息多而好，而且要求易于接收，能够便捷地获取信息。编辑应该把新闻编排成有次序而且读起来方便的形式，这样，读者碰到的阻碍便可减少。应该使读者能清楚地知道每篇稿件从何处开始到何处结束，不必太费事就可找到所关心的新闻或感兴趣的特写。排列有序是良好设计的一个评判标准。

应强调人性化的设计，以舒适和悦目为准则，以清爽流畅、温馨雅致为目标，来满足读者的感官享受。比如，现在一些市场业绩较好的报纸，它们的版式都在不同程度上体现了人性化追求，即每栏字数减少，更符合网络时代人们的阅读视频和阅读习惯，减轻阅读疲劳；取消中缝，给报纸瘦身提供空间，使版面疏朗大气；大标题统一字体，色彩趋于单一明快；文章的排列变过去的“交错咬合”式为清晰的板块式，使版面整齐、易读；好些报纸在头版设置导读，使读者能在信息群中便利地找到感兴趣的信息等。

3. 符合审美视觉习惯的原则

报纸是一种平面的视觉艺术媒体，它是用文字、照片、色彩、线条等版面语言进行美术设计的，因此，报纸的版面设计要讲究平衡、对比、比例和统一的原则，以符合人们的审美习惯，给人舒适、和谐的感觉，又有视觉冲击力的艺术效果。

平衡的意思就是一个版面上，不应该一部分重，一部分轻，它是视觉上色块的平衡。报纸设计要达到平衡，就应以视觉中心为支点，在版面的一边有一条分量较重的稿件，在相对的另一边也应该有相当的响应，视觉中心不是数学中心点的所在，而是在数学中心点稍高稍左的地方，版面所要求的平衡是一种平衡的感觉，基本的平衡，并不是精确的数理平衡。所要平衡的稿件是那些具有视觉分量的稿件，如照片、标题以及粗黑的花边。

对比的原理是在版面上用两个或两个以上的稿件，他们彼此的反差而形成的变化，如用清淡的标题与黑重的标题来对比，用小照片与大照片进行对比，从而使版面显得有趣。版面之美，其实亦体现在版面上各组成部分间的各种关系上。形与形的平衡、对称、重复、对比都是创造版面美的手段；图与文、空白与文字之间的关系也是美滋生之地；而各作品内容间的组合与配置也可以产生美。

比例的基本原理是黄金分割律，黄金分割律是一个几何的数学的比例关系，即整体与较大部分之比，等于较大部分与较小部分之比。如果以 C 表示整体，以 A 表示较大部分，以 B 表示较小部分，则黄金分割律的比例关系为：C: A = A: B，得到的无理数 1.618…: 1 = 1: 0.618…黄金分割律以等比关系所组构的矩形，是最能令人产生美与舒适感觉的图形，那么，我们自然有理由在报刊的版面设计中，依据这些比例来分割组图。比如，我们在版面安排稿件时，可以尽量将稿件的形状组构成符合黄金分割律的长方形，对图片亦可尽量将它们切割成接近于这一比例的形状（图 19 –1 的色块分割关

图 19 –1

系，就符合黄金分割律）。统一的原理是版面上所有部分在设计上格调的统一，每条稿件的处理对整版设计来说是其中的一部分，从而达到版面总体的统一。否则版面好像是堆着一堆稿件，各自争取读者的注意，破坏了版面的整体观。

然而，过分地强调统一，容易使版面显得呆板，因此，我们的要求是变化中的统一。书法美学中有一句话：好的书法应做到“乱中有整，违中有和”。这里“违”是参差错落，它与“乱”都表示不拘一格、参差变化，即“多变”。但不管是“违”也好、“乱”也好，都应有“整”有“和”，即整体和谐，亦即“统一”。书法的艺术是如此，版面设计的艺术亦然。

三、版面类型

从不同的角度分类，版面有不同的类型。从版面编排的走向来分，报纸版面可分为垂直式版面和水平式版面两种。根据版面结构形式上的不同特征来划分，可以将报纸版面划分为规则对称式、非规则对称式、齐列式。从内容编排的不同特征划分，我国报纸的版面可分为四类：综合式、重点式、对比式、集中式。

在报型、版面空间、版面布局关系的基础上，形成形态各异的版面表现形式，即版式。

（一）按色块伸展方向，分为垂直式、水平式、

版面的总体布局呈纵向，从上到下明显地分成几个纵列，文字安排纵向整齐排列，标题的制作不超出文字所占的栏（图 19－2）；水平式是版面总体布局呈明显的横向排列，其正文以转栏方式，自左向右扩展；标题突破栏宽限制，一个版通常有几个长栏题（包括通栏题），形式简化；图片增多加宽；视觉性更强（图 19－3）。混合式是结合稿件特性版面要素，混合运用垂直、水平布局的版式。混合式版面编排以水平编排为主，如长栏标题、大照片、正文横向伸展等，又兼顾垂直编排，如“简讯”等常用一栏的宽度，垂直伸展。

The Virginian-Pilot

Renovations to let visitors see best side of Capitol

Paul seeks Cabinet post to oversee intelligence

A turning tide

Desertion case may focus on mates soldier left behind

图 19－2

SUN

Voters in the dark about new primary

TEST OF STRENGTH

Public safety project headed for delay

图 19－3

（二）按稿件排列的结构特点，分为对称式

非对称式对称式，面积相似、编排手段相同的稿件两两相向，对称式以垂直或水平等分线为中轴线，版面左右或上下对称，包括标题形式、正文篇幅、图片尺寸等都相同或相似，其他版面元素也要相同或相似。上面两个版式均属对称式版面。这种对称整体感强，具有很强的现代意识。

非对称式，也讲究版面的匀称、和谐，但不是采用对称的手法，而是另辟蹊径，有意识地制造视觉的不对称，如把图片集中在版面的一侧，标题设计成阶梯形排列的横题。但是这种版式所追求的还是对称，是一种美学上的对称。如图 19－4 的非对称设计的版式，整体上也是和谐的，对称的，而且在整齐中又富于变化。

欧洲首位女宇航员续写太空梦想

图 19－4

(三) 按稿件内容组合特点，分重点式、集中式和综合式

1. 综合式版面

综合式版面是一种常见的版面类型。它的主要特点是稿件多，而且无论内容、体裁还是篇幅，都不相同。版面上的新闻可吸引不同层次、不同兴趣的读者。这种版面稿件虽有主次之分，但并不有意突出这种差别。如果版面的稿件条数较多，涉及面广，没有特别重要的内容需要强调，而且选出的头条与其他稿件相比，分量相差不是很大的话，那么版面就可以选择为综合式。相比较而言，作为头条的新闻在分量上并不比其他稿件突出很多，这样的版面内容就决定了它的形式不能特别突出谁，只能平均分配，整个版面轻重均匀。

2. 重点式版面

重点式版面的特征是特别强调版面的某一局部，并运用各种编排手段，使其成为版面上引人注意的重点。当需要特别强调一两篇或一两组重要稿件时，可采用这种版面，赋予重点稿件相对的强势，放在具有强势的版区，如上左或上半部。有两个重点时，另一个可考虑放在下右或下半部。标题要做得醒目，如排长栏、采用较大的字号。同时还要注意适当减弱版面其他部分的强势，缩小标题、不采用或少采用变栏、少用线条装饰。

比如（图 19－5）2008 年 3 月 6 日《人民日报》第 7 版的重点稿件“五大亮点惠民生”，6 篇其他稿件，4 幅图片，重点稿件约占版面的 1/3，置于最显眼的位置，标题的字号远大于其他。相比之下，使版面的重点显得格外突出。

五大亮点惠民生

为打工者代言

图 19－5

3. 对比式版面

对比式版面是指版面上编排了相互对立和矛盾的两篇新闻或两组报道，使版面上形成强烈、鲜明的对比，使矛盾暴露得更加清楚，褒贬更加鲜明。

对比式版面的形式有两种，一种是以整组稿件为单位进行对比，另一种是每篇稿件逐一进行对比。运用对比式版面时应注意利用空间组合的原理将对比的稿件结合在一起，或利用线条将它们联结在一起，使读者很自然地把它们当做一组稿件来处理。

为了增强对比效果，肯定的内容应占有更大的强势，在两组对比中应处于主导地位。如采用对角对称的方式来进行对照，则肯定的一方应据上半版，否定的一方应据下半版，肯定的一方标题应做得醒目一些，正面的图片幅面大一些，位置居于上方，反面的图片幅面则小些，位置居于下方。

4. 集中式版面

集中式版面的最大特点是用整个版面或版面的绝大部分刊登有关同一主题的报道。往往针对重大的主题，如国际、国内重大事件等。这种版面内容集中，具有较大的声势，给人的印象深刻。这种版面内容单一，一般在十分必要时才用，否则也许会造成报道面的狭窄。

练习

1. 围绕某一话题收集材料，分别从版面编排走向、版面结构形式特征、内容编排特征角度，设计版面。

2. 阅读当地近期报纸，指出报纸版面属于哪种类型。

第二十讲

版面编辑过程

本讲要点

●版面设计过程就是通过版面语言表现版面思想的过程，包括以下步骤：确立设计思想；把握版面信息量与用稿量；配置稿件；编写导读；计算稿件篇幅；画版样；处理版面误差；看大样。

●版面的变化包括以下几方面：体裁的变化、栏的变化、标题的变化、布局结构的变化。

一、版面编辑步骤

版面设计过程就是通过版面语言表现版面思想的过程，包括以下步骤：确立设计思想；把握版面信息量与用稿量；配置稿件；编写导读；计算稿件篇幅；画版样；处理版面误差；看大样。前面已讨论配置稿件、编写导读，这里讨论其他步骤。

1. 认真分析稿件，确立设计思想

说穿了，版面编辑是运用平面艺术设计的方法，形象地表现编辑对稿件的理解，体现传播意图，增强传播效果。由此我们可以看到，理想的版面设计，来源于版面编辑对稿件的深刻独到的理解，并依据报社的版面编辑方针，巧妙地运用艺术规律进行设计。

认真分析稿件是对稿件所反映的客观事实的准确评价，包括：其一，重要性评价，将稿件放在版面全局中权衡轻重；其二，稿件性质的评价，分析稿件是正面的、肯定的，还是否定的、批判的；其三，感情色彩，根据稿件内容的感情色彩和报纸态度，确定稿件标题的字体、色块的颜色配备；其四，稿件间的相互联系，确定稿件间的配置和栏的设置。只有对稿件内容作正确的分析，才能形成正确的编排思想。

设计思想是版面设计的指导思想，是报道思想通过版面编排的具体表现，是实施设计的蓝图。包括，其一，版面类型，综合式版面、重点式版面、对比式版面还是集中式版面；其二，稿件安排顺序，哪个是头条，哪个是重点，其余的稿件排列顺序；其三，整个版面的风格特征和感情体现，典雅一些，还是庄重一些，喜庆一些，还是悲伤一些。报纸以编排思想为纲领来表现稿件中所反映的客观事实，影响舆论。

因此，编排思想要正确，是组版的首要要求。它与编排技巧相比占第一位，技巧是为思想服务的。《人民日报》原总编辑范敬宜曾说，版面应该表现出导向意识、现代意识、美学意识、图片意识。编辑在编排版面时，应有明确的中心思想，即这块版面要体现什么、突出什么。现在不少版面的主要毛病是看不清导向、看不清意图，像临时拼凑出来的拼盘。出现这种现象的原因就是对稿件没有总体的把握，从而导致的编排思想不明确。实际上，这就和写文章一样，编排思想就是文章的主题，试想，主题不明确，写作意图就不明确，所写的话，用的材料就会杂乱无章。

2. 确定头条

在开始设计的时候，第一步是要确定头条。处理好了头条就稳住了版面的重心。在版面所容纳的稿件中，其内容和所蕴含的意义是不相同的。在这些稿件中，选择谁作为头条，哪些稿件需要突出处理，这是版面编辑首先要考虑的问题。编辑通过比较各条稿件的新闻价值，社会效果和体现本报特色方面来权衡轻重。头条要符合当前的宣传中心和报道意图。

一般情况下，一个版面上的头条只能有一个，横排报纸的头条在左上角报名的下面，竖排报纸则位于右上角报名的左边。现在，有些报纸的版面则做成双头条，双头条的好处在是在不增加用稿量的前提下，增加了信息量，就版面设计来看，更容易做到版面的平衡，因为头条的设计色块较重、较大，另一头条放在相对应的位置上（横排报纸的右下角，竖牌报纸的左下角）做差不多的处理，是对称性的，设计时，不需绞尽脑汁来强化这些部位而追求视觉上的平衡。

版面上稿件的强势与弱势是相对的，它们的强势不能脱离版面的全局来衡量，版面是一个整体，局部与局部之间存在着相互映衬的关系。因此，处理头条稿件时，不应过分，标题的字号不宜过大，所配的照片不宜过大，所占空间不宜过大，否则容易造成失衡。比如全版中只有一条新闻加框，则这条新闻就比较醒目；如果全版有几条新闻加框，那么这条新闻就不会显得突出了。如果全版都是基本栏，某一条新闻采用变栏，则这条新闻就会比较吸引人；如果变栏很多，就很难引起读者的注意。

3. 把握信息量和用稿量的关系

用稿量是指版面采用稿件的数量；信息量则指版面能提供的读者欲知而未知的内容的多少。一个好的报纸版面，应尽力做到信息量大，给读者提供更多的信息。

用稿量大，潜藏的信息量就可能大，因此，我国新闻界传统的观念是不但用稿量要大，还要反映出各个社会层面、各个地区乃至全国的新情况，力求达到一种平衡，甚至好多报纸都硬性规定了各版的用稿量。这在过去是情有可原的，当时的报纸只有四版或者八版，用稿过少会导致报道的不平衡。

然而，用稿量大，并不一定信息量大。如果一个版面所提供的信息是它的读者群并不感兴趣的信息，那么，用稿量并不能转换成信息量。而且，还会造成有价值的稿件占位太少，难以吸引读者注意力；稿件太短更不利于发挥深度报道的优势，条数过多也不利于做到版面美观大方。

因此，关键的问题是，编辑对目标读者群了如指掌，清楚他们关心的是什么，依据报纸的定位，尽可能地提供读者欲知而未知的信息。在现在信息铺天盖地的情况下，像搜索引擎一样广泛的搜索，然后在“选”字上下工夫，进行精选，力求提供给读者的信息是有用的信息，从而在用稿少的情况下，对有分量的稿件，加强编排力度，加大标题，增加照片，使得稿件的价值充分凸显出来，为读者提供有用的信息。

另一做法是在目前各个报纸都已扩版的情况下，对整个报纸作通盘安排，根据分类安排版面功能，在头版设计导读版、导读栏。这样尽管文章可能在其他版，而导读版会给读者以整体的把握，读者根据自己的喜好，进行有针对性的阅读。《南方日报》版面编辑据此提出“整体优先”的理论：报纸版面是组合的整体，局部的东西如一条稿件如何摆放，一条标题如何安排，都要服从整体需要，不能与整体割裂。对重头稿不惜浓墨重彩，其他稿则通盘考虑，力求突出重点，兼顾一般。重点稿得到突出处理，新闻信息量不减反增。

4. 计算稿件篇幅

版面的用稿量是有定数的。对开报纸一般 8 栏 126 行，可刊登 13 104 个小五号字。由于要留出稿件之间的空白、图片、标题、小刊头的位置，一个版面能够刊登的稿件字数应该在一万字以内。计算稿件、图片篇幅时，就是按基本栏来折算。通常，图片宽度应是基本栏整倍数。

5. 画版样

过去手工画版时，各个报纸都会提供印刷好的报样，现代的电子排版系统的原理和原来是一样的。在电子排版中，版面设计可以先在版样纸上画出版样，也可以直接在电脑上排版，内容安排程序：先安排头条、图片、专栏、刊头，后安排其他稿件，头条标题字号要比其他稿件大；在编排方式上，以排列为主，穿插为辅；以基本栏为主、变栏为辅；以横题为主、竖题为辅；另外，画版的符号要正确，一般以 Z 和 N 代表横排和竖排。

6. 处理版面误差

在画版样和电子排版的过程中，经常会出现一些误差，需要加以处理和修正。第一，稿件篇幅出现误差，需要抽掉（增加）一篇稿子或者删减（增加）字数。第二，标题的调整。版面最忌碰题，即两条或者两条以上的标题同时横排或者竖排，首尾相连，在视觉上很容易让人误以为是一条新闻。一旦碰题，需要根据稿件重要性扩大或者缩小标题字号。

7. 处理稿件与广告的关系

一般在版面设计之前就会确立广告内容、面积，编辑需结合广告妥善安排稿件的内容与形式。同时，也需结合稿件安排广告内容、表现手法等，如稿件内容庄重、严肃，广告内容的娱乐性就不能强。四川地震后最初，一些报纸的内容表现为沉痛的黑色，并且加上黑框，但是广告和报头部分却花红柳绿，破坏了整个版面的和谐，也显得十分的不协调，直到5 月 19 日至21 日全国哀悼日，报纸和网站稿件才都采用了黑、白两色，刊登的广告往往也用黑、白两色，以与悲伤哀悼气氛一致。

8. 看大样

大样是根据版样拼版之后打印出的样张，专供检查校对之用。检查大样是版面编辑的最后一道工序。检查大样要从以下几个方面入手：第一，标题是否与正文相符，各版的标题是否有相互重复、矛盾；第二，图片与说明是否相符；第三，报眉上的日期是否正确；第四，文章转版、稿件文字是否正确。

总之，在版式设计上，尽量不要碰题，题文排列要多样化，避免“断栏”(把版面从横里切断)、“通线”（把版面从直里切断)，要大中小稿件结合(大稿切忌多)，并做到图文并茂。当然，最重要的还是要不落窠臼，经常创新，这样才能让版面充满活力，更能吸引读者。

二、版面的变化

在版面编辑过程中，我们强调的是统一性，整个版面给人的整体感觉，这个问题讨论的是各个稿件处理上的个性。过分强调统一，版面容易呆板，读者看起来就容易感到疲倦，在统一的基础上强调变化，版面就会活泼美观。所以版面要在整齐中富于变化。版面的变化包括以下几方面：

1. 体裁的变化

其一是文字与图片的搭配，图文并茂，一个版面上没有图片，黑压压的一大片文字，就难免单调；其二是文字体裁的变化，消息、评论、特写、背景资料的搭配；其三是图片体裁的变化，新闻照片、速写、漫画、宣传画等搭配使用，能使版面丰富多彩，富于变化。

2. 栏的变化

报纸版面除了以基本栏为主外，还适当采用变栏的形式，如长栏、破栏等，这在前面已详细讲过。

3. 标题的变化

标题是版面的眼睛，是最吸引读者注意的地方，它使版面眉目清楚，是版面的主角。因此标题的变化对于版面的美化有特别重要的意义。标题的变化一般分为以下三种：

(1) 字号字体的变化。版面上每条新闻的重要性，除了位置的安排外，还要通过标题的字号大小来表现。稿件价值大的，选用大一些的字作标题；稿件价值小的，选用小一些的字作标题。如果不这样处理，就可能造成政治上、思想上的混乱。就一个标题而言，主题和辅题的字号也有差异，字号的搭配有一定的规律，如果主题用头号字体，那么副题或引题就应比主题小两号或三号，即用三号字或大四号字；如果引题或副题的字数较多，需排成多行，字号也就相应再缩小一些。引题或副题字号过大，就会掩盖或者削弱主题，同时影响版面的美观。

标题选用字体也不能随心所欲。如前所述，字体具有感情色彩，要求根据稿件内容的特点选择相应的字体，以有效起到表意功能。

（2）标题表现形式的变化。我国报纸所用的标题形式有单行标题和多行标题。单行式就是一行横题或者是一行竖题，比较简单。多行式标题则复杂一些。以三行题为例，横排多行式标题有均列式（标题每一行文字都两端对齐）、斜列式（标题各行呈阶梯形排列）、左右齐式（标题左边或右边各行文字对齐排列）、宝塔式（标题各行由小到大呈阶层梯形排列）。竖行的多行式标题有斜列式（标题各行呈阶梯形竖排）、错位式（标题各行呈阶梯形，结尾处位置不均）。与此同理，由主题和引题或者主题和副题组成的两行题也在此基础上出现若干形式。

（3）标题与正文排列形状的变化。标题的排列形式除了自身的结构形式以外，还有标题与正文的相互位置所形成的结构形式。根据标题在文中所处的不同位置，可分为盖文横题（标题横排于文的上部，并完全盖住正文）、通竖题（标题排于正文左侧或右侧，与正文等高）、串文题（标题两端排有非整栏文字）、文包题（标题居于文的中心，四周为文所包围）、腰带题（标题横贯正文中部，形状像条腰带）、旗式题（标题横排于正文上方或竖于正文左右侧，长度超出正文而有一端伸到其他稿件区域内，由于这种排列会形成稿件板块的穿插，现代的版面设计很少采用）、对角题（一篇或一组文章有相同结构和长度的两行标题，呈对角横排或者竖排）。

对标题的创新，新闻界进行了不少探索，目前十分普遍的做法是厚题薄文，即“做大标题，做短文章”，通栏大标题下配几百个字甚至几十个文字。这种标题可以排列在正文的上下左右任一侧。

当运用中心题、对角题、腰带题、尾式题等几种标题形式时，为了使文字排列不与其他稿件相混淆，便于读者找到开头，需要在文章四周使用花框、空白和必要的花线、水线把该文与其他稿件分割开来。而且这几种标题也不宜使用太多，否则围框太多也不利于版面的美观，还会出现碰题的现象，这是版面设计最需要避免的。

4. 布局结构的变化

版面的布局结构是指稿件的正文与标题组合后在版面上呈现的外在形象，

过去常用“穿插结构”，现代设计为了体现现代感，形成简洁大方的审美效果，多用“板块结构”，就是版面上的稿件以方块形排列为主，大多数稿件都排成长方形，形成一个个大小不同的“板块”。而且尽可能不用线条来勾勒外形，而是采用留白的方式，使整个版面显得天宽地阔，清新大方。

练习

1. 自找一份报纸，选择分析版面设计的特点。
2. 请设计一个奥运火炬传递的专版。

第二十一讲

现代版面设计流行趋势

本讲要点

●现代版面首先体现出整体设计简约化的趋势，尽可能少用线条，版面设计中强调色彩运用的统一。

●头版设计“封面式”是现代版面设计的另一趋势，封面化版面设计以大胆构图、创意图形和简洁现代的表现手法，形成强烈的版面视觉冲击效果。

●图片化也是现代版面设计的流行趋势之一，但是现在的图片化设计存在滥用图片、色彩使用不当、缺乏风格与个性等问题。

调查显示，一个人处理报纸的时间为1030分钟，进入厚报时代，读者的阅读时间并没有因为版面的增加而增加，恰恰相反，随着报纸厚度增加，版面增多，快速浏览即所谓速读或读图成为新的阅读趋向。这样，必然导致信息传播方式的转变，这个转变要求简化版面设计元素，使之简洁明快，直接切入主题。

评委是这样评价“28届全球最佳报纸设计奖获奖版面”的：“从经典的字体设计到每个版面的视觉设计手法，报纸散发出一种美，一种无法抵挡的美。她拥有的是大师般的设计和天才般的视觉展示。翻开报纸的页面——顺着宽阔的留白区域——宛如在一个充满了老练的摄影作品、给人美感的插图精品和几近完美的字体设计的花园中漫步……报纸凸显出的力量——不是叫喊，而是启发。”这说明，“视觉中心”成为版式设计的核心理念，强调整体设计的简洁、视觉冲击力、图片的运用，在风格统一中又追求变化，成为当前版面设计的总趋势，具体包括：整体设计简约化趋势，头版设计封面化趋势和版面流行图片化趋势。

一、整体设计简约化趋势

版面设计的简约首先是给人以清晰的板块感，通过线条、留白等编辑语言，把版面分割成相对独立的几个板块。这几个板块相当清晰，相互补充、联系，形成简洁大方的版面总体布局。目前最流行的是三分法，或竖向分割（图片 21－1、图片 21－2），或横向分割（图片 21－3）。十分简洁明快，清晰大方。

其次，现代版面设计中，尽可能地少用线条，特别是花线和花边，采用留白的手段来分割板块，使板块简洁明晰，以突显设计总体的简约。

The Virginian-Pilot

A turning tide

图 21－1

356 名偷渡客

殒命

爪哇海

炭疽天花忙晕美国

伊拉克反对派向美讨钱

图 21－2

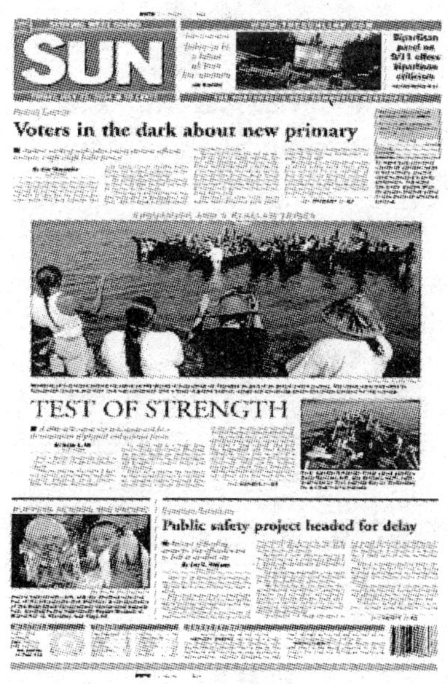

SUN

Voters in the dark about new primary

TEST OF STRENGTH

Public safety project headed for delay

图 21－3

适当的留白可以使人在读报时产生轻松、愉悦之感，在传统的美学观中，留白是一种韵致；画作中的空白给审美者以丰富的遐想，在报纸版面中，空白是一种版面编辑语言，版面上的留白除了是一个明显的信息符号吸引视觉关注外，还是一个“透气”的视觉空间，让读者在轻松的状态下阅读并获得愉悦的视觉感受。

第三，版面设计中强调色彩运用的统一。这里是指标题字号的大小、字符颜色的浓淡、图片色调的相对统一和浅淡，在设计上追求协调的色调，而不是“浓墨重彩”、“姹紫嫣红”，破坏整体的简约。不要为追求设计上吸引眼球的效果，不惜以浓重的色块、猎奇的图片、夸张的标题等手段达到对读者的感官刺激，走向庸俗与媚俗；对红、黄、蓝、绿等“夺目”的颜色，不分情况和场合大量使用，或给一个标题套上几种颜色的“花蝴蝶”般的设计(如图21－4)。如图21－5的版面则较成功，几幅图片的色彩相对统一协调，使用的线条很少，几乎全都使用留白分割板块，板块简洁整齐、天宽地阔具有和谐的美学特色，给读者的感觉是那样的舒服。

扬州晚报

2004，扬城燃气改“天然”

西气东输启动 计划明年施工

中国工商银行

债券兑付公告

图21－4

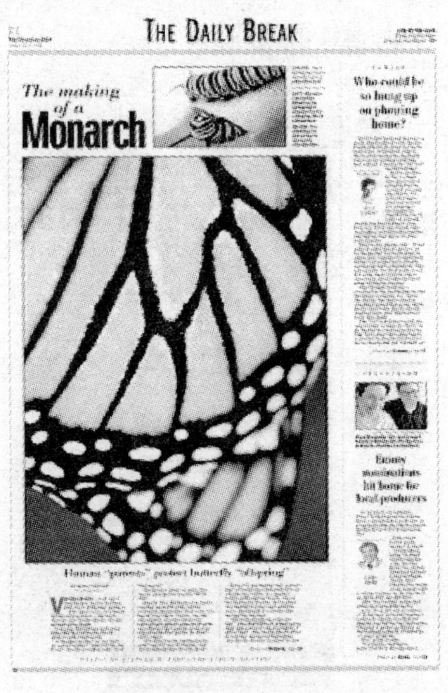
THE DAILY BREAK

The making of a Monarch

Who could be so hung up on phoning home?

Ebony ...

图21－5

第四，版面设计中多以大图片居中，在整体的简约中突出视觉效应；重要新闻大标题通栏制作；其他要闻目录，字号统一，整齐划一。版面厚题薄文，长题短文，适度留白，色彩清淡以便于读者检索。这样的设计十分符合国际潮流和网络时代的阅读习惯，体现了现代人简洁是美的审美情趣。

第五，版面设计的简约表现在版面风格的统一与协调上，统一是各版的设计风格基本一致，协调是在统一中的有所变化。某报头版采用简洁大方的版式：72 磅加粗黑体通栏大标题、大幅彩色新闻照片以及醒目的导读；但是其他版面却呈现出迥然不同的风格，文化版的编排采取长、短稿件穿插、咬合，有纵有横，风格较为传统，时事版稿件排列则采取较为流行的矩形板块，避免穿插咬合；"国际特刊——海湾风云"中的图片组合方式又让人看出《南方周末》"写真"版的"影子"。各个版面"各自为政"，没有属于自己的整体风格，整体上也不伦不类。

二、头版设计封面化趋势

优秀的杂志封面是非常有个性和感染力的，它是杂志的内容和风格的外在表现形式。在报纸设计以视觉冲击为核心的今天，在报纸越办越厚就像是一本大开本杂志的今天，面对电视互联网的多重挑战，现代版面设计已逐渐朝向多元化视觉的综合性表达，借鉴杂志封面所产生的"封面效应"以及目录导读效果，对于报纸头版的设计具有很大的意义。纵观近些年来中外报纸，我们会发现，类似于杂志封面设计的报纸版面越来越多。"封面式"版面设计以大胆构图、创意图形和简洁现代的表现手法，形成强烈版面视觉冲击效果，以期更好地揭示内容主题，生动的创意使信息沟通变得轻松而富有特点。

目前来看，"封面式"版面设计主要有两种情况：

第一种是半封面式。这种设计是杂志封面和报纸版面设计的结合，借鉴了杂志封面设计的风格和视觉冲击力，结合现代报纸编排的板块结构，而形成的具有杂志封面的风格特征，又有报纸版式设计特征的形式。一般表现出这样的特征：强烈、明快、清新。这是大报在图片时代吸取杂志封面优势的最常见表现手法。当然，大报在非常时期或者重大题材面前，也不乏采用完全杂志封面式（图 21－6）。

这种设计往往是大图（大幅新闻图片、设计图案）占主导位置，以它为中心进行整体设计，文字很少，包括少量新闻报道、编者按、内容提要，围绕图片编排，突出图片和标题，增强视觉冲击效果；或将整个图片占据版面一侧，其他文字围绕图片沿线排版（图 21－7）。

图 21－6

图 21－7

在文字编排上巧用几何图形，点缀标点符号，运用具有装饰性的设计元素美化衬托版面，或将这些元素转化为信息符号，强化版面的信息传播功能，抑或视觉愉悦和审美功能。根据稿件内容，将文字块由方块矩形，巧妙地变化为各种几何图形，引起视觉新刺激，也是报纸版式创新值得尝试的一种路子。恰到好处地运用圆、半圆、三角等几何形状，使版式生动活泼，消除整版文字的沉闷气氛。这种几何图形的巧用，一般较适于短篇文字稿，也可将长稿化整为零，都能增加阅读的快感。有时，甚至放大某个标点符号，也能达到画龙点睛的效果（图 21－8）。

图 21－8

第二种，完全杂志封面式。这种设计图和杂志封面没有太大的区别，设计风格和大多数期刊风格相似和相近，又吸取了杂志封面的导读功能，在标题和提示上有很好的运用。这种设计最初多见于版面较多的四开本报纸，后来也出现在对开的大报设计上（见图 21－9，图 21－10）。为读者检阅方便，封面式设计十分强调导读的编排：很多报纸从报头，到照片的空隙、到边栏，都是导读性质的，所有报道和主打照片都不是在头版完全结束报道内容，而是在文尾注明了见第几版报道。应该提示的是，仅仅停留在要闻的提示是不够的。好的导读应该是让读者很方便地找到自己关注的东西。导读的内容包括：分叠导读、分版导读、文章导读和内容导读。

05★06

H

HIGH SCHOOLS

SEASON PREVIEW

I

图 21－9

Interes do zrobienia

Gazeta poznańska

Porozumienie z barierami

图 21－10

三、版面流行图片化趋势

在我们这个信息化高速发展的时代，快速更替的信息逼迫现代人必须用最为快捷的方式接受和解读信息。图片及图示无疑在直接、简明、容易记忆及强化报道效果上有着不俗的效果。通过图表、插图等视觉形式把复杂的新闻信息简化成通俗易懂的形式，使人读起来更感轻松。所以越来越多的报刊，越来越大量地使用图片，并充分利用图片形成报纸版面的视觉中心，加强版面的视觉冲击力。报纸图片化的趋向越来越明显。

新闻照片凝固真实的瞬间，以视觉艺术的魅力吸引读者；一些专业性强的科技、经济报道应用图表、图解使复杂又难懂的问题简单化，易于被读者接受；还有报纸将漫画引入版面，以艺术形式评价新闻内容，其形象性、直观性远胜于传统的文字评论。比起长篇累牍、洋洋洒洒的文字，图片凭借鲜明夺目的色彩和极具张力的表现手法更容易形成视觉冲击，在“三步五秒”内吸引观众的“眼球”。

但是在内容与形式的关系中，内容始终是占据主导地位并起决定作用的，一张报纸最终能否得到长期的稳定的市场认同，根本还是在于它提供的内容能否最大限度地满足读者对信息的需求。报纸的版面设计始终要为其宣传内容服务，两者相辅相成才能相映生辉。新时期的报纸版面应该以丰富的元素和内涵传达信息、引导受众、反映时代精神，使具有艺术美的版面形式和高质量的报道内容达到完美的统一。

版面设计是一种艺术，因此要讲究艺术美。一个成功的版面，不仅能准确能动地表现内容，而且能使读者在阅读新闻的同时得到美的享受。字符、图片、色彩、线条、底纹等要素在版面中的存在并非孤立，也并非简单的叠加、排列、铺陈，而是通过彼此的优化组合达到一个整体的效果，“使片景孤境能织成一内在自足的境界”，利用局部的巧妙组合创造“整体美”，在灵活的变化中求得“统一美”，通过有秩序的安排达到“和谐美”，真正具有艺术性的版面应该能够将这三种美融合在一起。强调版面艺术性不仅是对读者阅读需要的满足，也是对其审美需要的满足（图 21－11）。因此，“厚图”不是滥用图片，“薄文”也决非以牺牲新闻的信息

'TREPAR', EL DEPORTE MÁS VIEJO EN LAS EMPRESAS SIGUE AL ALZA

图 21－11

含金量为代价，一些报纸在过分追求图片效应的同时走入了新闻性缺失的误区。

目前，我国报纸在图片运用中表现为图片篇幅过大，数量过多，占用了新闻报道的空间。图片的数量和篇幅大小都应由报道需要和版面情况决定，以“最能表现相关新闻事实，最大限度发挥传播效果”为依据。但是许多报纸片面追求“眼球效应”，将文字报道“挤”出了版面，毫无选择地将图片“做大，做多”，非但传达不出新闻性，反而浪费了版面空间。某报 2003 年 2 月 21 日的一个版面在除去广告后剩余 2/3 的面积内使用了 3 幅大图片，并都配以大号加粗黑体标题，导致整版只刊登了 4 条新闻，削弱了报纸的新闻性，不能不说是一种浪费。

另一个现象是图片的新闻价值低，内容与相关报道配合不紧密。“厚图薄文”的目的是以图片表现力之长弥补文字枯燥之短，因此选择的图片应该兼具真实性、新闻性、艺术性与表现力，达到“一图胜万言”的效果。但是有的报纸为了版面内容“丰富多彩”，刻意压缩文字报道，代之以缺乏新闻价值的图片，放大并占据了重要位置，严重削弱了报纸传播信息的功能。某报为《五百家长排队买课本》加配的 5 寸见方的大照片内既没有显示出“书店”这一场所，也没有显示出“家长排队”的情景，看上去似乎只是一条人员川流不息的街道，完全表现不出近 500 名家长在新华书店前排队为孩子买课本的场面，更无法传达出“基础教育越来越受到重视”这一深层含义。

第三种现象是色彩使用不当，不惜以浓重的色彩、猎奇的图片、夸张的标题等手段达到对读者的感官刺激，走向庸俗与媚俗，脱离报纸的宣传、教育和导向功能。色彩具有表达情意的作用，如红色代表热情、积极，黑色代表庄严、肃穆，橙色象征幸福、富裕，色彩的使用要符合报纸所要表达的主题。一些报纸喜欢用红、黄、蓝、绿等颜色“夺目”，不分情况和场合大量使用“浓墨重彩”，或给一个标题套上几种颜色，或整版“姹紫嫣红”，让读者分不清到底在表达什么感情，以至在导向上出现了偏差。2003 年 2 月 18 日韩国大邱市的地铁不幸遭遇人为纵火，伤亡惨重，报纸在编排这一新闻的版面时应尽量使用黑、白、灰以达到肃穆、凝重的视觉效果，表达对死难者的哀悼之情，但是一些彩色印刷的都市报却不适宜地表现了它们对色彩运用的“慷慨大方”，某报在《夺命大火惨惊韩国》的整版报道中，出现了大面积鲜亮刺目的橙色、绿色作为底色，有失严肃，没能表现出媒体应有的立场。有的报纸在图片选择上欠慎重，片面追求视觉冲击力，使一些格调不高、导向模糊的新闻照片堂而皇之地被放大登上版面重要位置。某报为2003年2月21日第8版一则50余字的短新闻《横穿二环主路当场被撞身亡》加配的新闻照片占新闻版面（除去1/2的广告版面）的1/4，画面内死者的惨状清晰可见。这种对死亡的大肆渲染首先就缺乏人文关怀，由于记者没有掌握好拍摄时机，可能在交警刚赶到现场时按下快门，画面中的交警给读者的感觉不是在紧张地处理事故，反而像是些漠不关心的旁观者，给人以错误的导向。

四是缺少风格与个性。每张报纸惟其拥有自己的个性，才能具备吸引读者的魅力，成为芸芸众“报”中的“翘楚”。“个性不仅表现为内容的独特性，也表现为形式的独特性。版面的个性正是报纸内在个性的外在表现，人们浏览报纸版面，在看到形式上的独特性的同时，也感受到内容的独特性。”综观我国深受读者喜爱的几种报纸，都具有卓尔不群的风格以及鲜明突出的个性，而且均能通过其版面明显地传达出来。《人民日报》版面结构简单、层次清晰、照片突出，具有庄严、凝重的风格和统筹全局的气势，与其党中央机关报的地位十分吻合；《中国青年报》版面活泼、标题善变化、照片幅面大，具有冲击力，体现出共青团机关报独特的个性；《华西都市报》的版面内容丰富、信息量大、善用独家新闻制造“版面强势”、编排不拘一格，顺应了都市生活的节奏和步伐。

报纸的个性往往通过长期以来较为稳定、连续的风格表现出来，但是在版面革新的浪潮中，一些报纸迷失了方向，走向了风格与个性缺失的误区。目前我国报业在版面设计上“跟风”现象严重，尤其是一些大众化报纸，受经济利益驱使，在版面风格上盲目模仿“流行版面”，缺乏准确的定位。许多小报在一股股的流行带动下随波逐流，时而庄重，时而诙谐，时而故作深沉，时而嬉笑怒骂，丧失了稳定的风格、鲜明的个性（如图21－12、图21－13）。风格与个性缺失的另一表现是同一报纸内的各个版面风格不协调，缺乏统一的定位。

石油与战争

“白领丽人”周末减压

闯入摔跤圈

图 21－12

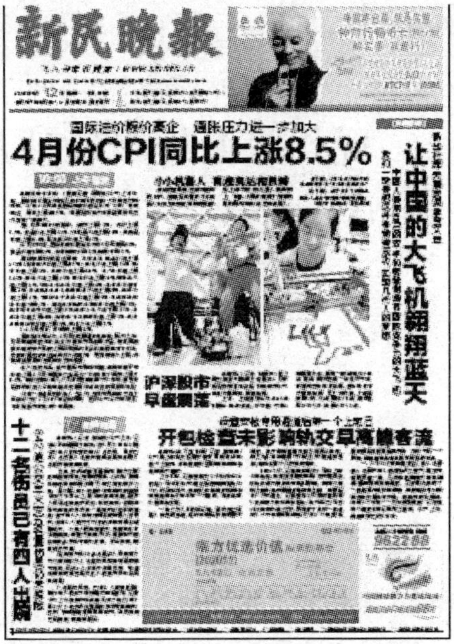

新民晚报

4月份CPI同比上涨8.5%

让中国的大飞机翱翔蓝天

沪深股市

开包检查未影响轨交早高峰客流

十二名伤员已有四人出院

图 21－13

练习

1. 请思考现代版面流行趋势有哪些，找出具有代表意义的报纸版面。

2. 阅读当地的报纸，比较这些报纸版面的优劣，指出存在的问题。

3. 登陆纽约时报、华盛顿邮报、洛杉矶时报、华尔街日报的网站，找到它们当天的报纸版面图，评价它们的报纸版面。

第二十二讲

现代版面编辑软件及工作原理

本讲要点

●目前我国各报社普遍使用大屏幕组版技术，桌面出版系统一般包括前端制作系统和后端输出系统。

●方正飞腾系统是我国常见的排版系统，方正飞腾4.1具有高品质、高效率和高稳定性的特点。

●运用方正飞腾进行报纸组版一般经过以下流程：新建文件、添天头地脚、划版、灌文、设置标题、调整、灌图片、调整版面、存盘、发排、打印。

一、飞腾排版系统与桌面出版系统

组版是报纸编排的最后一个环节，是报纸编辑工作的终端，是实现新闻信息向社会传播的最后一个关口。组版技术的高低直接影响到报纸的传播质量和传播速度。目前，彩色桌面出版系统及电子组版系统已经发展得相当完善，大屏幕组版技术已在各报社普及。

桌面出版系统一般包括前端制作系统和后端输出系统。前端制作系统包括排版软件、图像处理软件和图形软件等等；后端输出系统包括栅格图像处理器（RIP），以及激光照排机或激光印字机等输出设备。

在桌面出版系统中，用户首先面临的是版面的制作。不管排报纸、杂志、书刊还是平面广告，都要处理文字、图形和图像等素材，并把这些素材安排在相应的页面内，这个版面制作过程主要由排版软件来完成。排版软件的处理对象主要包括三种类型：第一种是文字，一般可以在排版软件中直接输入，或者在其他小样录入软件中录入后，通过灌文排入排版软件中；第二种是点阵描述的图像，可以由扫描仪或数字照相机等输入设备生成，也可以由图像处理软件（如 Photoshop）生成；第三种对象是图形，可以直接在排版软件中生成，也可以由其他图形软件生成，通过图形功能可以画一些直线、圆、曲线等图元。

国内常见的排版软件有方正飞腾、方正维思、PageMaker、QuarkXPress 等交互式排版系统，以及方正书版 6.0、7.0 和 9.0 等批处理排版系统。方正飞腾 4.1（FIT4.1）作为一款卓越的集成排版软件，是由北大方正自主开发生产的著名桌面排版（DTP）软件，是继 NPM、维思之后推出的第三代彩色集成排版软件，飞腾 4.1 以专业版面设计的要求，满足创作和设计版面的需要。

方正飞腾的品质在排版领域首屈一指，目前已经遍布全世界各个区域，用户遍及中国内地、香港、台湾、澳门，以及马来西亚、北美、日本、韩国等地。

二、方正飞腾 4.1 排版系统概述

（一）方正飞腾 4.1 排版系统简介

2003 年 8 月方正飞腾 4.1 版正式发行。2005 年 5 月在飞腾 4.1 的基础上，为更好地满足用户的需求，发布了飞腾 4.1 专业版。方正飞腾 4.1（FIT4.1）继承了方正维思（WITS）的优点，在中文文字处理上具备其他软件无法比拟的优势，同时具备处理图形、图像的强大能力。

方正飞腾 4.1（FIT4.1）整合了全新的表格、GBK 字库、排版格式、对话框模板、插件机制等功能，保证彩色版面设计的高品质和高效率。飞腾 4.1 表格可以分页和分栏、设定表头、创建反表和阶梯表，以及灌文顺序多样化等，较 4.0 版本增加了 18 大功能，运行速度提高 20%，使用更加方便、高效。

方正飞腾 4.1 提供了丰富的画图工具，十多种线型。同时圆角矩形之圆角弧度可任意改变，通过花边、底纹和渐变功能，可以画各种图案，甚至可以形成立体的效果。这些强大功能为报纸、商业杂志等彩色出版提供很大便利，又符合国人习惯。

对于高质量的彩色出版作业，图像处理是必不可少的重要部分。方正飞腾4.1支持十多种图像格式，能对图像进行裁剪、黑白图上色、设置勾边和立体底纹等操作，并通过图像管理工具对版面中所有图片进行统一管理、控制，配合专色处理、屏幕校色、分色输出等彩色功能，确保彩色制作出版的高品质。

在Windows 98、Windows 2000和Windows XP上，方正飞腾4.1均可以运行，这样充分利用系统资源提高软件系统的工作效率，同时，飞腾具备网络备份、自动存盘等功能，以保障系统运行更加稳定、可靠。

方正飞腾4.1易学好用，编排效果丰富，功能强大，还有丰富的字体、漂亮的彩色大样、所见即所得的交互界面，保证印刷效果的准确性，从而降低了整个出版过程的成本。

（二）方正飞腾4.1排版系统的主要特点

方正飞腾4.1具备高品质、高效率和高稳定性的特点：

1. 高品质

方正飞腾已经能很好地保证用户版面设计的品质，它在文字处理、版面设计上具备业内领先的优势，同样，对图形、图像、表格等的处理功能也十分完备。

（1）领先的文字处理优势。在文字处理上，方正飞腾4.1已经能够完全满足用户高品质的要求，可以说，飞腾在继承前两代产品NPM和维思的基础上，拓展并满足了用户在文字处理方面的绝大部分需求。

飞腾4.1支持GBK编码解决方案，目前方正GBK字体已经达到62款，大大减少补字量，以提高出版物的质量，它还支持第三方字体，拓展了用户的字体效果。

变体字、装饰字效果可以说是飞腾的一大特色，飞腾对所有文字均可做立体、立体渐变、重影、勾边、粗细、空心、倾斜、旋转等变体效果；同时可给文字勾两层边，立体和勾边可选择先勾边、后勾边等变换效果；勾边的边框效果可选择是圆角、尖角、截角等；单个文字周围可加线、花边、底纹，单行和多行文字可加上外框线或铺上底纹，结合飞腾的沿线排版、花边和底纹，基本能满足编辑对文字效果的要求。

除此之外，飞腾4.1还满足了用户对文字的特定需求，包括画通栏线、文字块换栏/分节、文字重叠、文字禁排、隐藏文字、显示补字内码、竖排字不转、纵向调整、重排文字、文字自动对齐、着重点、上下标字、段首大字、叠题、纵中横排、文字块渐变、文字转曲线、文字裁剪路径、对位排版等等。

(2) 图形处理。在图形处理方面，飞腾具有优秀的表现。

飞腾 4.1 能让用户轻松实现对包括矩形、圆角矩形、椭圆、菱形、直线、各种多边形和三次曲线的绘制，其中的圆角矩形的圆角弧度可任意改变。

除了支持 10 种一般的线型外，飞腾还提供 100 种花边和 273 种底纹，结合飞腾 4.1 的单向、循环、法向渐变、素材插件、立体底纹等功能，就足够满足用户对图形处理的要求。

(3) 图像处理。飞腾 4.1 能兼容 TIF（PC 和 MAC）、TIF（LZW）、EPS（PC 和 MAC）、EPS（DCS）、JPG、BMP、GIF、PCX、GRH、PIC 等各种图像格式，同时图像可有阳图、阴图、取代、取反等作用方式。

在兼容各种图像格式的基础上，配合飞腾的图像勾边、黑白图上色、图像裁剪以及专业的图像处理插件，飞腾 4.1 对于通常的图像处理都能满足。

(4) 超强表格。方正飞腾 4.1 具备最强大的表格功能，可以建立分页和分栏表格，能设定表头、创建反表和阶梯表以及灌文顺序多样化等。

在飞腾 4.1 表格的单元格中，可以设置底纹、线型、斜线等属性；利用 F/B 键可自由移动单元格间的内容；能根据需求设定表格自动涨大或表格内容自动缩小。

飞腾表格的行列操作十分方便，它能进行表格行列复制粘贴、平均分布、调整行高列宽、插入通栏行等操作。

同时最为突出的是，飞腾的表格在 4.1 版本中实现了智能化处理，它能够根据用户提供的表格小样以及表格的设置，自动添加表格自身的行和列。

还有，可以设定单元格内容按照特殊符号对齐；可编排横竖多个方向的跨页表格；灌文顺序可由用户任意指定；用户可按照习惯顺序生成小样文件，灌入表格，等等。

(5) 版面设计。为保证用户版面设计的品质，飞腾设计了许多辅助和必要的版面设计功能，其中很多都是比较人性化的需求，例如：图文互斥、块锁定、查找未排完文字、辅助线、捕捉、区域内排版、各种渐变处理、文字裁剪勾边、镜像、专色处理和分色处理等。

同时，为推动用户业务的多样化，支持飞腾 4.1 的输出 PDF 插件、自动加注拼/注音插件、图像插件、地图插件、棋牌插件，能有效满足不同用户的需要。

2. 高效率

一个完整的系统在满足用户各种功能需要的同时，必须提供各种手段，用于保证系统运行的高效率，飞腾 4.1 在 4.0 版本的基础上，对系统的各项功能进行了全面的优化，其软件运行速度提高达 20%。

排版格式、图像管理、库管理、一站式窗口是飞腾 4.1 提供的重要高效工具。排版格式窗口能将常用文字排版功能都可设定为排版格式，可自动读取版面上文字的排版格式，存储并修改成需要的排版格式，快速应用到其他文字对象上；图像管理能对文件中所使用的图像进行统一管理，包括图像格式、图像路径、颜色模型等信息，在图像管理窗口中可直接重设图像、更新图像、激活图像、移动图像；加上库管理、一站式窗口的使用，能有效提高排版的效率。

而且，飞腾 4.1 还提供了很多其他的功能用于提高排版的效率，例如：重排文字功能，当灌入小样到文字块后，若文字块对应的小样文件发生变化，飞腾 4.1 重排文字功能可自动更新相应文字块的内容。

除此之外，还有文字块中显示可排字数、版面状态提示、导入/导出环境量、自定义快捷键、对话框模板、旋转变倍工具等等。

3. 高稳定性

稳定性是客户考虑一个软件系统的最重要因素，方正飞腾经过十年的打造，已经在全国大部分报社使用，同时，出版社、杂志社等也得到了广泛的应用，这些足以说明飞腾已经完全满足用户对系统稳定性的要求。

飞腾 4.1 提供了许多强有力的措施来保证用户使用过程中的稳定性和安全性。首先，飞腾 4.1 拥有自动存盘功能，它可设定文件自动存盘的时间间隔和存盘路径，同时保存飞腾文件功能实现网络备份文件，这样能有效避免用户在使用过程中由于各种外界因素导致的文件损坏和丢失；飞腾 4.1 在发排 PS 文件时可自动收集图像数据，这样非常方便用户打包所有图片数据，并传输给输出部门，在输出 PS 文件时还可选输出 OK 文档，文档中记录了 PS 文件输出时需要的字体、图像、颜色等信息，可供输出部门参考。还有，方正飞腾配合方正世纪 RIP 的使用，可方便使用 AGFA、ECRM、SCREEN 等系列照排机，保证了用户输出菲林时的稳定和可靠。

方正飞腾4.1是在前两代产品NPM和维思的基础上，历经十年，倾力打造的飞腾版本，它不断以“更高效率，更高品质，追求专业无极限”为目标，持续满足着不同专业领域用户的各种需求。作为一款高品质、高效率和高稳定性的集成排版软件，方正飞腾4.1将引领专业排版领域的新潮流。

三、报纸组版流程简介

如图22－1所示，即为普通报纸的某一版面效果。

郎朗：传递圣火要跑出韵律

图22－1 《青岛早报》第31版的版面效果

（一）新建一个飞腾文件

进行排版的第一步，是建立一个飞腾排版文件。启动飞腾4.1后，在“版面设置”对话框中，可以设置报纸的各版面参数。一般报纸版面的版心多为小5号报宋，129行高，分8栏，每栏13字，栏间距为1字，行距为0.25字。

除设置一般版面之外，根据需要还可以选择“文件”/“设置选项”/“环境设置”命令，打开“选项”对话框，设置其他必要的环境参数（如选中“在FIT文件中保存小图”、“捕捉半字”等），然后，再选择“版面”/“捕捉背景格”和“格式”/“对位排版”等命令选项，以捕捉背景格和对位排版等。

当设置完成后，选择“文件”/“另存为”命令，在“另存为”对话框中“保存类型”列表框中选择“FTP”类型；在“文件名”编辑框中输入“模板”，单击“保存”按钮，将其保存为模板文件，供以后排版时使用。

说明：由于报社中各个版面的风格不同，针对每个版面，模板文件也各不相同。通常，模板文件中除保存了版心大小、字体、字号以及必要的环境参数以外，还可以保存报眉和刊头的标志（如报纸名称、本版主题、时间、版号、编辑姓名等），固定栏目的栏标题、位置及版面的装饰等。特别需要提醒的是：保存在模板文件中的图元和文字块一般应设定为“块锁定”，以防止被误删除或误操作而移动这些块的位置。

（二）天头和地脚

使用飞腾排版时，通常将天头、地脚的设置保存在主页中。具体的操作方法如下：

（1）打开保存的模板文件，在飞腾版面的左下方单击“左”或“右”主页标记，进入主页。

（2）插入相关的图元、图像，如红色直线、报刊名、版面编号矩形框（在其中插入文字“31”）等。

（3）输入所需要的文字，如出版日期、刊头文字“资讯/连载”等信息。

（4）编辑、调整输入的文字和图像，其效果如图22－2所示。

（5）单击“保存”按钮，将新设置的刊头或地脚保存起来。

图22－2　编辑完成的报眉和刊头

（三）划版

划版就是在版面中排入各对象之前，根据编辑提供的版样纸以及对象的大体轮廓和具体位置，对版面做初步的划分。

划版时，首先对各对象进行准确定位，定位可以使用标尺和提示线，然后在飞腾主窗口中用“排入文字块”工具，在图像区用“画矩形工具”对版面进行划分。划版后的报纸版面如图 22－3 所示。

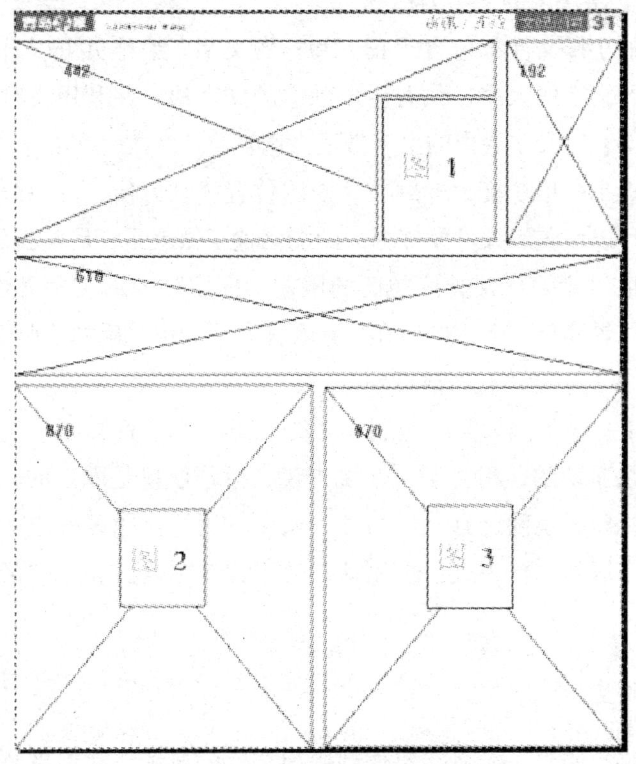

图 22－3 划版后的报纸版面

（四）灌文

当版面划分完成后，即可执行“文件”菜单中的“排入文字”命令，或点击常用工具条中的“排入文字”工具 ，采用“自动灌文”方式，将要排的小样文件（新闻文字稿）排入飞腾版面。

排入的小样文件由文字块和标题区两部分组成，其处理过程是先把文字灌入划版后的文字块中；然后进行标题制作，标题制作完成后，再对文字块做适当的调整。

（五）进行标题设置

飞腾设置标题的方法有两种：可将文字块内任意文字定义为标题，也可以在文字块内新建并修改标题。

1. 定义文字块内的文字为标题

大部分的小样文件都包含了正文和标题文字，编排员可以直接根据版样纸提供的标题文字的大小、位置生成独立的文字块，并利用飞腾提供的文字美工装饰功能，对文字块内的文字做适当调整。

它的优点是简单快捷，标题文字块的位置移动方便，文字的装饰属性没有局限性，可以使美编人员发挥更大的能动性，缺点是标题的位置不易固定，文字块容易被误删除，且受标题区的限制，标题区内的文字无法自由拉伸，适合于标题比较简单，且标题所在位置和标题区大小明确的情况下使用。

2. 在文字块中新建或修改标题

飞腾 4.1 提供了强大的标题制作功能，使用“设置标题”生成的标题区和小样文章是连动的，相对于文字块来说，标题位置是固定的，当移动文字块的同时，标题区也随之移动。另外，系统采用了标题区外边框为蓝色控制柄，标题文字区外边框为红色控制柄，便于拉伸标题区和标题区内标题文字的大小区域。

（六）调整

进行文字块调整，将文字块放到版面合适的位置。使用飞腾菜单中的各种功能（如纵向调整、对位排版、变体字、装饰字、标题等功能）来安排文字和图片的位置，调整好文字块，并加入装饰、页码等，初步达到排版要求。

（七）将需要的图片灌入版面

当排入文字块后，即可执行“文件”菜单中的“排入图片”命令，或点击常用工具条中的“排入图像”工具 ，将需要的图片排入版面，用勾边、镜像等方式对图像进行排版。

飞腾系统支持的图像格式有 BMP、TIFF、EPS、GIF、JPEG、PCX、GRH、PIC、PS 等。

当图像排入飞腾版面后，默认方式下与文字叠加在一起，从而使图片遮住文字或被文字遮挡。在飞腾中进行图文互斥的排版，让文字围绕着图片显示。

（八）调整版面

当报纸的版面内容排入完成之后，即可进行版面的调整。在调整版面的操作中应注意：

（1）对于规范的大型报刊，多选用“对位排版”，与捕捉整字结合起来，使整版报纸的每行文字都在一整行上。选中要对位排版的文字块，再选择“版面”/“对位排版”命令即可。

（2）在排版过程中，经常有“涨文”和“亏文”的现象。通常的解决方法是先调标点，即选择“格式”/“标点类型”命令，在“标点类型”对话框中选择“全身”、“开明”或“对开”；然后再选择“文字”/“字距和字间”命令，调整字距。

（3）图片摆放的位置与图片内容有关。如果图片中的人物面向右，该图片通常就放在版面的右边。方正飞腾的镜像功能可解决此问题。

（九）存盘

排版完毕后，执行“文件”菜单中的“存盘”命令，在弹出的“存盘”对话框中，选择所要存盘的路径和文件名，生成扩展名为 FIT 文件，以便以后继续使用。

（十）发排

将 FIT 文件转换成 PS 文件在照排机上输出，这种转换叫做发排。执行“文件”菜单中的“发排”命令，在调出的“发排”对话框中选择要发排的路径和文件名，选择其中的“保存”命令，即可将 FIT 文件转换成 PS 文件。

（十一）打印

若想检查排版的大样结果，可执行“文件”菜单中的“打印”命令，在调出的“打印”选项对话框中，定义打印稿的各项参数，单击“确定”即可，然后在激光印字机上输出、校对。经修改后的大样由激光照排机输出黑白胶片（黑白报纸）或四张分色版（彩色样张），到印刷厂制版印刷。

四、方正文合 3.0

从 1998 年起，方正陆续推出文合 1.0、1.1、2.0 版本，使制版工作中的书刊、画册、杂志的折手和报纸的拼大版工作变得即轻松又快捷，完全改变了工作方式，使传统的手工一步跨越到计算机辅助折手、拼版的时代。

方正又推出文合 3.0 版本，使拼版和折手工作更加快捷、准确。方正文合 3.0 有两大功能：拼版、折手。拼版多应用于报纸和广告制版中，折手常应用于书刊和杂志制版中。主要特点如下：

1. 适合报业的专业功能

新增了适合报业的裁切页面功能，能处理多个中缝排在同一页的情况。

新增了适合报业的识别版心功能，适用于将报纸的版心或页面尺寸不同的版面准确拼版。

2. 灵活的交互拼版功能

提供标尺和辅助线，便于定位。快速的交互式彩色预览，提高效率。小页和大版的定位点可选，便于定位。支持一次选择多个小页，便于操作。能够对小页进行缩放，便于调整。一个作业可以同时做多个大版，利于管理。

3. 方便的折手功能

支持平订、骑马订、胶订、线订、套折、双联、联二、自定义页序等多种折手方式。支持拆页输出（例如对开印刷机加四开照排机）。支持出血控制。支持爬移消除（骑马订）。提供多种标记设置（裁标、折标、对准标记、色标、注释、十字折线、帖标、自定义标记等）。

4. 支持多种排版软件、多种文件格式

支持各类常用方正排版软件、Word、PageMaker（苹果版）等排版软件生成的 PS、EPS、TIFF、S2、S72、PS2 等多种格式的文件。

5. 简便直观的界面

使用户能够轻松实现拼版、折手。

练习

1. 到当地的报社实地考察报纸的组版，学习报纸的组版流程。

2. 在实验室用方正飞腾系统将以往练习中选择、修改的稿件组成一个版面。

第二十三讲

电视新闻编辑

本讲要点

●电视新闻的传播特性主要有：时效性、现场性、真实性。

●电视新闻有视觉元素和听觉元素两种基本元素。视觉元素包括画面、文字，听觉元素包括同期声、环境声、旁白、解说和音乐。

●电视新闻的基本形式表现为：消息、专题、评论。

●电视新闻画面剪辑的原则主要有：景别的渐进性、方向的一致性、造型的统一性。

自20世纪80年代以来，我国的电视媒体开始摆脱报纸、广播等媒体的影响，显示出强劲的生命力。现在全国每个省份和直辖市至少都有一套上星的节目，每个地市甚至区县也有自己的电视台。电视媒体已经成为人们日常生活中不可缺少的重要内容。打开电视看新闻是人们茶余饭后经常做的事情，许多新闻节目的收视率甚至超过了电视剧，例如中央电视台《新闻联播》的平均收视率达到了85%以上。《新闻联播》已经成为人们了解党和国家政策、社会发展进程的重要窗口，而节目本身也以自己的丰富性、贴近性满足了人们的需要。透过《新闻联播》，人们不但可以了解身边正在发生的事，也能够看到未来将要发生的事。许多媒体也都有自己富有特色的新闻栏目，例如中央电视台的《新闻30分》，齐鲁电视台的《每日新闻》，凤凰卫视的《新闻FUN轻松》等等。借助电视平台，新闻得到了最快捷的传播和最有效的传递。可以说电视新闻不但丰富了人们的生活，也娱乐了人们的身心。

一、电视新闻的传播特性

1. 时效性

数字媒体技术的发展给电视媒体的发展注入了强大动力，使电视新闻在时效性上具有报纸和广播所不具备的优势，亦使得广播电视设备加速了更新换代。例如传统的模拟摄像机被更新的高清数字摄像机取代，传统的线性编辑系统被以计算机为核心的非线性编辑系统取代，原来笨重的大机器被轻便的小机器取代……这都使电视新闻的采集和制作效率有了更大提高，电视新闻编辑能够在最短的时间内把新闻事件制作成新闻节目。在传播技术方面，卫星中转和直播技术的普遍运用，使中小电视机构具备了与大机构公平竞争的技术平台。大量的移动卫星地面站、卫星直播车的出现更是让新闻现场可以瞬间来到观众面前。电视媒体使时间的距离变小，使人们的视野变得开阔。作为一名电视新闻编辑，必须要有时效意识，要能掌握最新的传播技术和传播手段。电视新闻编辑工作首先是一门技术。

2. 现场性

与报纸相比，电视媒体最主要的优势在于电视是一门声画结合的视听艺术。由于电视的这种声画记录的传播方式，观众可以很容易地跟随记者和摄像机进入新闻现场，自己去听、看、观察、感受新闻现场发生的新闻事实。这大大提高了新闻传播的准确性和可信性。而报纸则主要通过单纯的文字描述，广播只能通过单纯的声音传递，人们难以通过抽象的文字和声音感受激烈或复杂的新闻现场，面对报纸和广播人们唯一可以做的只有想象。电视新闻的现场性是其生存和发展的最大动力。因此，电视在报道时要努力进入和靠近新闻对象，把最有意义和价值的影像带给观众。

3. 真实性

与报纸、广播相比，电视新闻声画并进的传播方式能够给观众传递真实而丰富的现场信号，能够把新闻现场的时间、地点、人物、语言、动作、情绪、气氛等最完整的信息以最直接的方式传达给观众。电视新闻直播就是对新闻现场的第一手呈现。例如一场体育比赛直播，观众看完之后，除了可以了解比赛结果，还能够掌握比赛过程、细节、花絮。同时，电视也可以与观众交流，电视屏幕上的记者或者采访对象的语言、表情、眼神、衣着、手势等都能跟观众产生良好的交流和共鸣。

二、电视新闻的基本表现元素

电视新闻的表现元素从大的层面可以分为视觉元素和听觉元素。它们构成了电视新闻强烈的视听性，弥补了报纸和广播媒体形象性的不足，使电视媒体具有广阔的表达空间和表现空间。

（一）视觉元素

1. 画面

画面是电视摄像机捕捉到的、在电视屏幕上表现出来的一切影像，是观众看到的最直观形象的部分，是现实的拷贝。电视新闻画面的首要任务是完整而真实地记录新闻事实，并通过后期的编辑和剪辑形成明确具体的新闻报道。这要求摄像师和编辑人员要有严格的电视新闻摄像的素养，不但能够把握新闻现场的来龙去脉，还要善于捕捉新闻现场的细枝末节，如被采访者的眼神和动作、现场看似普通的物件等。这些细节可能隐藏着更多的新闻线索，并能为观众和新闻评论者提供判断的依据和材料。

2. 文字

文字在电视新闻中属于画面的一部分，主要作用在于弥补拍摄画面在信息传达方面的不足，其主要表现形态是字幕。如中央电视台《新闻 30 分》栏目的开头都会有字幕出现，提示观众本期节目的主要内容。

新闻标题也是电视画面中的常见文字。标题的作用在于概括新闻的主要内容，以方便观众的收看。

另外，很多新闻节目的下面还经常会出现循环滚动字幕。滚动字幕的主要作用在于报告此时此刻发生的重大新闻和观众关心的热点新闻追踪，例如香港凤凰卫视在画面底部用字幕条的形式来提供天气、财经等信息，极大地丰富了电视画面的容量，也拓宽了电视新闻画面的时空。

（二）听觉元素

1. 同期声

电视新闻属于纪实节目，要通过视听带给观众真实感，要能够良好地渲染现场气氛，最大化地达到所预期新闻的效应。而要做到这一切，必须利用同期声，增强新闻的真实性和权威性。中央电视台 2003 年对伊拉克战争的报道中，那富有冲击力和现场感的镜头加上紧张而激烈的同期声，把每个观众都带到了战争现场，让观众能够真正跟随战地记者的镜头和足迹感受战争的气氛。

2. 环境声

环境声也称为背景声或者实况音响，是伴随电视画面记录下来的声音。这些声音来自新闻现场，是现场的一部分，能最大限度地保持现场气氛，丰富画面的信息含量。

3. 旁白、解说

旁白和解说是播音员或者主持人的声音，是对新闻的解释和评论。电视解说的意义在于提示观众画面背后的一切，增加新闻的信息量，揭示画面内涵，深化主题，调整段落之间的节奏。新闻节目主持人及其声音甚至能成为一档新闻节目的标志。

4. 音乐

音乐在电视新闻节目中运用较少，过多使用音乐容易减弱新闻的客观性，赋予新闻无形的主观倾向性。但恰当使用音乐可以渲染情绪，深化主题，也能够调整节目本身的节奏。

三、电视新闻的基本形式

（一）消息

以消息为主体的电视新闻栏目相当普遍，也是电视新闻与其他媒体新闻竞争的“锐器”。尤其是随着传播技术的演进，简单易用的数码摄录设备使电视新闻工作者在制作消息类新闻节目时如鱼得水。消息类新闻在选材上容易贴近人民群众的日常生活，如中央电视台《新闻 30 分》以深入的报道和实用的内容成为了社会新闻的王牌栏目。

（二）新闻专题

与消息类新闻不同，新闻专题是对某一题材具有一定深度的深入报道。

它体现了电视新闻的深度，也标志着一个媒体的报道水平。新闻专题可以详细阐述和系统分析新闻事实，也可追踪报道新闻事件发生发展的过程，也可细致整理新闻事件背后隐藏的新闻背景和新闻线索。总之，新闻专题是对新闻对象多角度、多侧面、多层次、立体化的全面报道，具有引导作用。新闻专题主要有以下几类：

1. 典型报道专题

主要是针对具有一定社会意义和影响的人物、事件进行专题报道。

2. 调查式专题

主要是就群众关心的事件或新近发生的社会热点、现象进行调查研究，传达一定的思想内涵，或回答社会普遍关注的问题。中央电视台的《新闻调查》就是相当成功的调查专题，几乎每一期节目都能引起观众强烈的反响。

3. 追踪式专题

很多新闻事实在发生之后具有持续关注的价值，人们对新闻事件的发展趋势和新闻人物的未来命运会表现出极大的兴趣。为了满足观众的这种需要，电视新闻节目就有义务对事件的来龙去脉予以更多的关注，而电视专题正好可以发挥它在报道深度和广度上的优势。因此，许多追踪式专题都带有强烈的故事性。

（三）新闻评论

电视新闻评论是媒体对重大事件发表的言论，往往代表媒体的立场和观点。电视新闻评论对舆论有强烈的引导性，是新闻类节目的旗帜和灵魂。许多媒体把电视新闻评论节目当做特色节目来办，例如香港凤凰卫视的《锵锵三人行》就拥有一批知名的新闻评论员，如曹景行、阮次山等。新闻评论员独特的视角能够帮助人们正确认识新闻及其背后的意义、真相。

四、电视新闻的策划

电视新闻策划受到两方面规律的制约。一是新闻的一般规律，二是电视新闻的特殊规律。

电视新闻的策划要符合新闻的一般规律，不能炒作新闻，不能为了追求经济利益而迎合某些不健康的需求，不能采取不正当手段来获取新闻。“策划”新闻就是做假新闻。这种做法干预了事件发展的正常进程，人为地制造新闻热点，严重背离了新闻策划的基本出发点，也对新闻媒体的形象造成了最恶劣的破坏。

电视新闻策划更重要的是要符合电视新闻的特殊规律，要对时间要素，人与事物要素和地点要素加以干涉。在电视报道中，除了现场直播和记者在现场的新闻以外，大多数新闻都是“过去时”的报道。对于这类新闻，只能以眼前的事实为起点进行“现在进行时”的报道，或者是通过当事人或者是目击者的描述以及文字、图片等资料或实物等去追溯事件。人物和地点要真实，需要记者深入采访，深入调查，拿到真实的材料。

总的来说，电视新闻策划必须遵守新闻和电视的双重规律，这是维护电视新闻真实性所必须遵循的原则。

五、电视画面剪辑

前苏联电影大师普多夫金曾经说过，电影不是拍摄成的，而是剪辑成的。优秀的剪辑师可以使一部影片画面优美、节奏流畅、富有美感，反之，则会让影片节奏拖沓、时空混乱、毫无生气。电视新闻作为影视的表现形式之一，剪辑的作用也非常巨大。良好的剪辑能够增加新闻的看点，弥补前期拍摄的不足，还能够产生全新的时空结构，带给人意想不到的观赏感受。

剪辑就是通过蒙太奇技巧完成镜头的剪辑，把若干画面连接、组合在一起，构成完整的场面。剪辑要在大量的拍摄素材中找出最适合表现的镜头，在选择和使用的时候要考虑到素材的动作因素和造型因素。动作因素包括人物（形体、语言、心理、情绪等）、景物的运动和摄像机的运动（推、拉、摇、移、跟、升、降等）；造型因素包括人物造型（化妆、服装、道具等）、环境造型（布景、环境气氛等）、画面造型（构图、景别、方向、角度、光影、色彩等），另外还要考虑到素材的时空因素。保持时空的统一，是剪辑最主要的原则。

（一）画面特性

剪辑要基于素材的画面特性来实现镜头的运动、景别和角度的多变、画面方向的统一，要准确、流畅地利用蒙太奇语言，使影片具有鲜明的节奏感。

1. 景别

景别是镜头主体与环境的比例关系，每一种景别有各自的表现层次，好的剪辑要恰当运用景别的变化来交待事件的发展和变化。

（1）远景。远景在所有景别中表现的空间范围最广，主要用来交待故事发生的环境，展现人物所处的空间位置，表现空间的气势、烘托气氛。

（2）全景。全景主要表现主体全貌，同时保留一定范围的环境作为主体的活动空间。全景镜头又被称为“定位镜头”，比较多地出现在片子或段落的开头，以此来明确主体之间或者主体与环境的位置关系；也可以用全景镜头作为镜头间的过渡，因此在直播节目（例如球赛）中经常出现。全景中主体的运动是连续的，因此也可以交待人物的长篇幅的连续运动。

（3）中景。中景是表现人物膝部以上的活动或者局部的场景。与全景相比，中景中主体的具体动作和细节被进一步放大，有利于交待主体间的关系和动作，可以很好地表现人物和环境的互动和交流。

（4）近景。近景进一步缩小空间，主要用于表现人物的胸部以上的活动。常用来刻画人物的面部表情和神态，刻画人物的性格特征。电视报道中对主体人物的采访一般都用近景。

（5）特写。特写的空间最小，主要表现肩部以上的细节。特写是获得视觉冲击最有效和最常用的手段。它可以细致地表现人物的面部表情和物件细节，容易产生视觉上的震撼力和感染力。例如表现一个人的情绪，给其饱含热泪的眼睛一个特写，能够立刻获得观众的共鸣。特写在影视作品中还常被用作转场镜头，来衔接不同的时空。

2. 运动

运动是电视新闻相对纸质媒体新闻最大的不同和优势，运动性也是电视新闻的基本特性之一。运动是增强镜头表现力和美感的重要手段，许多意蕴的渲染和情感的表达都是通过镜头的运动来表达的。

（1）推镜头。推镜头是摄像机通过变焦距或机位推进，使画框由远及近、不断接近被摄主体。推镜头可以逐渐排除多余的画面元素而突出特定的主体，以突出重点形象和关键细节。推镜头分为快推和慢推，能够通过镜头推近的速度渲染某种气氛、调整前后镜头的节奏。

（2）拉镜头。拉镜头与推镜头在视觉上刚好相反，是通过变焦距使镜头逐渐远离被摄主体。拉镜头可以在保持时间连续性和空间完整性的同时，帮助观众确定主体和环境的关系，镜头运动的速度也可渲染或舒缓或紧张的节奏。

（3）摇镜头。摇镜头是利用镜头在水平或者垂直方向上的摇动来拍摄画面。与固定镜头相比，摇镜头的视野更为开阔，拍摄过程中要保持过程的完整和速度的均匀，给镜头的起幅和落幅一定的时间，要控制节奏。摇镜头经常用在片子的开始部分或者表现人物的主观视角。

（4）移镜头。移动镜头是通过摄像机的移动来拍摄画面。移镜头可使静止的主体活动起来、使运动的主体和景物交织在一起，产生强烈的动感和节奏感，还可以表现大场面、大纵深、多景物、多层次的复杂场景。移镜头还可以表现主体的主观视点，表现主体在运动中的主观体验，给观众身临其境的感觉，例如在飞机上的镜头可以表现飞机飞行过程中的速度和所见所闻。

（5）跟镜头。跟镜头是摄像机跟随主体一起运动来拍摄画面。拍摄过程中镜头和主体在保持相对位置不变的同时一起运动，具有强烈的动感。跟镜头在影视作品中很常见。例如要表现后面的车紧紧跟随前面的车，就可以通过跟镜头来拍摄主体的高速运动，来渲染紧张激烈的气氛。

（6）升降镜头。升降镜头是摄像机从水平视角慢慢升起或降下，或者由高（低）角度慢慢降（升）到水平视角的镜头。升降镜头常用来表现空间的广阔和纵深、空间的层次关系，以交待不同环境的情况、不同角度的视野或者引导特定的主体出场。

3. 角度

角度是摄像机与被摄主体正面所成的夹角，影视作品中主要有正面角度、侧面角度、背面角度、俯角、仰角、悬空角度等等。正面角度主要表现主体的正面特征，容易与观众产生交流感，例如《新闻联播》里演播室的主持人都是正面角度；侧面角度的层次感比较强，能突出画面的线条感，比较灵活；背面角度有利于表现主体的运动方向，能给观众一种跟随感；仰角是摄像机自下而上，有利于表现主体的高大和跳跃；悬空角一般从飞机上航拍或者从高的建筑物上往下拍，能够展现场面的宏观视角。

（二）画面编辑的原则

电视是空间艺术，也是时间艺术，电视画面能够连续刺激人的视觉，带给人特定的视觉感受。画面的连续、自然、流畅相当重要。观众的眼睛是非常敏锐的，镜头组接的硬伤会让观众产生审美上的不快，甚至厌烦。因此，电视新闻画面编辑要遵循一定的原则。

1. 景别的渐进性

景别变化是构成画面连贯性的重要因素。景别的变化要保持一定的渐进性，即按照景别从大到小或从小到大的顺序组接，不能忽大忽小，景别跳跃太大违背了人们观察事物的规律。尤其是远景和特写这样的"两极"镜头接在一起，会给人的视觉造成强烈的反差。如果景别差别太大的镜头确实需要接在一起，最好寻找一些过渡镜头缓冲。

在具体编辑中，要注意构图和内容相同或相似的镜头不要接在一起。相似景别的镜头接在一起的前提是主体或者视角不同。当表现同一主体时，相邻镜头的景别一定要变化，而且这种变化要明显。要充分利用不同景别的表现力，全方位地交代主体的动作和细节。

2. 方向的一致性

为真实地交待主体的运动方向，使观众获得明确的空间方位，剪辑时必须保证运动主体在方向上的一致性。

主体的方向包括主体的运动方向和视线方向，沿着这些方向会产生一条虚拟的线即轴线。凡在轴线同一侧拍摄的镜头在方向上应保持一致性。在一个段落中，第一个画面所显示的运动轴线就是该段落总的运动轴线，中间不能出现在轴线另外一侧拍摄的镜头。例如足球比赛的直播中，镜头始终在球场的一侧，如果镜头突然跳到另一侧，观众就会迷糊，甚至不知道是下半场还是上半场。如果非要越过轴线，中间要加入一些中性镜头（摄像机跨在轴线上拍的不代表任何方向的镜头，全景和特写也是比较常见的中性镜头）过渡。除了运动轴线，还有关系轴线，例如两个人面对面坐着谈话，他们面对面的方向也有一条虚拟的轴线，决定两个人在画面上的位置关系，这就是关系轴线。镜头的调度要始终在两个人一侧，不能轻易越过轴线，观众才能明白人物的左右关系。

3. 造型的统一性

电视新闻具有造型性。被摄主体是画面的主要造型元素，也是观众注意力集中的对象。在主体的位置或运动速度发生变化时，要通过景别变化和角度调整，保持主体活动的连续性，主体在画框的位置不要有太大的跳跃。光影和色彩也是画面造型的重要元素。一般来说，同一组镜头的光影和色彩要保持统一。画面的光影和色彩要协调，不要把两个基本色调差距很大的镜头组接在一起，否则会产生晃眼的感觉。

练习

1. 电视媒体在表现元素方面相比其他媒体有什么优势?
2. 试述电视新闻中画面、声音与文字的关系。

第二十四讲

电视新闻直播

本讲要点

●电视新闻直播的特性包括：时效性、真实性、悬念性、综合性。

●现场直播的主要报道元素包括：事件现场、演播室、现场记者、背景材料、机位。

在所有的电视新闻报道手段中，现场直播最能体现电视新闻的特性和优势，是电视媒体充分展示魅力的重要手段，也是未来电视新闻发展的主要趋势。随着当前卫星技术的发展，电视新闻直播已经成为媒体的基本生存手段，也是衡量一个媒体报道实力的标志之一。

现场直播能够准确地交待新闻事实、生动地刻画新闻人物、深刻地记录历史瞬间。例如 1984 年 10 月 1 日，中央电视台现场直播国庆 35 周年庆典，出动了 200 多人、5 辆转播车、23 台摄像机，并通过卫星向海外直播。当北京大学的学生打出“小平您好”的横幅的时候，全世界都通过电视直播画面铭记了这一历史经典画面。

在我国的电视发展史上，1997 年是一个特殊的年份。在这一年，中国的电视现场直播实现了划时代的转变，很多具有历史价值的直播为我国电视新闻直播领域作出了积极的探索。例如 1997 年 6 月 30 日至 7 月 3 日，中央电视台用 72 小时的篇幅现场直播了“香港回归”，创造了当时中国电视直播时间最长的纪录，并探索了以事件为主体、以新闻背景和新闻故事为载体的直播形式。1997 年 11 月 8 日，中央电视台全程直播了“三峡大江截流”，并第一次使用了直升机航拍，是中央电视台对单一动态事件持续时间最长的报道。

同一年，凤凰卫视介入重要新闻题材的直播报道，与中央电视台形成明显竞争。越来越多的媒体开始认识到现场直播的价值，并重视对现场直播的探索。

现在，电视新闻直播已经变得相当普遍，并成为人们日常生活随时随地了解社会的窗口，题材也不局限于重大新闻事件和政治事件。许多社会民生新闻、财经新闻、娱乐新闻、体育新闻都能够组织现场直播，在第一时间带给人们最新的视听感受。

一、电视新闻直播的特性

1. 时效性

时效性是新闻的生命，更是电视新闻现场直播的生命。在所有的电视新闻报道手段中，现场直播的时效性最强。排除信号传输的微小延迟，它几乎与新闻事件的发生同步。现场直播对新闻现场的忠实纪录是其他任何手段达不到的，能够最大限度地保留新闻现场的原生态，把现场的一切以一种不加剪辑的方式在第一时间传达给受众，电视摄像机记录下来的一切就是观众看到的一切。例如 2001 年美国“9・11”恐怖袭击事件中，当第一架飞机撞向世贸大楼后，美国的各大电视机构立刻赶往现场进行直播，十几分钟后观众就目睹了第二架飞机撞击的情景。电视新闻现场直播的时效性对参与直播的媒体提出了相当高的要求，即媒体必须在较短时间内快速赶到新闻现场，并布置好转播所需的一切工作。这要求媒体具有转播经验丰富、技术成熟、配合默契的团队。

2. 真实性

现场直播对新闻的纪录和传播是实时的，集中体现了电视声画语言传播的优势。在现场同步拍摄、不加修饰的画面、同期采录的音响是使观众“身临其境”的基础，直播中多角度、多侧面的机位布置使观众能够全面感受新闻现场的气氛，再加上主持人在现场的引导，更能在一定程度上激活观众的神经，使他们全身心投入到新闻当中。例如 2007 年中央电视台对“嫦娥卫星”发射的直播，使观众仿佛来到发射基地，与科研人员一起见证了这一中国航天史上的壮举，通过卫星传回的画面更是让观众近距离地感受到月球的神秘光辉。

3. 悬念性

现场直播面对的是新闻事件的第一现场，使观众与新闻空间的距离越来越小。由于新闻事件的走向和新闻人物的命运都具有很强的不可预知性和偶然性，直播过程中难免会有出人意料的突发事件发生，而观众从自身娱乐的角度出发，也会对这些突发事件报以极其高的期待。由于新闻强大的舆论引导力，直播过程必须确保万无一失。这是直播的最大困难，也是直播的魅力所在。在媒体竞争如此激烈的今天，对突发事件的捕捉，直播往往是媒体吸引观众眼球的法宝。例如 1986 年，美国发射“挑战者”号航天飞机，当飞机成功升空后，现场的各大电视机构纷纷停止了直播，只有 CNN 依然坚持。果然，不久之后“挑战者”号突然爆炸，CNN 的观众们和现场的人们一起目睹了这一意外事件的发生。

4. 综合性

现场直播在技术手段上要比其他的电视报道手段复杂，它涵盖了电子新闻现场采集、视频音频切换、卫星电子信息传输、远程视频会议、演播室和新闻现场的远程互动等数字媒体技术，是现代电视新闻节目制作技术手段的综合运用，是现代传媒手段的集中展示。随着人们对新闻需求品位的提高，现场直播不能仅仅停留在对新闻事件的单纯记录上，还要通过多种途径和手段使观众能够真正介入新闻现场，如现场报道、现场解说、背景资料介绍、演播室嘉宾访谈、专题片等。只有这样，才能拓展现场直播的深度和广度，使观众在有限的时间里掌握更多的信息。

二、现场直播的主要报道元素

现场直播的主要报道元素大致包括：事件现场、演播室（包括主持人、嘉宾、专家等）、现场记者、背景资料（包括文字、画面资料、专题、人物采访等）、节目包装（包括片头、宣传片和广告等）。

1. 事件现场

没有现场就没有新闻，现场是新闻的原点和精华。准确把握现场不但能够很好地表现事物的具体形象，而且还能够表现气氛。可以说直播对现场抓取的质量和数量决定着直播的成败。同时，现场也是新闻记者采访报道的起点，是记者获取精彩生动的素材的重要场所。电视媒体要靠现场直播获得最大效益，就必须在现场下工夫。现场给了观众观看直播的最大期待，直播在第一时间让观众知道现场正在发生什么。在这条水平线上，观众和记者一起面对不可预测的新闻现场，他们会以极大的兴趣关注事件的发展和所有的细节。就拿“5·12”四川大地震为例，在这次大地震过后，各大媒体相继出现关于地震的特别节目，而且纷纷把镜头拉回到现场，连线现场记者，营造了真实、可信的氛围。

在现场的表现过程中，编辑应巧妙利用机位、角度展现不同时空的情况，合理地集中、放大和组合信息，使新闻事件中隐藏的本质得到最快捷、直观、生动的表露。多机位能够使直播的细节大大增加，因为摄像机就是观众在现场的眼睛。多角度能够拓展观众的感受空间，因为他们需要立体地观察事物。在画面切换时，要注意远景、全景、中景、近景、特写的合理组合，使镜头通过恰当的蒙太奇组接构成有机的整体，从而达到自然、流畅的镜头语言节奏。在直播当中，还要良好地感受和把握现场节奏，打破由于直播的连续而产生的乏味和拖沓。当信息高潮点和兴趣点到来时，应该让最有力度的机位画面出现在观众的视野中。这要求编辑具有极强的感受和预知现场的能力，具有熟练驾驭场面和镜头的素养。而当高潮过后，现场就难免乏味，这就需要注入其他的信息保持观众的兴趣，例如切回到演播室进行讨论、播放专题片等等，以此来填补现场的松弛。

2. 演播室

演播室是直播活动的指挥和调度的中心，是现场直播的重要表现元素，在直播中起承上启下的作用。演播室很大程度上起着调动和缓冲现场的作用。当现场发生有明显负面影响的突发事件时，演播室就成为直播最后的应急手段。演播室主持人是演播室功能最集中的体现，他要对现场信号进行调度，还要对演播室内的嘉宾、专题片、道具等进行调度。除了调度之外，演播室还要对现场信号进行“深加工”。这主要表现在对现场不完整的信息进行补充，和嘉宾一起点评现场信息，通过介绍背景资料对现场信息进行延伸等。演播室对信息的补充可以帮助观众理解现场，而主持人和嘉宾对新闻事件不失时机的点评，不仅能够体现媒体独特的风格，还能够升华新闻事件。

当前电视新闻直播的演播室不再跟以往一样远离现场，而是能够最大限度地接近新闻现场，主持人和观众一起见证事件的发生。这对于演播室作用的发挥是极其重要的。演播室贴近现场拉近了观众的心理距离，增强了新闻的真实性。早在1997年长江三峡大江截流直播中，中央电视台就将演播室设置在了距龙口200米上游的一艘游轮上，演播室漂浮在江面上，从主持人的身后就可以看到真实的施工现场。除了贴近现场外，演播室还打破了以往固定演播室的模式，可以随着现场的地理位置和事件的发展变化而活动，更进一步拓宽了观众的视野，增强了直播的观赏性。

3. 现场记者

现场记者是新闻事件的直接见证者。媒体正是借助现场记者的所见所闻向受众传达自己的声音，引导受众认识事件，从而达到对新闻的有效传递。现场记者在直播中通过自己的主观感受补充和丰富新闻现场的信息。他们可以面对镜头侃侃而谈，可以与事件中的人物相互交流，也可以穿梭于事件中寻找线索，他们是观众的替身和代表。现场记者要引导观众关注现场的重要信息，追踪事件的关键转折，抓取现场鲜活的材料，给直播增加悬念和动感。

现场记者也代表了媒体的实力，只有强势媒体的记者才能在特殊新闻事件现场出现，例如2003年的伊拉克战争，整个华语媒体只有中央电视台和凤凰卫视派出了战地记者进行采访，也成就了水均益和闾丘露薇作为华语媒体著名战地记者的地位。

现场记者还是协调演播室和现场的桥梁，演播室对于现场的了解和点评都要以现场记者的采访为基础。现场记者良好的新闻敏感和报道素质还能够为媒体带来独家的发现和视角，这不仅需要高超的采访技巧，有时更需要奋不顾身的勇气。

4. 背景材料

直播的背景报道材料，一定要翔实、厚重、权威，要以丰富和深化直播节目的内涵为基准。在背景的设计中，要注意把握直播题材的内容，使背景与直播整体的风格吻合。而且，背景要紧扣事件主体，选材精当，素材的组织、制作应考虑周全，要将其合理分配到整个直播报道中最合适的单元。

例如，在“香港十年”50小时的直播节目中，背景的主体为一个缓缓转动的紫荆花瓣，每片花瓣上均镶有国旗式样的五角星。背景的主色调为统一的红色，具有积极向上的倾向，给人以温暖、热情、饱满等感觉。背景以深浅程度不同的红色展现层次，并伴有多束浅色金光划过，给人以庄严而和谐的观感。

5. 机位

现场直播的机位设置是实现节目总体设想、形成视觉语言的重要步骤。直播时要调动不同的机位，提供多种镜头组合方式，为现场直播提供广阔的视觉表现空间。在设置机位时，要精心考虑摄像机的角度和景别的切换，每个机位负责特定的区域、拍摄特定的对象。现场直播是一次性创作，对于机位的设置要特别小心，关键细节的漏拍会大大降低直播的观赏性。以中央电视台“三峡截流”直播为例，为了多角度、立体地展示工程的情况，摄制组在现场设置了 24 个机位，特别是第一次使用直升机航拍，从空中俯瞰三峡坝区的全貌，俯瞰合龙工程的进展情况，从天上、地下、水上多点展示了三峡工程的伟大气势。

在机位设计中，一些超常视点的镜头往往能够产生特殊的视觉效果。比如 2000 年直播飞机穿越太湖桥洞的时候，安装在机身上的一个主观视点镜头就使观众与飞行员一起体验到了穿越时的刺激。在设置机位的时候，要经过仔细筹划，要认真分析现场的情况，根据现场的空间合理地制订方案，要做到既能方便机器调度，又能够合理表现空间。

练习

1. 试述电视新闻现场直播中哪些因素决定直播的质量和效果。
2. 试述电视新闻现场直播的特性。

第二十五讲

网络新闻编辑

本讲要点

●网络新闻编辑具有以下特点：数字化和无纸化、超链接式、多媒体化、全时化、交互性。

●网络新闻标题的制作特点表现为：题文分家、慎用长题、大多单行、宁实勿虚。

●新闻标题板块的编排应遵循三大原则：重要性原则、整体性原则、张弛有度原则。

●根据图片效果，可以将图片放置在版面的不同位置：首页与栏图。放在首页的一般都是重要新闻图片，安置时要特别注意其版位要和整个网页的视觉中心相配合。栏图照片以篇幅小为特征，有“邮票图片”的称呼。

近年来，随着互联网的迅速发展，网络新闻成为人们获取信息的重要渠道，网络媒体自身的特征使其明显地区别于其他媒体。网络新闻编辑人员的工作特点与传统媒体编辑既有相似之处，也有区别之处，网络新闻编辑工作的最大的特点是整合性更强，有时不同的工作会集于一人。

网络新闻媒体综合了文字、音频、视频等多种媒体语言，要求编辑应具备驾驭文字、处理有声语言和画面、熟练运用计算机技术和多媒体技术的能力。同时，编辑还应树立全天候的编辑思想，加强行业自律，突出网络媒体的优势，把握正确的舆论导向，增强媒体的社会责任感，更有效地把网络新闻编辑工作做好。

一、网络新闻编辑的特点

“网络是一种媒介”的观点已被多数学者承认，“所谓网络媒体是指通过计算机网络传播信息（包括新闻、知识等信息）的文化载体”。与以往纸质媒体和广播电视相比，网络媒体编辑工作具有以下特点：

1. 数字化、无纸化

多媒体、计算机和因特网的最大特征是数字化，他们为新闻采编制作和传播提供了强大的数字化平台，将传统的以纸张和模拟电子技术为依托的编辑方式发展成为以计算机数字多媒体网络技术为基础的数字化编辑方式。这种数字化编辑方式是网络新闻编辑的基石。

网络新闻编辑从采写、编辑、发布相分离的传统编辑方式向采编合一、编发一体的方向发展，新闻生产和传播的流程实现了无纸化。

2. 超链接式

超链接式的编辑特点打破了旧式媒体的单一形式，可以将图片文字融合于声音视频之中，并形成一个个相互联系的超链接，把信息传递给读者受众，达到视觉听觉的统一。

3. 多媒体化

网络编辑把传统的媒介融合在一起，将传统媒体的文字、声音和影像等个性不同的新闻，经数字化融合后形成一种新的超文本新闻样式，即网络新闻。

4. 全时化

传统媒体有一个十分明显的局限，那就是需要在固定的时间发布固定的新闻。网络编辑则打破了时间上的限定，随时随地编辑网络新闻，向受众传递最新讯息。

5. 交互性

交互性是对以往报纸、广播、电视的“一对多”的传播方式的变革，网络传播的一对一、一对多、多对一、多对多的传播方式模糊了传者和受者的身份，传者和受者可以互为主体。作为网络编辑，应更充分地尊重受众的主体精神。

虽然网络编辑工作有以上所述的六大编辑特点，但网络编辑作为编辑的属性并没有发生根本性改变。网络编辑活动依然是一种精神生产和再创造性的智力劳动，其目的还是为了发布信息、传承文化等。网络媒体编辑需要研究信息承载新平台的技术特性和编辑技巧，以更好地在网络上发布新闻信息，努力达到最佳的传播效果。

二、网络编辑的素质要求

除了传统媒体编辑需要的那些技巧与能力，网络新闻编辑还需要一些独特的素质和能力。

作为网络编辑，应该拥有编辑突发新闻的能力，要充分发挥网络传播速度快的优势，做到立刻写新闻、立刻发表，以保证新闻的时效性。

网络编辑需要处理好网络新闻“软”与“硬”、“新”与“旧”、“真”与“假”、“深”与“浅”、“长”与“短”的关系。由于网络的开放性和跨空间性，受众有一定的发言权，新闻事件发生之后，现场目击者、当事人可以通过论坛发布信息，受众可以发表自己的观点甚至围绕不同的观点进行争论。网络编辑必须具有很强的政治敏感，要以理引导受众，以免出现过激言论，产生负面影响。

网络传播具有跨地域跨时区的特点，而传统媒体的传播时空比较固定。所以，网络新闻编辑处理一些时间地点时一定要严谨，某些概念、用词和说法在世界不同区域内会有不同的意义。如，编辑所在地的“今天”不一定就是其他网民所在地的“今天”。所以在说明、注解上，网络新闻编辑必须谨慎，以减少不同地域不同时区的网民的疑惑。

三、网络新闻标题的制作特点

媒体网站的类型主要有传统媒体的网络版型、新闻信息服务型、综合型、原创型和广播电视媒体网站。阅读网络新闻，首先接触的是网络新闻标题。新闻标题在网络传播中的作用极为突出，比传统媒体新闻标题的作用还重要，原因是网络新闻传播在很大程度上要依靠标题来提示和吸引读者。

标题是新闻的眼睛，是新闻编辑工作的重要环节。制作一条好标题需要创意，但也要遵循一定原则和规律。网络新闻标题的制作要符合网络传播的特点和规律。网络新闻标题的主要特点有：

1. 题文分家

在网络新闻中，新闻的标题与内容往往不在同一页面，需要在主页上打开相应的超级链接，而传统纸质媒体的标题与内容多在同一版面出现，读者一目了然。因此，网络编辑在制作新闻标题时要新颖，以期在众多新闻标题中脱颖而出，吸引读者的目光，提高新闻的点击率。

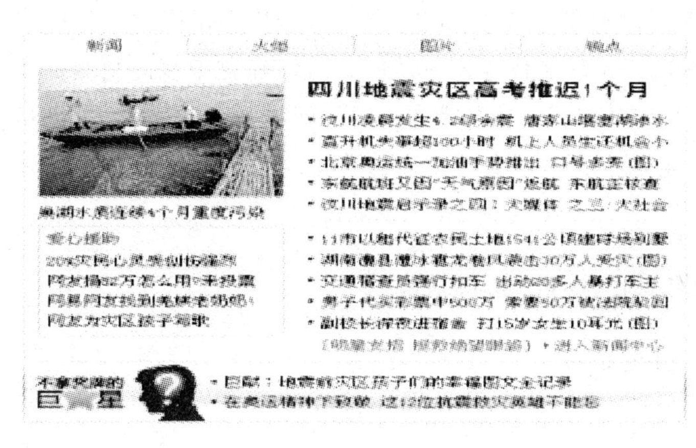

图 25－1

2. 慎用长题

这个是由网页的版面决定的。网络新闻标题如果过长，会出现折行的情况，如果过短，又会使版面比较空洞参差。网络版的版面微调的余地很小，所以，在标题板块中，各题的长短最好比较接近。

修改过长的标题要靠网络编辑修改提炼和压缩文字，哪怕只是一两个字，也会出现不同的效果。

案例 1：原题：“鹿莎”台风肆虐韩国已造成 113 人死亡 71 人失踪

修改：“鹿莎”台风肆虐：韩国 113 人死亡 71 人失踪

这个标题在修改时，只是略调了句式，就使表述简练清晰了。

如果标题过短，则需要丰富，如果确实无法丰富，可以考虑将不同的单行标题归到一行。

3. 多用单行

网络新闻标题要多采用单行形式。在网络新闻中，新闻标题板块通常由若干条新闻标题排列集成一个矩阵，这种样式就需要网络新闻标题以简洁的单行形式出现。

4. 宁实勿虚

在传统媒体中，标题通常虚实结合，或者直接就是虚题。虽然读者看到这样的标题难以理解，但是下面紧跟正文，读者的眼光可以很快扫向正文。但是网络新闻采用的是题文分家的形式，如果标题让人摸不着头脑，读者往往就放弃了阅读。所以网络新闻标题宁实勿虚。

作为连接读者和新闻之间的桥梁，标题应力求吸引读者的注意力，吸引他们点击和阅读。在制作新闻标题时，可以在题中点出新闻的新奇事实，例如“农民驾机穿桥洞”。一个标题，两个新起点，一个是农民驾机，一个是驾机穿桥洞。这样，即使没有正文辅助说明，也可以吸引网民点击新闻。

四、网络新闻提要及要闻板块

（一）网络新闻提要

1. 新闻提要

新闻提要是紧排在标题下面的简短文字，辅助和解说标题中传达的重要的内容。其形式很接近新闻导语，但通常比新闻导语简练和浓缩。在版面形式上，新闻提要和标题都出现在页面上，标题下面是简短的新闻提要。提要的字号有时与标题相同，有时略小。

2. 新闻提要功能

新闻提要具有提示、告知新闻内容的作用，还有以下功能：

第一，平衡标题的传播倾向，调整标题提示的内容范围。

第二，扩展标题词语和补充内容。扩展标题词语一般是把标题中的“缩略语”加以“还原”，其补充的内容通常是增加一些类似于“定语”的成分。

第三，提供背景。背景往往可以清楚地衬托出新闻的价值，在提要中介绍新闻的背景，有助于提升新闻自身的价值。

3. 新闻提要撰写原则

新闻提要必须有助于突出新闻中的主要内容。提要跟标题一样，都是为了提示和介绍新闻中的内容。所不同的是，提要是标题的未尽之言，介绍标题某些内容的细节。制作提要时要有所选择，“有所为，有所不为”，补充标题缺少的“W”。但由于网络新闻的时效性很强，标题通常省略时间，提要也不必补充。

“新闻标题＋提要”的呈现方式在国外的新闻网站中比较常用。国内新闻网站往往采用单一的标题页，较少使用新闻提要这种形式。

（二）要闻板块

按照重要性排序的新闻标题板块，通常出现在网站主页或者新闻频道首页上，作为“要闻”提示来发挥作用。这种标题板块中的标题都是编辑特别挑选出来的，集中体现了网站传播者的编辑重点和传播意向。

1. 新闻标题板块的样式

新闻标题板块一般都按一定的原则加以分类，或按重要性原则，或按时序性原则。如新华网分为国内、国际、财经、社会等类，新浪网分为国内、国际、财经科技、体育娱乐等类。

2. 新闻标题板块的类型和编排原则

（1）重要性原则。网络新闻标题一般将重要新闻的标题分类，并按重要性自上而下排列。这里的重要性包括性质和时效性两个方面。从性质角度看，政治性是最重要的，国内一般比国外的重要；从时效性的角度看，最新的新闻事实是最重要事实。

（2）整体性原则。网络新闻标题一般把不同类项内容的新闻的标题构成一个整体的、有编辑思路贯穿的标题板块。每个板块包含的标题数量不一定相同，但在每个板块中应突出重点的新闻标题。

（3）张弛有度原则。要注意调整强弱节奏，兼顾可读性和娱乐性，避免新闻的同质化，让受众产生心理紧张。排在首位的头条应具有最强的冲击力，排在中间位置的标题应具有一定的悬念，有利于吸引读者；接下来的标题应该与读者有比较密切的关切度；排在下面最不重要位置上的标题，应该较具特色，有较强的趣味性、新奇性或人情味。

五、网络新闻图片的版位

网络新闻一般都采用图文搭配的形式报道新闻。图片有较大的信息量，往往几幅图片就可以详尽表述新闻。同时，网络新闻不受空间限制，可以采用大量的图片来表述新闻内容。而传统的媒体特别是报纸，主要是以文字为主，图片量远远少于网络媒体。

根据图片效果，可以将图片放置在版面的不同位置。一种是放在首页。放在首页的一般都是重要的新闻图片，排版时要特别注意其版位应和整个网页的视觉中心相配合。这类图片能够瞬间抓住读者的眼球，起到阅读导航的作用。

图 25－2

另一种是栏图的照片，以篇幅小为特征，有“邮票图片”的称呼。此类放置方法多用来纠正文字符号过密的倾向。

页面、栏目设计根据网络受众对新闻内容阅读的跳跃性以及检索性，建立合理的链接系统、方便受众搜索，应该遵循视觉接触中心的原则，注重版面的“和谐、平衡、活泼、富有表现力”。一般说来，处于网页左方和上方的信息比较强势，因为这部分信息往往最先争得读者的“眼球”。受众能从阅读的顺序中体会到稿件重要与否。标题的字体大小、排列方式、色彩等手段也在网络新闻的表现中得到体现。

图 25 – 3

六、其他网络新闻形式

很多人把网络称作“第四媒体”。后来出现的手机短信又被称为“第五媒体”。其实，就网络新闻传播而言，网络是传播载体，新闻是传播内容。在新技术的推动下，新闻传播必然会产生出新的新闻传播方式和品种。现在的新闻传播类型和新的变化包括：邮件新闻，FLASH 新闻，短信新闻，网上调查和网上音视频广播等。

1. 电子邮件新闻

网民可以通过新闻组来取得新闻和信息。新闻组实际上是一种论坛形式，或者说是 email 和 BBS 的结合。在交流中，用户通过下载新闻组邮件获得新闻，通过电子邮件传出和发表自己的新闻和意见。在新闻组中，用户是作为个体参与活动的。

邮件新闻通过电子邮件一对多地发送信息，是电子邮件系统在收发邮件功能之外衍生出来的一种功能。它与论坛的不同在于，论坛上所有的人都可以看到发布者公布的信息。但是，现在的技术已经可以让不同的接收者接到同一个信源发出的，符合受众特殊个性需求的定制。现在网上的电子杂志和电子邮报等都属于这一类，传播者通过电子邮件定期把广大用户订阅的电子

当前位置：邮箱首页>邮界新闻>邮箱新闻>列表　　请输入关键字

Mimosa推出文件归档系统工具NearPoint FSA

数据管理解决方案提供商 Mimosa Systems 推出了一个新的文件系统归档工具 NearPoint File Systems Archiving (FSA)，它可以提高文件、电

[illegible]

微软延长Outlook Express使用期限

据国外媒体报道，微软日前宣布，由于用户需要更多时间来评估其他电子邮件客户端，现决定延长Outlook Express对Hotmail的支持期限。微软4月中旬曾表示，将于6月底关闭

[illegible]

［网易163］网易邮箱增添中英文互译功能

日前，网易旗下搜索引擎有道宣布，通过在网易各系列电子邮箱产品中的集成嵌入，超过2亿的网易邮箱注册用户可以在邮箱中直接使用有道海量词典便捷强大的中英文互译功能。在网易163、126和

[illegible]

［263］263推首家无限容量企业邮箱　要二次申请上市

继雅虎和网易推出无限量的免费邮箱后，国内老牌电子邮件运营商263高调推出业界首家无限容量的企业邮箱产品263企业邮箱。就在上周一，该公司的首次上市申请未获通过，不过公司总裁严昌表示

[illegible]

［263］263发布首个"无限容量"企业邮箱

4月17日，263网络通信推出无限容量的企业邮局单个邮箱容量为263G的263企业邮箱，首开业界不限容量的企业邮局产品之先河。据悉，263目前在263G企业邮局的初期投入已达到

[illegible]

Hotmail七月起不再支持Outlook Express

想必现在还有不少用户采用Outlook Express来访问Windows Live Hotmail账户收发邮件，但是6月30日之后就不行了。微软将在6月30日关闭Outlook

[illegible]

图 25－4

出版物发送到指定的信箱内。

邮件新闻报或者新闻信有共同的特点：只有读者订阅后才向用户发送，与不请自来的广告邮件和垃圾邮件不同；这种订阅大多是免费的，少数是收费的；除了填写必要的订阅人情况的表格和提供接收邮箱的地址以外，有时读者还被要求选择所需新闻和信息的类别；用户通常被告知，他们享有随时订阅和退订的权利。

但邮件新闻从形式到内容存在很大差别。其中最简单的就是文本新闻。如果采用纯文本，文件比较小；可以以网页界面形式传送，每份容量约 20 多 kb，有时读者一天可以收到若干封。网络新闻编辑在选择新闻的时候，要考虑到新闻的针对性、专业性，避免垃圾新闻的出现。电子邮件新闻快捷方便，可以提供针对性比较强的、组合性的"定制"服务。当然，这种服务的分寸感和贴近感要恰到好处。

2. FLASH 新闻

FLASH 能以动漫、多媒体形式来表现新闻，在新闻传播中的应用有两种类型：一是以 flash 方式表现某一新闻内容，比如新华网的 Flash 新闻，一般都是采用连续的图片，配上少量的字幕，再加上背景音乐，就算是完成了一则 flash 新闻，在此类新闻中，编辑的原创成分很少，主要是以图片为主。而在另一类 flash 新闻中，网络媒体编辑的原创成分就比较多了。例如千龙网的《flash 七日》，以动漫多媒体形式来报道新闻，由千龙网的网络虚拟主持人播报，并有虚拟记者在其中担当采访。此类 flash 新闻需要编辑的创作编排，以形成连贯的有价值的新闻。

Flash 新闻必须体现新闻的真实性、平衡性，按照新闻的内容、新闻的版面考虑新闻的风格，以达到前后呼应，产生整体效应。

Flash 新闻涉足时政和时事新闻传播领域，关键在于掌握好播报事实和评论新闻的结构搭配和尺寸。开办时效性较强的 flash 新闻栏目，对国内任何网站和网站传播机构来说都是严峻的挑战。不过，随着网络技术和基础通讯设施的不断改善，网上 flash 新闻传播会有很广阔的前景。

3. 手机短信新闻

手机已被称为继网络媒体之后的“第五媒体”。手机短信已由点到点的通信，上升为点到面的信息传播的层面。通过手机短信的方式，人们可以直接接触和获取新闻。

手机短信新闻是指通过手机、以短信息的方式传播的新闻，由网站群发，或由用户主动调取。其特点是快捷、无线移动、信息直达用户的成功率高、便于接收者转发扩散、传收的私密性好、接收者可主动索取、阅读时只能逐行逐次，但每次传输的容量不大，也不能够大量地储存，检索和查找信息不方便。

有规模的短信频道大都有一个首页，集中进行视觉宣传和介绍，并提供栏目内容导航。在短信频道中，最重要的是“订阅”部分，因为这是整个频道传播的目的所在。

如果想要广泛地推广手机新闻频道，最主要的是分类要清晰。分类其实是推介的重要方式和手段。一般网站可以根据自有资源的优势进行有主有次的安排，确定服务的领域。一般情况下，手机新闻可分为时政类、财经类、体育类等。短信服务的提供者需要向订阅者介绍清楚各种类别短信的基本情况，方便用户判断和选择，这部分内容在短信新闻频道中是不可或缺的。

短信新闻的写作与一般的短信写作不同。一般的短信比较注重娱乐性，自由度比较高。而短信新闻的写作，必须遵循新闻工作的原则和要求。鉴于新闻短信写作受到字数或其他条件的限制，因此其写作要更精练更浓缩，但

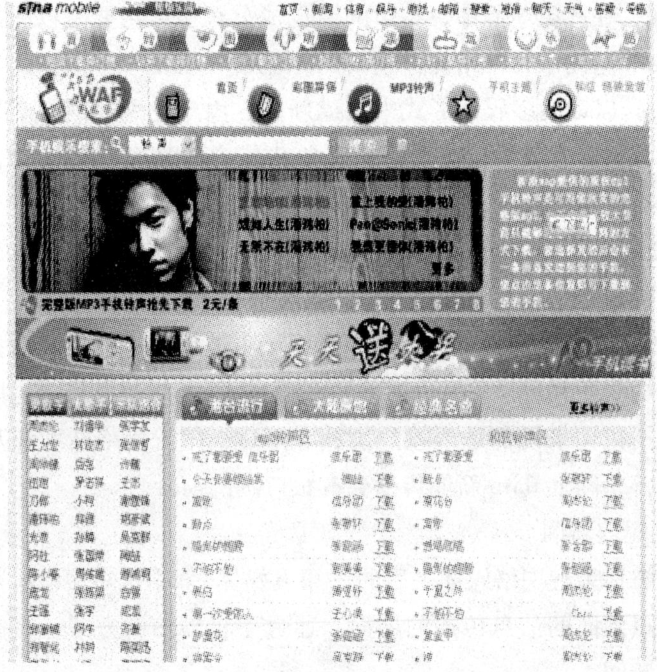

图 25－5

不能损害新闻的愿意。在实际操作中，改写、编辑短信新闻的过程就是在用字炼词和结构句子上下工夫。

练习

1. 试述网络媒体与传统媒体在传播特点上有什么不同？
2. 网络新闻标题与报纸新闻标题相比有什么不同？
3. 3G 时代来临之后，网络新闻编辑又将有什么变化呢？

主要参考文献

1. 徐宝璜：《新闻学》，中国人民大学出版社。

2. 丹尼儿·贝尔：《资本主义文化矛盾》，三联书店。

3. 东方源：《报业风云——南方都市报经营实录》，中国财经出版社。

4. ［加拿大］文森特·莫斯：《传播政治经济学》，华夏出版社。

5. 郑兴东：《报纸编辑》，武汉大学出版社。

6. 蔡　雯：《现代新闻编辑学》，四川人民出版社。

7. 辜晓进：《近观美国报业（三）美国日报的编辑部管理》，载《新闻记者》，2002年第7期。

8. 彭朝丞：《多向参与，让新闻资源得以充分利用：获奖消息〈“天体大十字”预言宣告破产〉析》，载《新闻战线》，2001年第8期。

9. 王瑞强、康　正：《重温“西安事变”还原并加热杨虎城——〈华商报〉“纪念‘西安事变’70周年系列报道”策划综述》，载《今传媒》，2007年第12期。

10. 江泽民：《全面建设小康社会，开创中国特色社会主义事业新局面——江泽民在中国共产党第十六次全国代表大会上的报告》，载《理论与实践》，2002年第11期。

11. 喻国明：《试论受众注意力资源的获得与维系》，载《当代传播》，2000年第3期。

12. 赵彦华：《报纸市场评价指标体系研究》，载《国际新闻界》，2004年第1期。

13. 武春河：《从报道案例看经济宣传的正确导向》，载《中国记者》，2004年第1期。

14. （美）卡斯柏·约斯特：《新闻学原理》，中国人民大学新闻系1960年内部版，《列宁文稿》第10卷，人民出版社。

15. 刘万胜：《新闻真实性与媒介公信力》，载《青年记者》，2002年第12期。

16. 刘建明等：《新闻学概论》，中国传媒大学出版社。

17. 吴　飞：《新闻编辑学教程》，高等教育出版社。

18. 蔡　雯：《新闻编辑学》，中国人民大学出版社。

19. 李良荣：《新闻学概论》（第2版），复旦大学出版社。

20. 新华社新闻研究所编：《新闻工作文献选编》，新华出版社。

21. 钟立群：《新闻编辑学研究》，人民日报出版社。

22. 张子让：《当代新闻编辑》，复旦大学出版社。

23. 罗小萍：《传媒文化变迁与新闻编辑知识和能力的优化》，载《西南政法大学学报》，2007 年第 4 期。

24. 焦国章：《报纸应成为营造规范的语言文字环境的榜样》，载《新闻战线》，2001 年第 5 期。

25. 穆　欣：《“我是硬着头皮看下去的”——叶圣陶对一篇头条新闻的剖析》，载《新闻爱好者》，2001 年第 4 期。

26. 范敬宜：《总编辑手记》，人民日报出版社。

27. 许向东：《如何做好新闻稿件的修改》，载《新闻与写作》，2007 年第 1 期。

28. 甘惜分：《新闻学大辞典》，河南人民出版社。

29. 高　蓓：《采编合一与采编分离——谈报纸采编流程管理》，载《中国报业》，2005 年第 6 期。

30. 严　励：《网络新闻编辑学》，河南大学出版社。

31. 邓炘炘：《网络新闻编辑》，中国广播电视出版社。

32. 杜骏飞：《网络新闻学》，中国广播电视出版社。

33. 秦　州：《网络新闻编辑学》，复旦大学出版社。

34. 王　蓓：《广播电视新闻业务》，中国国际广播出版社。

35. 周　勇：《电视新闻编辑教程》，中国人民大学出版社。

36. 张　丽、孟　群：《电视新闻编辑与数字制作》，中国广播电视出版社。

37. 吴信训：《新闻广播电视新闻学》，复旦大学出版社。

38. 《人民日报》，1990－2007 年。

39. 《光明日报》，1990－2007 年。

40. 《中国青年报》，1990－2007 年。

41. 《南方都市报》，1990－2007 年。

42. 《羊城晚报》，1990－2007 年。

43. 《深圳商报》，1990－2007 年。

44. 《经济日报》，1990－2007 年。